I0438377

簡介

《官場現形記》

是李寶嘉代表作，為晚清四大譴責小說之一。本書表現當時中國時代特色，著重揭露官僚的"齷齪卑鄙"，在內容上少了細緻的修飾，人物缺乏典型化，描寫過於渲染誇張、筆無藏鋒，內容顯得不夠耐人尋味。其劇情大同小異，寫之又寫，難免雜遝重複；又因隨寫隨刊，結構仿《儒林外史》，因而顯得雜亂散漫。魯迅稱"凡所敘述、皆迎合、鑽營、朦混、羅掘、傾軋等故事，兼及士人之熱心於作吏，及官吏閨中之隱情。頭緒既繁，腳色複夥，其記事遂率與一人俱起，亦即與其人俱訖，若斷若續，與《儒林外史》略同"。

《目錄》

～世紀前百大文學系列作品～

官場現形記 第一卷

《世紀前百大文學系列作品》

The Records of Officialdom Exposure Vol 1

李寶嘉著

Manufactured in United States

Contact: chi2publish@gmail.com

ISBN-13:978-1548936525

ISBN-10:1548936529

李寶嘉

第一回　望成名學究訓頑兒　講制藝鄉紳勖後進

話說陝西同州府朝邑縣，城南三十四地方，原有一個村莊。這莊內住的只有趙、方二姓，並無他族。這莊叫小不小，叫大不大，也有二三十戶人家。祖上世代務農。到了姓趙的爺爺手裏，居然請了先生，教他兒子攻書，到他孫子，忽然得中一名黌門秀士〔註：黌門，學宮；秀士，即秀才。〕。鄉裏人眼淺，看見中了秀才，竟是非同小可，合莊的人，都把他推戴起來，姓方的便漸漸的不敵了。姓方的瞧著眼熱，有幾家該錢的，也就不惜工本，公開一個學堂，又到城裏請了一位舉人老夫子，下鄉來教他們的子弟讀書。這舉人姓王名仁，因為上了年紀，也就絕意進取，到得鄉間，盡心教授。不上幾年，居然造就出幾個人材：有的也會對個對兒；有的也會謅幾句詩；內中有個天分高強的，竟把筆做了「開講」〔註：指八股文中的第三段，為初學寫八股文的人所為。〕。把這幾個東家喜歡的了不得。到了九月重陽，大家商議著，明年還請這個先生。王仁見館地蟬聯，心中自是歡喜。

這個會做開講的學生，他父親叫方必開。他家門前，原有兩棵合抱大樹，分列左右，因此鄉下人都叫他為「大樹頭方家」。這方必開因見兒子有了怎麼大的能耐，便說自明年為始，另外送先生四貫銅錢。不在話下。

且說是年正值「大比之年」，那姓趙的便送孫子去趕大考。考罷回家，天天望榜，自不必說。到了重陽過後，有一天早上，大家方在睡夢之中，忽聽得一陣馬鈴聲響，大家被他驚醒。開門看處，只見一群人，簇擁著向西而去。仔細一打聽，都說趙相公考中了舉人了。此時方必開也隨了大眾在街上看熱鬧，得了這個資訊，連忙一口氣跑到趙家門前探望。只見有一群人，頭上戴著紅纓帽子，正忙著在那裏貼報條呢。

方必開自從兒子讀了書，西瓜大的字，也跟著學會了好幾耽擱在肚裏。這時候他一心一意都在這報條上，一頭看，一頭念道：「喜報貴府老爺趙印溫，應本科陝西鄉試，高中第四十一名舉人。報喜人卜連元。」他看了又看，念了又念，正在那裏咂嘴弄舌，不提防肩膀上有人拍了他一下，叫了一聲「親家」。方必開嚇了一跳，定神一看，不是別人，就是那新中舉人趙溫的爺爺趙老頭兒。

原來這方必開，前頭因為趙府上中了秀才，他已有心攀附，忙把自己第三個女孩子，託人做媒，許給趙溫的兄弟，所以這趙老頭兒趕著他叫親家。他定睛一看，見是太親翁，也不及登堂入室，便在大門外頭，當街爬下，綳冬綳冬的磕了三個頭。

趙老頭兒還禮不迭，趕忙扶他起來。方必開一面撣著自己衣服上的泥，一面說道：「你老今後可相信咱的話了？咱從前常說，城裏鄉紳老爺們的眼力，是再不錯的。十年前，城裏石牌樓王鄉紳下來上墳，是借你這屋裏打的尖。王老先生飯後無事，走到書房，可巧一班學生在那裏對對兒哩。王老先生一時高興，便說我也出一個你們對對。剛剛那天下了兩點雨，王老先生出的上聯就是『下雨』兩個字。我想著：你們這位少年老爺便沖口而出，說是什麼『出太陽』。王老先生點了點頭兒，說道：『「下雨」兩個字，「出太陽」三個字，雖然差了點，總算口氣還好，將來這孩子倒或者有點出息。』你老想想看，這可不應了王老先生的話嗎？」趙老頭兒道：「可不是呢。不是你提起，我倒忘記這會子事了。眼前已是九月，大約月底月初，王老先生一定要下來上墳的。親家那時候把你家的孩子一齊叫了來，等王老先生考考他們。將來望你們令郎，也同我這小孫子一樣就好了。」方必開聽了這話，心中自是歡喜，又說了半天的話，方才告別回家。

那時候已有午牌過後，家裏人擺上飯來，叫他吃也不吃；卻是自己一個人，背著手，在書房廊前踱來踱去，嘴裏不住的自言自語，什麼「捷報貴府少老爺」，什麼「報喜人卜連元」。家裏人聽了都不明白。還虧了這書房裏的王先生，他是曾經發達過的人，曉得其中奧妙。聽了聽，就說：「這是報條上的話，他不住的念這個，卻是何故？」低頭一想：「明白了，一定是今天趙家孩子中了舉，東家見了眼饞，又勾起那痰迷心竅老毛病來了。」忙叫老三：「快把你爸爸攙到屋裏來坐，別叫他在風地裏吹。」這老三便是會做開講的那孩子，聽了這話，忙把父親扶了進來，誰知他父親跑進書房，就跪在地當中，朝著先生一連磕了二十四個響頭。先生忙忙還禮不迭，連忙一手扶起了方必開，一面嘴裏說：「東翁，有話好講，這從那裏說起！」

這時候方必開一句話也說不出來，拿手指指自家的心，又拿手指指他兒子老三，又雙手照著王仁拱了一拱。王仁的心上已明白了三四分了，就拿手指著老三，問道：「東翁，你是為了他麼？」方必開點點頭兒。王仁道：「這個容易。」隨手拉過一條板凳，讓東家坐下。又去拉了老三的手，說道：「老三，你知道你爸爸今兒這個樣子，是為的誰呀？」老三回：「我不知道。」王仁道：「為的是你。」老三說：「為我什麼？」王仁道：「你沒有聽見說，不是你趙家大哥哥，他今兒中了舉人麼？」老三道：「他中他的，與我甚麼相干？」王仁道：「不是這樣講。雖說人家中舉，與你無干，到底你爸爸眼睛裏總有點火辣辣的。」老三道：「他辣他的，又與我甚麼相干？」王仁道：「這就是你錯了！」老三道：「我錯甚麼？」王仁道：「你父親就是你一個兒子，既然叫你讀了書，自然望你巴結上進，將來也同你趙家大哥哥一樣，掙個舉人回來。」老三道：

「中了舉人有甚麼好處呢？」王仁道：「中舉之後，一路上去，中進士，拉翰林〔註：考取的進士除一甲三名，照例授職翰林院外，其他還參加朝考，由皇帝圈點成績優秀者為翰林院庶吉士。〕，好處多著哩！」老三道：「到底有什麼好處？」王仁道：「拉了翰林就有官做。做了官就有錢賺，還要坐堂打人，出起門來，開鑼喝道。阿唷唷，這些好處，不念書，不中舉，那裏來呢？」老三孩子雖小，聽到「做了官就有錢賺」一名話，口雖不言，心內也有幾分活動了，悶了半天不作聲。又停了一會子，忽然問道：「師傅，你也是舉人，為甚麼不去中進士做官呢？」

那時候，方必開聽了先生教他兒子的一番話，心上一時歡喜，喉嚨裏的痰也就活動了許多，後來又聽見先生說什麼做了官就有錢賺，他就哇的一聲，一大口的粘痰嘔了出來。剛剛吐得一半，忽然又見他兒子回駁先生的幾句話，駁的先生頓口無言，他的痰也就擱在嘴裏頭，不往外吐了，直鉤鉤兩隻眼睛，瞅著先生，看他拿什麼話回答學生。只見那王仁楞了好半天，臉上紅一陣，白一陣，面色很不好看，忽然把眼睛一瞪，吹了吹鬍子，一手提起戒尺，指著老三罵道：「混帳東西！我今兒一番好意，拿好話教導與你，你到教訓起我來了！問問你爸爸：請了我來，是叫我管你的呢，還是叫你管我的？學生都要管起師傅來，這還了得！這個館不能處了！一定要辭館，一定要辭館！」

這方必開是從來沒見先生發過這樣大的氣，今兒明曉得是他兒子的不是，衝撞了他，惹出來的禍。但是滿肚子裏的痰，越發湧了上來，要吐吐不出，要說說不出，急的兩手亂抓，嘴唇邊吐出些白沫來。老三還在那裏嘰哩咕嚕說：「是個好些兒的，就去中進士做官給我看，不要在我們家裏混閑飯吃。」王仁聽了這話，更是火上加油，拿著板子趕過來打，老三又哭又跳，鬧的越發大了。還是老三的叔叔聽見不像樣，趕了進來，拍了老三兩下；又朝著先生作了幾個揖，賠了許多話；把哥子攙了出來才完的事。按下不表。

且說趙老頭兒，自從孫子中舉，得意非凡，當下，就有報房〔註：向新考取的舉人、進士報喜的人為報人；由報人組合的叫報房。〕裏人，三五成群，住在他家，鎮日價大魚大肉的供給，就是鴉片煙也是趙家的。趙老頭兒就把一向來往的鄉、姻、世、族誼，開了橫單交給報房裏人，叫他填寫報條，一家家去送。又忙著看日子祭宗祠，到城裏雇的廚子，說要整豬整羊上供，還要炮手、樂工、禮生。又忙著檢日子請喜酒，一應鄉、姻、世、族誼，都要請到。還說如今孫子中了孝廉，從此以後，又多幾個同年人家走動了。又忙著叫木匠做好六根旗杆：自家門前兩根，墳上兩根，祠堂兩根。又忙著做好一塊匾，要想求位翰林老先生題「孝廉第」三個字。想來想去，城裏頭沒有這位闊親戚可以求得的，只有墳鄰王鄉紳，春秋二季下鄉掃墓，曾經見過幾面。因此淵源，就送去了一分厚禮，央告他寫了三個字，連夜叫漆匠做好，掛在門前，好不榮耀。又忙著替孫子做了一套及時應令的棉袍褂，預備開賀的那一天好穿了陪客。

趙老頭兒祖孫三代究竟都是鄉下人，見識有限，那裏能夠照顧這許多，全虧他親家，把他西賓王孝廉請了過來一同幫忙，才能這般有條不紊。當下又備了一副大紅金帖，上寫著：「謹擇十月初三日，因小孫秋闈〔註：秋天進行考試。闈，指進行舉人、進士考試的地方，考試日期在秋天。〕僥倖，敬治薄酒，恭候台光。」下寫：「趙大禮率男百壽暨孫溫載拜。」外面紅封套簽條居中寫著「王大人」三個字，下面注著「城裏石碑樓進士第」八個小字。大家知道，請的就是那王鄉紳了。另外又煩王孝廉寫一封四六信，無非是仰慕他，記掛他，屆期務必求他賞光的一派話。趙老頭兒又叫在後面加注一筆，說趕初一先打發孩子趕驢上城，等初二就好騎了下來；這裏打掃了兩間莊房，好請他多住幾天。帖子送去，王鄉紳答應說來。趙老頭兒不勝之喜。

有事便長，無話便短。看看日子，一天近似一天，趙家一門大小，日夜忙碌，早已弄得筋疲力盡，人仰馬翻。到了初三黑早，趙老頭兒從炕上爬起，喚醒了老伴並一家人起來，打火燒水洗臉，換衣裳，吃早飯。諸事停當，已有辰牌時分，趕著先到祠堂裏上祭。當下都讓這中舉的趙溫走在頭裏，屁股後頭才是他爺爺，他爸爸，他叔子，他兄弟，跟了一大串。走進了祠堂門，有幾個本家都迎了出來，只有一個老漢，嘴上掛著兩撇鬍子，手裏拿著一根長旱煙袋，坐在那裏不動。趙溫一見，認得他是族長，趕忙走過來叫了一聲「大公公」。那老漢點點頭兒，拿眼把他上下估量了一回；單讓他一個坐下，同他講道：「大相公，恭喜你，現在做了皇帝家人了！不知道我們祖先積了些甚麼陰功，今日都應在你一人身上。聽見老一輩子的講，要中一個舉，是很不容易呢：進去考的時候，祖宗三代都跟了進去，站在龍門〔：指鄉試考場的二門，也有指第三門，其意是跨過這門就可一舉成名。〕老等，幫著你抗考籃，不然，那一百多斤的東西，怎麼拿得動呢？還說是文昌老爺是陰間裏的主考。等到放榜的那一天，文昌老爺穿戴著紗帽圓領，坐在上面；底下圍著多少判官，在那裏寫榜。陰間裏中的是誰，陽間裏的榜上也就中誰，那是一點不會錯的。到這時候，那些中舉的祖宗三代，又要到陰間裏看榜，又要到玉皇大帝跟前謝恩，總要三四夜不能睡覺哩。大相公，這些祖先熬到今天受你的供，真真是不容易呢。」

爺兒兩個正在屋裏講話。忽然外面一片人聲吵鬧。問是甚麼事情，只見趙溫的爺爺滿頭是汗，正在那裏跺著腳罵廚子，說：「他們到如今還不來！這些王八崽子，不吃好草料的！停會子告訴王鄉紳，一定送他們到衙門裏去！」嘴裏罵著，手裏拿著一頂大帽子，借他當扇子搧，搖來搖去，氣得眼睛都發了紅了。正說著，只見廚子挑了碗盞傢伙進來。大家拿他抱怨。廚名，取「鯉魚跳龍門」的意思。

廚子回說：「我的爺！從早晨到如今，餓著肚皮走了三十多里路，為的那一項！半個老錢沒有瞧見，倒說先把咱往衙門裏送。城裏的大官大府，翰林、尚書，咱伺候過多少，沒瞧過他這囚攮〔註：罵人語〕的暴發戶，在咱面上混充老爺！開口王鄉紳，閉口王鄉紳，像他這樣的老爺，只怕替王鄉紳拴鞋還不要他哩！」一面罵，一面把炒菜的杓子往地下一摜，說：「咱老子不做啦，等他送罷！」這裏大家見廚子動了氣，不做菜，祠堂祭不成，大家坍台，又虧了趙溫的叔叔走過來，左說好話，右說好話，好容易把廚子騙住了，一樣一樣的做現成了，端了去擺供。當下合族公推新孝廉主祭，族長陪祭，大眾跟著磕頭。雖有贊禮先生旁邊吆喝著，無奈他們都是鄉下人，不懂得這樣的規矩，也有先作揖，後磕頭的，也有磕起頭來，再作一個揖的。禮生見他們參差不齊，也只好由著他們敷衍了事。一時祭罷祠堂，回到自己屋裏，便是一起一起的人來客往，算起來還是穿草鞋的多。送的分子，倒也絡續不斷；頂多的一百銅錢，其餘二十、三十也有，再少卻亦沒有了。

看看日頭向西，人報王鄉紳下來了。趙老頭兒祖孫三代，早已等得心焦，吃喜酒的人，都要等著王鄉紳來到方才開席，大家餓了肚皮，亦正等的不耐煩。忽然聽說來了，賽如天上掉下來的一般，大家迎了出來。原來這王鄉紳坐的是轎車，還沒有走到門前，趙溫的爸爸搶上一步，把牲口攏住，帶至門前。王鄉紳下車，爺兒三個連忙打恭作揖，如同捧鳳凰似的捧了進來，在上首第一位坐下。

這裏請的陪客，只有王孝廉賓東兩個。王孝廉同王鄉紳敘起來還是本家，王孝廉比王鄉紳小一輩，因此他二人以叔侄相稱。他東家方必開因為趙老頭兒說過，今日有心要叫王鄉紳考考他兒子老三的才情，所以也戴了紅帽子、白頂子，穿著天青外褂，裝做斯斯文文的樣子，陪在下面；但是腳底下卻沒有著靴，只穿得一雙綠梁的青布鞋罷了。

王鄉紳坐定，尚未開談，先喊了一聲「來」！只見一個戴紅纓帽子的二爺，答應了一聲「者」！王鄉紳就說：「我們帶來的點小意思，交代了沒有？」二爺未及回話，趙老頭兒手裏早拿著一個小紅封套兒，朝著王鄉紳說：「又要你老破費了，這是斷斷不敢當的！」王鄉紳那裏肯依。趙老頭兒無奈，只得收下，叫孫子過來叩謝王公公。當下吃過一開茶，就叫開席。

王鄉紳一席居中；兩傍雖有幾席，都是穿草鞋，穿短打的一班人，還有些上不得台盤的，都在天井裏等著吃。這裏送酒安席，一應規矩，趙老頭兒全然不懂，一概託了王孝廉替他代作主人。當下，王鄉紳居中面南，王孝廉面西，方必開面東，他祖孫兩個坐在底下作陪。一時酒罷三巡，菜上五道。王鄉紳叔侄兩個講到今年那省主考放的某人，中出來的「闈墨」〔註：新中舉人、進士的在考試時寫的文章。〕，一定是清真雅正，出色當行。又講到今科本縣所中的幾位新孝廉，一個個都是揣摩功深，未曾出榜之前，早決他們是一定要發達的，果然不出所料：足見文章有價，名下無虛。

兩人講到得意之際，不知不覺的多飲了幾杯。原來這王鄉紳也是兩榜進士出身，做過一任監察御史，後因年老告病回家，就在本縣書院掌教。現在滿桌的人，除王孝廉之外，便沒有第二個可以談得來的。趙溫雖說新中舉，無奈他是少年新進，王鄉紳還不將他放在眼裏。至於他爺爺及方必開兩個，到了此時，都變成「鋸了嘴的葫蘆」，只有執壺斟酒，舉箸讓菜，並無可以插得嘴的地方，所以也只好默默無言。

王鄉紳飲至半酣，文思泉湧，議論風生，不禁大聲向王孝廉說道：「老侄，你估量著這『制藝』〔註：指八股文。〕一道，還有多少年的氣運？」王孝廉一聽這話，心中不解，一句也答不上來，筷子上夾了一個肉圓，也不往嘴裏送，只是睜著兩隻眼睛，望著王鄉紳。王鄉紳便把頭點了兩點，說道：「這事說起來話長。國朝諸大家，是不用說了，單就我們陝西而論：一位路潤生先生，他造就的人才也就不少。前頭入閣拜相的閻老先生，同那做刑部大堂的他們那位貴族，那一個不是從小讀著路先生制藝，到後來才有這們大的經濟〔註：經邦濟世、治理國家。〕！」一面說，一手指著趙家祖孫，嘴裏又說道：「就以區區而論，記得那一年，我才十七歲，才學著開筆做文章，從的是史步通史老先生。這位史先生雖說是個老貢生，下過十三場沒有中舉；一部《仁在堂文稿》他卻是滾瓜爛熟記在肚裏。我還記得，我一開手，他叫我讀的就是『制藝引全』，是引人入門的法子。一天只教我讀半篇。因我記性不好，先生就把這篇文章裁了下來，用漿子糊在桌上，叫我低著頭念，偏偏念死念不熟。為這上頭，也不知捱了多少打，罰了多少跪，到如今才掙得這兩榜進士。唉！雖然吃了多少苦，也還不算冤枉。」王孝廉介面道：「這才合了俗語說的一句話，叫做『吃得苦中苦，方為人上人。』別的不講，單是方才這幾句話，不是你老人家一番閱歷，也不能說得如此親切有味。」

王鄉紳一聽此言，不禁眉飛色舞，拿手向王孝廉身上一拍，說道：「對了，老侄，你能夠說出這句話來，你的文章也著實有工夫了。現在我雖不求仕進，你也無意功名，你在鄉下授徒，我在城中掌教，一樣是替路先生宏宣教育，替我聖朝培養人才。這裏頭消長盈虛，關係甚重。老侄你自己不要看輕，這個重擔，卻在我叔侄兩人身上，將來維持世運，歷劫不磨。趙世兄他目前雖說是新中舉，總是我們斯文一脈，將來昌明聖教，繼往開來，捨我其誰？當仁不讓。小子勉乎哉，小子勉乎哉！」說到這裏，不覺閉著眼睛，顛頭播腦起來。

趙溫聽了此言，不禁肅然起敬。他爺爺同方必開，起先尚懂得一二，知道他們講的無非文章，後來王鄉紳滿嘴掉文，又做出許多癡像，笑又不敢笑，說又沒得說。正在疑惑之際，不提防外頭一片聲嚷，吵鬧起來。仔細一問，原來是王鄉紳的二爺，因為他主人送了二分銀子的賀禮，趙溫的爸爸開銷他三個銅錢的腳錢，他在那裏嫌少，爭著要添。趙溫的爸爸說：「你主人止送了二分銀子，換起來不到三十個錢，現在我給你三個銅錢，已經是格外的了。」二爺說：「腳錢不添，大遠的奔來了，飯總要吃一碗。」趙溫的爸爸不給他吃，他一定吵著要吃，自己又跑到廚房搶麵吃，廚子不答應，因此爭吵起來，一直鬧到堂屋裏，王鄉紳站起來罵：「王八蛋！沒有王法的東西！」

當下，還虧了王孝廉出來，做好做歹，自己掏腰摸出兩個銅錢給他買燒餅吃，方才無話。坐定之後，王鄉紳還在那裏生氣，嘴裏說：「回去一定拿片子送到衙門裏，打這王八羔子幾百板子，戒戒他二次才好！」究竟趙老頭兒是個心慈面軟的人，聽了這話，連忙替他求情，說：「受了官刑的人，就是死了做了鬼，是一輩子不會超生的，這不毀了他嗎。你老那裏不陰功積德，回來教訓他幾句，戒戒他下回罷了。」王鄉紳聽了不作聲。方必開忽然想起趙老頭兒的話，要叫王鄉紳考考他兒子的才情，就起身離座去找老三，叫喚了半天，前前後後，那裏有老三的影子。後來找到廚房裏，才見老三伸著油晃晃的兩隻手，在那裏啃骨頭。一見他老子來到，就拿油手往簇新的衣服上亂擦亂抹。他老子又恨兒子不長進，又是可惜衣服，急的眼睛裏冒火。當下忍著氣，不說別的，先拿過一條沾布，替兒子擦手，說要同他前面去見王鄉紳。老三是個上不得台盤的人，任憑他老子說得如何天花亂墜，他總是不肯去。他老子一時恨不過，狠狠的打了他一下耳刮子，他哇的一聲哭了。大家忙過來勸住，他老子見是如此，也只好罷手。

這裏王鄉紳又吃過幾樣菜，起身告辭。趙老頭兒又託王孝廉替他說：「孫子年紀小，不曾出過門；王府上可有使喚不著的管家，請賞薦一位，好跟著孫子明年上京會試。」王鄉紳也應允了。方才大家送出大門，上車而去。欲知後事如何，且聽下回分解。

第二回　錢典史同行說官趣　趙孝廉下第受奴欺

話說趙家中舉開賀，一連忙了幾天，便有本學老師叫門斗〔註：學裡的公役。〕傳話下來，叫趙溫即日赴省，填寫親供〔註：指秀才中舉後到學台官署填寫年齡、籍貫等手續。〕。當下爺兒三代，買了酒肉，請門斗飽餐一頓，又給了幾百銅錢。門斗去後，趙溫便躊躇這親供如何填法，幸虧請教了老前輩王孝廉，一五一十的都教給他。趙溫不勝之喜。他爺爺又向親家方必開商量，要請王孝廉同到省城去走一遭，隨時可以請教。

方必開一來迫於太親翁之命，二來是他女兒大伯子中舉的大事，還有什麼不願意的？隨即滿口應允。趙老頭兒自是感激不盡。取過曆本一看，十月十五是個長行百事皆宜的黃道吉日，遂定在這天起身。因為自己牲口不夠，又問方親家借了兩匹驢。幾天頭裏，便是幾門親戚前來送禮餞行，趙溫一概領受。

閒話少敘。轉眼之間，已到十四。他爺爺，他爸爸，忙了一天，到得晚上，這一夜更不曾睡覺，替他弄這樣，弄那樣，忙了個六神不安。十五大早，趙溫起來，洗過臉，吃飽了肚皮。外面的牲口早已伺候好了。少停一刻，方必開同了王孝廉也踱過來。趙溫便向他爺爺、爸爸磕頭辭行。趙老頭兒又朝著王孝廉作了一個揖，託他照料孫子，王孝廉趕忙還禮不迭。等到行完了禮，一同送出大門，騎上牲口，順著大路，便向城中進發。

原來幾天頭裏，王鄉紳有信下來，說趙世兄如若上省填親供，可便道來城，在舍下盤桓幾日。所以趙溫同了王孝廉，走了半天，一直進城，投奔石牌樓而來。王孝廉是熟門熟路，管門的一向認得，立時請進，並不阻擋；趙溫卻是頭一遭。幸虧他素來細心，下驢之後，便留心觀看。只見：

門前粉白照牆一座，當中寫著「鴻禧」兩個大字，東西兩根旗杆。大門左右，水磨八字磚牆。兩扇黑漆大門，銅環擦得雪亮。門外掛著一塊「勸募秦晉賑捐分局」的招牌。兩面兩扇虎頭牌，寫著「局務重地」「閑人免進」八個大字。還有兩根半紅半黑的棍子〔註：原為衙役使用的水火棍，一半紅一半黑，掛在門外以示為威嚴。〕，掛在牌上。大門之內，便是六扇藍漆屏門，上面懸著一塊紅底子金字的匾，寫著「進士第」三個字。兩邊貼著多少新科舉人的報條，也有認得的，也有不認得的，算來卻都是同年。兩邊牆上，還掛著幾頂紅黑帽子，兩條皮鞭子。

門上的人因為他是王孝廉同來的人，也就讓他進去。轉過屏門，便是穿堂，上面也有三間大廳，卻無桌椅台凳。兩面靠牆，橫七豎八擺著幾副銜牌；甚麼「丙子科舉人」、「庚辰科進士」、「賜進士出身」、「欽點主政」、「江西道監察御史」。趙溫心裏明白，這些都是王鄉紳自家的官銜。另外還擺著兩頂半新不舊的轎子。又轉過一重屏門，方是一個大院子，上面五間大廳。

其時已是十月，正中掛著大紅洋布的板門簾。前回跟著王鄉紳下鄉，王孝廉給他兩個銅錢買燒餅吃的那個二爺，正在廊簷底下，提著一把溺壺走來；一見他來，連忙站住，虧他不忘前情，迎上來朝著王孝廉打了一個千，問他幾時來的，王孝廉回說「才到」。

那二爺瞧瞧趙溫，也像認得，卻是不理他，一面說話，一面讓屋裏坐。趙溫也跟了進去。原來居中是三間統廳，兩頭兩個房間，上頭也懸著一塊匾，是「崇恥堂」三個字，下面落的是汪鳴鑾的款。趙溫念過「墨卷」〔註：即考生墨寫的卷子。〕，曉得這汪鳴鑾就是那做「能自疆齋文稿」的柳門先生，他本是一代文宗，不覺肅然起敬。當中懸著一副御筆，寫的「龍虎」兩字，卻是石刻朱拓的，兩邊一副對聯，是閻丹初閻老先生的款；天然几上一個古鼎、一個瓶、一面鏡子，居中一張方桌，兩旁八張椅子、四個茶几。上面梁上，還有幾個像神像龕子的東西，紅漆描金，甚是好看。趙溫不認得是什麼東西，悄悄請教老前輩。王孝廉對他說：「這是盛『誥命軸子』〔註：誥命，皇帝對五品以上的官員的封典；誥命軸子是把誥命裱成的錦軸。〕的。」

趙溫還不懂得什麼叫「誥命」，正想追問，裏頭王鄉紳拖著一雙鞋，手裏拿著一根旱煙袋，已經出來了。王孝廉連忙上前請了一個安，王鄉紳把他一扶。跟手趙溫已經爬在地下了，王鄉紳忙過來呵下腰去扶他。嘴裏雖說還禮，兩條腿卻沒有動，等到趙溫起來，他才還了一個揖。分賓坐下。趙溫坐的是東面一排第二張椅子，王孝廉坐的是西面第二張椅子，王鄉紳就在西面第三張上坐了相陪。王鄉紳先開口問趙溫的爺爺、爸爸的好。誰知他到了此時，不但他爺爺臨走囑咐他到城之後，見了王鄉紳替他問好的話，一句說不上來，連聽了王鄉紳的話，也不知如何回答。面孔漲得通紅，嘴裏吱吱了半天，才回了個「好」字。王鄉紳見他如此，也就不同他再說別的了，只和王孝廉攀談幾句。

言談之間，王鄉紳提起：「有個舍親，姓錢號叫伯芳，是內人第二胞兄，在江南做過一任典史。那年新撫台到任，不上三個月，不知怎樣就把他『掛誤』〔註：官員因受牽累而去職。〕了。卻不料他官雖然只做得一任，任上的錢倒著實弄得幾文回來。你們一進城，看見那一片新房子，就是他的住宅。做官不論大小，總要像他這樣，這官才不算白做。現在他已經託了人，替他謀幹了一個『開復』〔註：復職。〕，一過年，也想到京裏走走，看有什麼路子，弄封把『八行』〔註：信，因信箋印為八行，故稱。〕，還是出來做他的典史。」王孝廉道：「既然有路子，為什麼不過班〔註：過通關係而陞官。〕，到底是正印。」王鄉紳道：「何嘗不是如此。我也勸過他幾次。無奈我們這位內兄，他卻另有一個見解。他說：州、縣雖是親民之官，究竟體制要尊貴些，有些事情自己插不得身，下不得手，自己不便，不免就要仰仗師爺同著二爺。多一個經手，就多一個扣頭，一層一層的剝削了去，到得本官就有限了；所以反不及他做典史的，倒可以事事躬親，實事求是。老侄，你想他這話，是一點不錯的呢。這人做官倒著實有點才幹，的的確確是位理財好手。」王孝廉道：「俗話說的好，『千里為官只為財』。」王鄉紳道：「正是這話。現在我想明年趙世兄上京會試，倒可叫他跟著我們內兄一路前去，諸事託他招呼招呼，他卻是很在行的。」王孝廉道：「這是最好的，還有什麼說得。」當下王孝廉見王鄉紳眼睛不睬趙溫，瞧他坐在那裏沒得意思，就把這話告訴他一遍。趙溫除了說「好」之外，亦沒有別的話可以回答。王孝廉又替他問：「錢老伯府上，應該過去請安？」王鄉紳道：「今天他下鄉收租去了。我替你們說好，明年再見罷。」當下留他兩人晚飯，就在大廳西首一間，住了一夜。次日一早起身，往省城而去。於是，曉行夜宿，在路非止一日，已經到了省城，找著下處，安頓行李。

且說趙溫雖然中舉，世路上一切應酬，究未諳練。前年小考，以及今年考取遺才，學台大人，雖說見過兩面，一直是一個坐著點名，一個提籃接卷，卻是沒有交談過，這番中了舉人，前來叩見，少不得總要攀談兩句。他平時見了稍些闊點的人，已經坐立不安，語無倫次，何況學台大人，欽差體制，何等威嚴，未曾見面，已經嚇昏的了。虧得王孝廉遇事招呼，隨時指教，凡他所想不到的，都替他想到。頭一天晚上，教他怎樣磕頭，怎樣回話，賽如春秋二季，「明倫堂」〔註：學宮中的禮堂。〕上演禮〔註：指祭孔典禮。〕一般，好容易把他教會。又虧得趙溫質地聰明，自己又操演了一夜，頂到天明，居然把一應禮節，牢記在心。少停，王孝廉睡醒，趙溫忙即催他起來洗臉。自己換了袍套。手裏捏著手本。王孝廉又叫他封了四吊錢的錢票，送給學台大人做「贄見」〔註：見官員的禮物。〕，另外帶了些錢做一應使費。到了轅門，找到巡捕老爺，趙溫朝他作了一個揖，拿手本交給他，求他到大人跟前代回，另外又送了這巡捕一吊錢的「門包」。巡捕嫌少，講來講去，又加了二百錢，方才去回。等了一會子，巡捕出來說：「大人今天不見客。」問他親供填了沒有。趙溫聽說大人不見，如同一塊石頭落地，把心放下，趕忙到承差屋裏，將親供恭恭敬敬的填好，交代明白。一應使費，俱是王孝廉隔夜替他打點停當，趙溫到此不過化上幾個喜錢，沒有別的嚕嗦。當下事畢回寓，整頓行裝，兩人一直回鄉。王孝廉又教給他寫殿試策白摺子〔註：殿試策，指考策題一種。白折子，是當時考卷的一種。〕，預備來年會試不題。

正是光陰似箭，日月如梭，轉眼間已過新年，趙溫一家門便忙著料理上京會試的事情。一日飯後，人報王鄉紳處有人下書。趙溫拆開看時，前半篇無非新年吉祥話頭，又說「舍親處，已經說定結伴同行，兩得裨益。舊僕賀根，相隨多年，人甚可靠，幹北道情形，亦頗熟悉，望即錄用」云云。趙溫知道，便是託王鄉坤所薦的那位管家了。只見賀根頭上戴一頂紅帽子，身穿一件藍羽緞棉袍，外加青緞馬褂，腳下還登著一雙粉底烏靴，見了趙溫，請了一個安，嘴裏說了聲「謝少爺賞飯吃」，又說「家主人請少爺的安」。趙溫因他如此打扮，鄉下從未見過，不覺心中呆了半天，不知拿什麼話回答他方好。幸虧賀根知竅，看見少爺說不出話，便求少爺帶著到上頭，見見老太爺請請安。趙溫只得同他進去，先見他爺爺。帶見過之後，他爺爺說：「這個人是你王公公薦來的，僧來看佛面，不可輕慢於他。」就留他在書房裏住。等到吃飯的時候，他爺爺一定又要從鍋裏另外盛出一碗飯、兩樣菜給賀根吃。一應大小事務，都不要他動手，後來還是王孝廉過來看見，就說：「現在這賀二爺既然是府上的管家，不必同他客氣，事情都要叫他經經手，等他弄熟之後，好跟世兄起身。」趙家聽得如此，才漸漸的差他做事。

到了十八這一天，便是擇定長行的吉日。一切送行辭行的繁文，不用細述。這日仍請王孝廉伴送到城。此番因與錢典史同行，所以一直徑奔他家，安頓了行李，同到王府請安。見面之後，留吃夜飯；臺面上只有他郎舅、叔侄三個人說的話，趙溫依然插不下嘴。飯罷，臨行之時，王鄉紳朝他拱拱手，說了聲「耳聽好音」。又朝他大舅子作了個揖，說：「恕我明天不來送行。到京住在那裏，早早給我知道。」又同王孝廉說了聲「我們再會罷」。方才進去。三人一同回到錢家，住了一夜。次日，錢、趙二人，一同起身。王孝廉直等送過二人之後，方才下鄉。

話分兩頭。單說錢典史一向是省儉慣的，曉得賀根是他妹丈所薦，他便不帶管家，一路呼喚賀根做事。過了兩天，不免忘其所以，漸漸的擺出舅老爺款來。背地裏不知被賀根咒罵了幾頓。幸虧趙溫初次為人，毫無理會。況兼這錢典史是勢利場中歷練過來的，今見趙溫是個新貴，前程未可限量；雖然有些事情欺他是鄉下人，暗裏賺他錢用，然而面子上總是做得十二分要好。又打聽得趙溫的座師吳翰林新近開了坊，升了右春坊、右贊善〔註：官名，在明清，實際上是各翰林院編修等之升轉。〕。京官的作用不比尋常，他一心便想巴結到這條路上。

有天落了店，吃完了飯，叫賀根替他把鋪蓋打開，點上煙燈。其時趙溫正拿著一本新科闈墨，在外間燈下揣摩。錢典史便說：「堂屋裏風大，不如到煙鋪上躺著念的好。」趙溫果然聽話，便捧了文章進來，在煙鋪空的一邊躺下，嘴裏還是念個不了，錢典史卻不便阻他，自己呼了幾口煙，又吃些水果、乾點心之類，又拿起茶壺，就著壺嘴抽上兩口，把壺放下，順手拎過一支紫銅水煙袋，坐在床沿上吃水煙，一個吃個不了。後來，錢典史被他噪聒的實在不耐煩，便借著賀根來出氣。先說他偷懶不肯做事，後來又說他今天在路上買饅頭，四個錢一個，他硬要五個半錢一個，十二個饅頭，便賺了十八個錢，真真是混帳東西！頭裏賀根聽見舅老爺說他偷懶，已經滿肚皮不願意，後來又說他賺錢，又罵他混帳，他卻忍不住了，頓時嘴裏嘰哩咕嚕起來，甚麼「賺了錢買棺材，裝你老爺」，還說甚麼「混帳東西，是咱大舅子」。錢典史不聽則已，聽了之時，立刻無明火三丈高，放下水煙袋，提起根煙槍就趕過來打。賀根也不是好纏的，看見他要打，便把腦袋向錢典史懷內一頂，說：「你打你打！不打是咱大舅子！」錢典史見他如此，倒也動手不得，嘴裏吆喝：「好個撒野東西！回來寫信給你老爺，他薦的好人，連我都不放在眼裏！」賀根正待回話，幸虧得店家聽見裏頭鬧得不像樣，進來好勸歹勸，才把賀根拉開。這裏錢典史還在那裏氣得發抖。當他二人鬧時，趙溫想上來勸，但不知怎樣勸的好。後來見店家把賀根拉開，他又呆了半天，才說了一聲：「天也不早了，錢老伯也好困覺了。」錢典史聽了這話，便正言厲顏的對他說道：「世兄！用到這樣管家，你做主人的總要有點主人的威勢才好。像你這樣好說話，一個管家治不下，讓他動不動得罪客人，將來怎樣做官管黎民呢？」

趙溫明曉得這場沒趣是錢典史自己找的，無奈他秉性柔弱，一句也對答不上，只好索性讓他說，自己呆呆的聽著。錢典史又道：「想我從前在江南做官的時候，衙門雖小，上下也有三五個管家，還有書辦、差役，都是我一個人去治伏他們，一個不當心，就被他們賺了去，像你一個底下人都治不服，那還了得！」趙溫道：「為著他是王公公薦的人，爺爺囑咐過，要同他客氣點，所以有些事情都讓他些。」錢典史哈哈冷笑道：「你將來要把他讓成功謀反叛逆，才不讓他呢！這種東西，叫我一天至少罵他一百頓，還要同他客氣！真真奇談！」趙溫道：「既然老伯如此說，我明天管他就是了。」錢典史道：「我並不是要叫你管他，我是告訴你做官的法子。」

趙溫心下疑惑道：「這與做官有甚麼相干？」又不便駁他，只好拉長著耳朵聽他講。錢典史又說道：「『齊家而後治國，治國而後平天下』，這兩句話你們讀書人是應該知道的。一個管家治不服，怎麼好算得齊家？不能齊家，就不能治國。試問皇上家要你這官做甚麼用呢？你也可以不必上京會試趕功名了。就如我，從前雖然做過一任典史，倒著實替皇家出點力，不要說衙門裏的人都受我節制，就是那些四鄉八鎮的地保、鄉約〔註：奉命在鄉中管事的人。〕、圖正〔註：農村中管本圖魚鱗冊的人；魚鱗冊即為賦役而設的土地冊。〕、董事，那一個敢欺我！」

趙溫雖然是鄉下人，也曉得典史比知縣小；聽他說得高興，有意打趣他，便問他道：「請教老伯：典史的官，比知縣大是小？」錢典史欺他是外行，便道：「一般大。他管得到的地方，我都管得到。論起來，這一縣之主還要算是我。有起事情來，我同他客氣，讓他坐在當中，所以都稱他『正堂』。我坐的是下首主位，所以都稱我『右堂』。其實是一樣的，不分甚麼大小。」趙溫道：「典史總要比知府小些。」

錢典史道：「他在府城裏，我在縣城裏，我管不著他，他亦管不著我。趙世兄，你不要看輕了這典史，比別的官都難做。等到做順了手，那時候給你狀元，你還不要呢。我這句話，並不是瞧不起狀元。常常聽見人說，翰林院裏的人都是清貴之品，將來放了外任，不是主考，就是學政，自然有那些手底下的官兒前來孝敬，自己用不著為難。然而隔著一層，到底不大順手。何如我們做典史的，既不比做州、縣的，每逢出門，定要開鑼喝道，叫人家認得他是官。我們便衣就可上街，甚麼煙館裏，窯子裏，賭場上，各處都可去得。認得咱的，這一縣之內，都是咱的子民，誰敢不來奉承；不認得的，無事便罷，等到有起事情來，咱亦還他一個鐵面無私。不上兩年，還有誰不認得咱的？一年之內，我一個生日，我們賤內一個生日，這兩個生日是刻板要做的。下來老太爺生日，老太太生日，少爺做親，姑娘出嫁，一年上總有好幾回。」趙溫道：「我聽見王大哥講過，老伯還沒養世兄，怎麼倒做起親來呢？」錢典史道：「你原來未入仕途，也難怪你不知道。大凡像我們做典史的，全靠著做生日，辦喜事，弄兩個錢。一樁事情收一回分子，一年有上五六樁事情，就受五六回的分子。一回受上幾百吊，通扯起來就有好兩千。真真大處不可小算。不要說我連著兒子、閨女都沒有，就是先父、先母，我做官的時候，都已去世多年。不過託名頭說在原籍，不在任上，打人家個把式罷了。這些錢都是面子上的，受了也不罪過，還有那不在面子上的，只要事在人為，卻是一言難盡。我這番出山，也不想別的處，只要早些選了出來，到了任，隨你甚麼苦缺，只要有本事，總可以生發的。」說到這裏，忽聽窗外有人言道：「天不早了，客人也該睡了，明天好趕路。」原來是車夫半夜裏起來解手，正打窗下走過，聽見裏面高談闊論，所以才說這兩句。錢典史聽了笑道：「真的我說到高興頭上，把明兒趕路也就忘記了。」當下便催著趙溫睡下，自己又吃了幾袋水煙，方始安寢。次日依舊趕路不提。

卻說他主僕三人，一路曉行夜宿，在河南地面上，又遇著一場大雪，直至二月二十後，方才到京。錢典史另有他那一幫人，天天出外應酬，忙個不了。這裏趙溫會著幾個同年，把一應投文覆試的事，都託了一位同年替他帶辦，免得另外求人，倒也省事不少。不過大幫復試已過，直好等到二十八這一天，同著些後來的在殿廷上覆的試，居然取在三等裏面，奉旨准他一體會試。趙溫便高興的了不得，寫信稟告他爺爺、父親知道。這裏自從到京，頭一樁忙著便是拜老師。趙溫請教了同年，把貼子寫好，又封了二兩銀子的贄見，四吊錢的門包。他老師吳贊善，住在順治門外，趙、錢二位卻住在米市胡同，相去還不算遠。這天趙溫起了一個大早，連累了錢典史也爬起來，忙和著替他弄這樣，弄那樣，穿袍子，打腰折，都是錢典史親自動手。又招呼賀根：「貼子拿好，車叫來沒有。」一霎時，簇新的轎車停在門前。趙溫出外上車，錢典史還送到門口。這裏掌鞭的就把鞭子一灑，那牲口就拉著走了。一霎時到了吳贊善門前，趙溫下車，舉眼觀看，只見大門之外，一雙裹腳條，四塊包腳布，高高貼起，上面寫著甚麼「詹事府示：不准喧嘩，如違送究」等話頭。原來為時尚早，吳家未曾開得大門。門上一副對聯，寫著「皇恩春浩蕩，文治日光華」十個大字。趙溫心下揣摩，這一定是老師自己寫的。就在門外徘徊了一回，方聽得呀的一聲，大門開處，走出一位老管家來。趙溫手捧名貼，含笑向前，道了來意。那老管家知道是主人去年考中的門生，連忙讓在門房裏坐，取了手本、贄見，往裏就跑。停了一會子，不見出來。趙溫心下好生疑惑。

原來這些當窮京官的人，好容易熬到三年放了一趟差，原指望多收幾個財主門生，好把舊欠還清，再拖新帳。那吳贊善自從二月初頭到於今，那些新舉人來京會試的，他已見過不少。見了張三，探聽李四，見了李四，探聽張三。如若是同府同縣，自然是一問便知；就是同府隔縣，問了不知便罷，只要有點音頭，他見了面，總要搜尋這些人的根底。此亦大概皆然，並不是吳贊善一人如此。

目下單說吳贊善，他早把趙溫的家私，問在肚裏，便知道他是朝邑縣一個大大的土財主，又是暴發戶，早已打算，他若來時，這一分贄見，至少亦有二三百兩。等到家人拿進手本，這時候他正是一夢初醒，臥床未起；聽見「趙溫」兩字，便叫「請到書房裏坐，泡蓋碗茶」。老家人答應著。幸虧太太仔細，便問：「贄見拿進來沒有？」話說間，老家人已把手本連二兩頭銀子，一同交給丫環拿進來了。太太接到手裏，掂了一掂，嘴裏說了聲「只好有二兩」。吳贊善不聽則已，聽了之時，一骨碌忙從床上跳下，大衣也不及穿，搶過來打開一看，果然只有二兩銀子。心內好像失落掉一件東西似的，面色登時改變起來。歇了一會子，忽然笑道：「不要是他們的門包也拿了進來？那姓趙的很有錢，斷不至於只送這一點點。」老家人道：「家人們另外是四吊錢。姓趙的說的明明白白，只有二兩銀子的贄見。」吳贊善聽到這裏，便氣得不可開交了，嘴裏一片聲嚷：「退還給他，我不等他這二兩銀子買米下鍋！回頭他——叫他不要來見我！」說著賭氣仍舊爬上床去睡了。老家人無奈，只得出來回覆趙溫，替主人說「道乏」，今天不見客。說完了這句，就把手本向桌上一撩，卻把那二兩頭揣了去了。

趙溫撲了一個空，無精打采，快快的出門坐車回去。錢典史接著，忙問：「回來的為什麼這般快？可會見了沒有？」趙溫說：「今兒老師不見客。」錢典史說：「就該明兒再去。」到了明日，又起一個早跑了去。那老家人回也不替他回一聲，讓他一個人在門房裏坐了老大一會子，才向他說道：「我看你老還是回去罷，明日不用來了。」趙溫聽了這話，心上不懂。正待問他，老家人便說：「我就要跟著出門，你老也不用坐了。」趙溫無奈，只得依舊坐車回寓。錢典史知道他又不曾見著，曉得這裏頭有點不對，便把從前要靠趙溫走他老師這條門路的心，也就淡了下來。

過了幾天，恰是初八頭場。趙溫進去，狠命用心，做了三篇文章，又恭恭敬敬的寫到卷子上。聽見人說，三場試卷沒有一個添注塗改，將來調起墨卷來，要比別人沾光，他所以就在這上頭用工夫。誰知到了初十那一天，落太陽的時候，他還有一首詩不曾寫，忽然來了許多穿靴子，戴頂子的，嚷著「搶卷子」。還有一個人，手裏拿著一個大喇叭，照著他嗚嗚的吹，把他鬧急了，趕忙提起筆來寫。偏生要好不得好，一首八韻詩，當中脫落掉四句，只好添注了二十字，把他惱的了不得。匆匆忙忙，收拾了考籃，交了卷子出去。自己始終不放心，直到第二天「藍榜」〔註：用藍筆寫的榜。鄉會試時寫作不合規定者，取消參加考試資格，並公佈出榜。〕貼了出來，沒有他的名字，方才把心放下。接連二場、三場，他一連吃了九天辛苦。出場之後，足足睏了兩日兩夜，方才睏醒。以後就是門生請主考，同年團拜。因為副主考請假回家修墓，尚沒有來京，所以只請了吳贊善一個人。

趙溫穿著衣帽，也混在裏頭。錢典史跟著溜了進去瞧熱鬧。只見吳贊善坐在上面看戲，趙溫坐的地方離他還遠著哩。一直等到散戲，沒有看見吳贊善理他。大家散了之後，錢典史不好明言，背地裏說：「有現成的老師尚不會巴結，叫我們這些趕門子，拜老師的怎樣呢？」從此以後，就把趙溫不放在眼裏。轉念一想，「讀書人是包不定的，還怕他聯捷上去，姑且再等他兩天。」

趙溫自從出場之後，自己就把頭篇抄了兩分出來：一分寄到家裏，一分帶在身上，隨時好請教人。人家都恭維他文章怎麼做的好，一定聯捷的，他自己也拿穩一定是高中的了。就有人來說，四月初九放榜，初八寫榜。從幾天頭裏，他就沒有好生睡覺。到了初八黑早，還沒有天亮，他就喚醒了賀根，叫他琉璃廠去等信。賀根說：「我的爺！這會子人家都在家裏睡覺，趕去做嗎？」趙溫一定要他去，賀根推頭天還早，一定要歇一會子再去。主僕兩個就拌起嘴來。還是錢典史聽不過，爬起來幫著趙溫吆喝了兩句，他才嘰哩咕嚕的一路罵了出去。這一天，趙溫就同熱鍋上的螞蟻一般，茶飯無心，坐立不定。到得下午，便有人來說，誰又中了，誰又中了。偏生賀根從天不亮出去，一直到晚不曾回來。趙溫急的跳腳，等到晚上，街上人說榜都填完了，只等著「填五魁」〔註：五魁，即五經魁，鄉試的前五名，在發榜時是最後從第五名倒填至第一名。〕了。賀根知道沒了指望，方才回寓。

趙溫見了他眼睛裏出火，罵他「沒良心的東西」。賀根恨極，便說：「還有五魁沒有出來，等我再去打聽去。」一面說，一面跑了出來，找到一個賣燒餅的，同他商議，假充報子，說他少爺中了會魁，好訛他的錢分用。賣燒餅的依他話，便跑了來敲門報喜。賀根是早在大門前頭等好的了，一見報子來到，也跟了進來。趙溫自然歡喜，問要賞他多少銀子。賀根道：「這是頭報，應該多賞他幾兩。」趙溫道：「賞他二兩。」報喜人嚷著嫌少，一定要一個大元寶。後來還是賀根做好做歹，給了十兩一錠。那報喜人去了，賀根跟著出去，定要分他八兩，賣燒餅的只肯五兩。兩個人在那裏吵嘴，被錢典史出去出小恭，一齊聽了去，就說：「賀根，你少爺已經不中進士，不該再騙他錢用。」賀根道：「你老別多嘴。我騙他的錢，與你什麼相干，誰要說破這件事，咱們白刀子進去，紅刀子出來，叫他等著罷！」錢典史聽了這話，把舌頭一伸，縮不進去，那裏還敢多嘴。只可憐趙溫白送了十兩銀子，空歡喜了一夜。到第二天，不見人來替他道喜，又買本題名錄來一看，自己沒有名字，才知昨夜受人之騙，氣的一天沒有吃飯。欲知後事如何，且聽下回分解。

第三回　苦鑽差黑夜謁黃堂　悲鐫級藍呢糊綠轎

話說趙溫自從正月出門到今，不差已將三月。只因離家日久，千般心緒，萬種情懷，正在無可排遣，恰好春風報罷，即擬整頓行裝，起身回去。不料他爺爺望他成名心切，寄來一封書信，又匯到二千多兩銀子，書上寫著：「倘若聯捷，固為可喜；如其報罷，即趕緊捐一中書，在京供職。」信上並寫明是王鄉紳的主意，「所以東拼西湊，好容易弄成這個數目。望你好好在京做官。你在外面做官，家裏便免得人來欺負。千萬不可荒唐，把銀子白白用掉」各等語。

趙溫接到此信，不好便回，只得託了錢典史替他打聽，那裏捐的便易，預備上兌〔註：上，進獻；兌，兌款。上兌就是進獻銀錢。〕。那錢典史本來是瞧不起趙溫的了，現在忽然看見他有了銀子捐官，便從新親熱起來，想替他經經手，可以於中取利的意思。後見趙溫果然託他，他喜的了不得，今天請聽戲，明天請吃飯。又拉了一個打京片子的人來，天天同吃同喝，說是他的盟弟，認得部裏的書辦，有什麼事託他，那裏萬妥萬當的。趙溫信以為真，過了一天，又穿著衣帽去拜他，自己還做東請他，後來就託他上兌。二千多銀子不夠，又虧了他代擔了五百兩。趙溫一面出了憑據，約了日期，一面寫信家去，叫家裏再寄銀子出來好還他。這裏一面找同鄉，出印結〔註：類似擔保書。〕，到衙門，忙了一個多月才忙完。看官記清：從此以後，趙孝廉變為了趙中書，還是賀根跟他在京供職。

話分兩頭。且說錢典史在京裏混了幾個月，幸虧遇見一個相好的書辦，替他想法子，把從前參案〔註：指彈劾的案子。〕的字眼改輕，然後拿銀子捐復原官，加了花樣〔註：指為了增加捐官的銀子收入，設立多種名目、花樣。〕，仍在部裏候選。又做了手腳，不上兩個月，便選了江西上饒縣典史。聽說缺分還好，他心中自然歡喜。後來一打聽，倒是從前在江南揭參他的那個知府，現在正做了江西藩司〔註：官名、掌管一省財賦、人事大權。〕。冤家路窄，偏偏又碰在他手裏，他心中好不自在起來。跑來同他盟弟，就是上回賺他錢的那個人商量。他盟弟道：「這容易得很，我間壁住的徐都老爺，就是這位藩台大人的同鄉。去年這位藩臺上京陛見的時候，徐都老爺還請他吃過飯，是小弟作的陪。他兩人的交情很厚，在席面上咕咕嚷嚷，談個不了，還咬了半天耳朵，不曉得裏頭是些甚麼事情。後來這位藩台大人出京的時候，還叫長班〔註：隨從的僕役。〕送了他四兩銀子別敬〔註：送人銀錢，為字眼好聽，不同人有不同的叫法。〕。」錢典史道：「像他這樣交情，應該多送幾兩才是，怎麼只送四兩？」

他盟弟把臉一紅道：「這個卻不曉得，或者另外多送，我們也瞧不見，再不然，大概同鄉都是四兩。他們做大員的，怎好厚一個，薄一個，叫別位同鄉看著吃味兒。」錢典史道：「這個我們不去管他。但是我的事情怎麼樣呢？」他盟弟道：「你別忙。停一會子我到隔壁，化上百把銀子，找這徐都老爺寫封信，替你疏通疏通，這不結了嗎。」錢典史道：「一封信要這許多銀子？」他盟弟道：「你別急。你老哥的事情，就是我兄弟的事情。你沒有這一點子，我兄弟還效勞得起。」當時錢典史再三拜託而去。原來他盟弟姓胡名理，綽號叫做狐狸精。人既精明，認的人又多，無論那裏都會溜了去。今番受了盟兄之託，當晚果然摸到隔壁，找到徐都老爺，說明來意，並說前途〔註：舊時與人接洽事情時，對方的代稱。〕有五十金為壽，好歹求你賞一封信。徐都老爺道：「論起來呢，同鄉是同鄉，不過沒有什麼大交情，怎麼好寫信；就是寫了去，只怕也不靈。」胡理道：「那裏管得許多，你看銀子面上，隨便拓幾句給他就完了。」徐都老爺一想，家裏正愁沒錢買米，跟班的又要付工錢，太太還鬧著贖當頭，正在那裏發急，沒有法子想，可巧有了此事。心下一想，不如且拿他來應應急。遂即含笑應允，約他明早來拿信。又問：「銀子可現成？」胡理說：「怎麼不現成！」隨即起身別去。徐都老爺還親自送到大門口，說了一聲「費心」，又叮嚀了幾句，方才進去。

到了第二天一早，徐都老爺就起身把信寫好。一等等到晌午，還不見胡理送銀子來，心下發急說：「不要不成功！為什麼這時候還不來呢？」跟班的請他吃飯也不吃。原來昨日晚上，他已經把這話告訴了太太和跟班的了。大家知道他就有錢付，太太也不鬧著贖當，跟班的也不催著付工錢了。誰知第二天左等不到，右等不到，真正把他急的要死。好容易等到兩點鐘，彭彭敲門。徐都老爺自己去開門，一看是胡理，把他喜的心花都開了，連忙請了進來，吩咐泡茶，拿水煙袋，又叫把煙燈點上。胡理未曾開口，徐都老爺已經把信取出，送到他面前。胡理將信從信殼裏取出，看了一遍。胡理一面套信殼，一面嘴裏說道：「真正想不到，就會變了卦。」徐都老爺聽了這話，一個悶雷，當是不成功，臉上顏色頓時改變，忙問：「怎麼了？可是不成功？」胡理徐徐的答道：「有我在裏頭，怕他逃到那裏去。不過拿不出，也就沒有法子了。」徐都老爺道：「可是一個沒有？」胡理道：「有是有的，不過只有一半。對不住你老，叫我怪不好意思的，拿不出手來。」徐都老爺道：「到底他肯出多少？」胡理也不答言，靴掖子〔註：皮或緞子做的夾子，放在靴筒裏。〕裏拿出一張銀票，上寫「憑票付京平銀二十五兩正」，下面還有圖書，卻是一張「四恒」〔註：清末四大銀號，都以「恆」字為名。〕的票子。徐都老爺望著眼睛裏出火，伸手一把奪了去。胡理道：「就這二十五兩還是我墊出來的哩。你老先收著使，以後再補罷。」徐都老爺無奈，只好拿信給他。胡理也不吃煙，不吃茶，取了信一直去找錢典史。告訴他，替他墊了一百兩銀子，起先徐家裏還不肯寫，後來看我面上卻不過，他才寫的。

錢典史自是感激不盡，忙著連夜收拾行李，打算後天長行，一直到省。結算下來，只有他盟弟胡理處，尚有首尾未清。他盟弟外面雖然大方，心裏極其嗇刻，想錢典史同他算清，面子上又不好露出。因見錢典史有一個翡翠的帶頭子，值得幾文，從前錢典史也說過要賣掉他。胡理到此就心生一計，說有主顧要買，騙到手，估算起來還可多賺幾文，滿心歡喜。次日便推頭有病，寫了一封書信，叫做飯的拿來替他送行。信上還說：「帶頭子前途已經看過，不肯多出價錢，等到賣去之後，即將款項匯來。」事到其間，錢典史也無可如何，只得自己算完了房飯帳，與趙溫作別，坐了雙套騾車而去。

有話便長，無話便短。他到了天津，便向水路進發，海有海輪，江有江輪，不消一月，便到了江西省城，找到下處。齊巧那位藩司又是護院〔註：藩台暫時代理撫院職務為護院。〕，他一時也不敢投信，候准牌期〔註：督、撫台官署接待屬員的日期。〕，跟著同班一大幫走進二堂，在廊簷底下朝著大人磕了三個頭，起來又請了一個安。那大人只攤攤手，呵呵腰兒，也沒有問話就進去了。錢典史來的時候手裏捏著一把汗，恐怕問起前情，難以回話；幸虧大人不記小人過，過了此關，才把一塊石頭放下。

但是他選的那個缺，現在有人署事，到任未及三月。這署事的人也弄了甚麼大帽子的信，好容易署了這個缺。上司看了寫信人面上，總要叫他署滿一年，不便半路上撤他回來。好在姓錢的是實缺，就是閒空一年半載也不打緊：上司存了這個意見，所以竟不掛牌叫他赴任。卻不想這位錢太爺只巴巴的一心想到任，叫他空閒在省城，他卻受不的了。一天到晚，不是鑽門子，就是找朋友，東也打聽，西也打聽，高的仰攀不上，只要府、廳班子裏，有能在上司面前說得動話的，他便極力巴結，天天穿著衣帽到公館裏去請安。後來就有人告訴他：現在支應局〔註：官署名，主管軍餉。〕兼營務處的候補府黃大人，是護院的天字第一號的紅人。凡百事情託了他，到護院面前，說一是一，說二是二。新近賑捐案內，又蒙山西撫院保舉了「免補」〔註：候補官員免除經過本職的補缺階段，跳了一級。〕，部文雖未回來，即日就要過班，便是一位道台〔註：省以下、府以上的官員，也叫觀察。〕了。向來司、道一體，便與藩、臬兩司同起同坐。所以他現在雖然還是知府，除掉護院之外，藩、臬卻都不在他眼裏，有些事情竟要硬駁回去。藩、臬為他是護院的紅人，而且即日就要過班，所以凡事也都讓他三分。

閒話休題。且說錢典史聽見這條門路，便一心一意的想去鑽。究竟他辦事精細，未曾稟見黃大人，先託人介紹，認得了黃大人的門口同他門口，一個叫戴升的先要好起來，拜把子，送東西，如兄若弟，叫的應天響，慢慢的才把「省裏閑不起，想求大人提拔提拔」的意思說了出來。戴升道：「老弟，你為什麼不早說？這一點點事情，做哥哥的還可以幫你一把力。」錢典史聽了，喜的嘴都合不攏來，忙說：「既然如此，我明天一早就來稟見。」戴升道：「你別忙。早來無用，早晨找他的人多，那裏有工夫見你，要來，明兒晚上來。」

錢典史忙說：「領都。倘能蒙老哥吹噓，大人栽培，賞派個把差使，免得妻兒老小捱餓，便是老哥莫大之恩。」說完之後，便即起身告辭。戴升說：「自家兄弟，說那裏的話。明晚再會罷，我也不送你了。」錢典史去後，齊巧上頭有事來叫戴升進去，問了兩句話。只因黃知府今日為了支應局一個收支委員虧空了幾百兩銀子，被他查了出來，馬上撤掉差使，聽候詳參。心想，這些候補小班子時頭，一個個都是窮光蛋，靠得住的實在沒有。便與戴升談及此事。也是錢典史運氣來了，戴升便保舉他，說：「現在有個新選上饒縣典史錢某人，」如何精明，如何諳練，「而且曾任實缺，現在又從部裏選了出來，因為有人署事，暫緩赴任。如若委了這種有缺的人，他一定盡心報效，再不會出岔子的。」黃知府道：「我沒有瞧見過這個人。」戴升道：「他可常常來稟見。小的為著老爺事忙，那裏有工夫見他，所以從沒有上來回。」黃知府道：「既然如此，叫他明天夜裏來見我。」戴升答應了幾個「是」，又站了一會子，才退了出去。

到了第二天，錢典史那裏等到天黑，太陽還大高的，他穿了花衣補服〔註：花衣，即莽袍，官服；補服，穿在莽袍外面的外套。〕跑了去。只見公館外頭平放著兩乘轎子，他便趔趔趄趄，走到戴升屋裏，請安坐下。戴升把昨兒夜間替他吹噓的話告訴了他，還說「支應局出了一個收支差使，上頭一定要委別人，已經有了主了，是我硬替你老弟抗下來的。停刻見了面就有喜信的。」錢典史又是感激，又是歡喜，忙問：「大人幾時回來的？」戴升道：「早晨七點鐘上院，九點下來；接著會審了一樁甚麼案子，趕十二點鐘到局裏吃過飯，又看公事，才回來抽不上三袋煙，又是甚麼局裏的委員來稟見，現在正在那裏會客咧。你且在這屋裏吃飯，等他老人家送過客，過了癮，再上去不遲。」錢典史無奈，只得暫且坐著等候。停了一會子，只聽得裏頭喊「送客」，見兩個委員前頭走，黃知府後面跟著送。走到二門口，那兩個委員就站住了腳，黃知府照他們呵呵腰，就自己先進去了。兩個委員各自上轎回去不題。

這裏黃知府踱進二門，便問管家：「轎子店裏催過沒有？」有個管家便回：「已經打發了三次人去催去了。」黃知府道：「今兒在院上，護院還提起，說部文這兩天裏頭一定可到。轎子做不來，坐了甚麼上院呢？真正這些王八蛋！我不說，你們再不去催的。」眾管家碰了釘子，一聲也不敢言語，一個個鴉雀無聲，垂手侍立。黃知府說完了話，也踱了進去。等到上燈之後，錢典史在戴升屋裏吃過了夜飯，然後戴升拿著手本進去替他回過，又出來領他到大廳西面一間小花廳裏坐下。此時錢典史恭而且敬，一個人坐在那裏，靜悄悄的，足足等了半個鐘頭才聽見靴子響。還沒進花廳門，又咳嗽了一聲。隨見小跟班的，將花廳門簾打起，便是大人走了進來：家常便服；一個胖脹面孔，吃煙吃的滿臉發青，一嘴的濃黑鬍子，兩隻眼睛直往上瞧。錢典史連忙跪倒，同拜材頭的一樣，叩了三個頭，起來請了一個安，跟手又請安，從袖筒管裏取出履歷呈上。黃大人接在手中，一面讓坐。錢典史只有半個屁股坐在椅子上，斜著臉兒聽大人問話。黃知府把他的履歷翻了一翻，隨手擱下，便問：「幾時到的？」錢典史忙回：「上個月到的。」黃知府道：「上饒的缺很不壞？」錢典史道：「大人的栽培！但是一時還不得到任。」說到這裏，黃知府叫了一聲「來」。只見小跟班的拿著水煙袋進來裝煙。黃知府只管吃煙，並不答話。錢典史熬不過，便站起來又請了一個，說：「卑職母老家貧，雖說選了出來，藩憲一時不掛牌，總求大人提拔提拔！」黃知府道：

「求我的人實在多，總要再添幾百個差使，才能夠都應酬得到。」錢典史聽了不敢言語。只見黃知府拿茶碗一端，管家們喊了一聲「送客」，他只好辭了出來。黃知府送到二門，也就進去了。

錢典史出來，仍舊走到戴升屋裏，哭喪著面孔，在那裏換衣服，一聲也不言語。還是戴升著出他的苗頭，就說：「老弟！官場裏的事情，你也總算經過來的了，那裏有一見面就委你差使的？少不得多走兩趟。不是說，有愚兄在裏頭，咱們兄弟自己的事，還有什麼不替你上緊的。這算得什麼，也值得放在心上，就馬上不自在起來。快別這樣！」錢典史道：「做兄弟的並非不知道這個道理。但是一件，剛才我求他，他老人家的口氣不大好，再來恐怕他不見。」戴升道：「你放心，有我呢！你看他一天忙到夜，找他的人又多。我說句話你別氣，像你老弟這樣的班子，不是有人在裏頭招呼，如要見他一面，只怕等上三年見不著的盡多哩。」錢典史道：「我曉得。不是你老哥在裏頭，兄弟那裏夠得上見他。有你老哥拍胸脯，兄弟還有甚麼不放心的。你快別多心，以後全仗大力！」一面又替戴升請了一個安，然後辭了出來，自回寓處。後來又去過幾次，也有時見著，有時見不著。

忽然一天，錢典史正走進門房，戴升適從上頭回事下來，笑嘻嘻的朝著錢典史道：「老弟，有件事情，你要怎樣謝我？說了再告訴你。」錢典史一聽話內有因，心上一想，便道：「老哥，你別拿人開心，誰不知道戴二太爺一向是一清如水，誰見你受過人家的謝禮！這話也不像你說出來的。」旁邊有戴升的一個夥計聽了這話，笑道：「真正錢太爺好口才！」戴升道：「真是真，假是假，不要說頑話。我們過這邊來講正經要緊。」錢典史便跟了戴升到套間裏，兩個人咕咕噥噥了半天，也不知說些甚麼，只聽得臨了一句是錢典史口音，說：「凡事先有了你老哥才有我兄弟，你我還分彼此嗎。」說完出來，歡天喜地而去。究竟所說的那個收支差使派他沒有。後文再題。

且說黃知府有一天上院回來，正在家裏吃夜飯，忽然院上有人送來一角文書，拆開一看，正是保准過班的行知。照例開銷來人。便是戴升領頭，約齊一班家人，戴著紅帽子，上去給老爺叩喜。叩頭起來，戴升便回：「綠呢轎子可巧今天飯後送來，家人剛才看過曆本，明天上好的日子，老爺好坐著上院。」黃知府點點頭兒，又問：「價錢講過沒有？」戴升道：「拿舊藍呢轎子折給他，找他有限的錢。」黃知府道：「舊轎子抬去了沒有？」戴升道：「明天老爺坐了新轎子，就叫他們把舊的抬了去。」黃知府沒有別的言語，戴升便退了下來。接著首府、首縣，以及支應局、營務處的各位委員老爺，統通得了信，一齊拿著手本前來叩喜。內中只有首府來的時候，黃知府同他極其客氣。無奈做此官，行此禮，憑你是誰，總跳不過這個理去。始終那首府按照見上司的規矩見的他。一宵無話。

次日一早，黃知府便坐了綠呢大轎〔註：一種官階標誌，當時三品以上官員才坐綠呢大轎。〕上院，叩謝行知。仍舊坐了知府官廳。惹得那些候補知府們都站起來請安，一口一聲的叫「大人」。黃大人正在那裏推讓的時候，只見有人拿了藩、臬兩憲的名帖前來請他到司、道官廳去坐。那些知府又站了班，送他出去。到司、道官廳，各位大人都對他作揖道喜。他依舊一個個的請安，還他舊屬的體制。各位大人說：「以後我們是同寅，要免去這個禮的了。」各位大人又一齊讓位，黃大人便扭扭捏捏的在下手一張椅子上坐下。列位看官記清：黃大人現在已經變為道台，做書的人也要改稱，不好再稱他為黃知府了。當日黃道臺上院下來，便拿了舊屬帖子，先從藩台拜起，接著是臬台、糧巡道、鹽法道，以及各局總辦，並在省的候補道，統通都要拜到。一路上，前頭一把紅傘〔註：官員出行時儀仗中的傘蓋。〕；四個營務處的親兵，一匹頂馬，騎馬的戴的是五品獎劄〔註：獎勵的憑證，這裡即指五品頂戴的藍翎。〕，還拖著一枝藍翎〔註：帽上的裝飾羽毛。〕；兩個營務處的差官，戴著白石頭頂子，穿著「抓地虎」〔註：靴名。〕，替他把轎杠；另外一個號房〔註：舊時指傳達室或擔任傳達的人。〕，夾著護書，跑的滿頭是汗。後頭兩匹跟馬，騎馬的二爺，還穿著外套。黃道台坐在綠呢大轎裏，鼻子上架著一副又大又圓，測黑的墨晶眼鏡，嘴裏含著一枝旱煙袋。四個轎夫扛著他，東趕到西，西趕到東。那個把轎杠的差官還替他時時刻刻的裝煙。從午前一直到三點半鐘才回到公館。他老的煙癮上來了，盡著打呵欠，不等衣服脫完，一頭躺下，一口氣呼呼的抽了二十四袋。跟他的人，不容說肚皮是餓穿的了。接著還有多少候補大人、老爺們前來道喜，都是戴升替他一個個道乏擋駕。

又過了兩天，戴升想巴結主人，趁空便進來回道：「現在老爺已經過了班，可巧大後天又是太太的生日，家人們大眾齊了分子叫了一本戲，備了兩檯酒，替老爺、太太熱鬧兩天。這點面子老爺總要賞小的，總算家人們一點孝心。」黃道台道：「何苦又要你們化錢？」戴升道：「錢算得什麼！老爺肯賞臉，家人們傾家都是願意的。」黃道台道：「只怕這一鬧，不要叫局裏那些人知道，他們又有什麼公分鬧不清爽，還有營務處上的。」戴升道：「老爺的大喜，應該熱鬧兩天才是。」黃道台也無他說，戴升便退了下來，自去辦事。不料這個風聲傳了出去，果然營務處手下的一班營官一天公分；支應局的一班委員一天公分：都是一本戲、兩檯酒，一齊拿了手本，前來送禮。黃道台道：「果不出我所料，被戴升這一鬧，鬧出事情來了。」戴升道：「要他們知道才好。」於是定了頭一天暖壽，是本公館眾家人的戲酒，第二天正日，是營務處各營官的；第三天方輪到支應局的眾委員。到了暖壽的第一天晚上，黃道台便同戴升商量道：「做這一個生日，唱戲吃酒，都是糜費，一點不得實惠。」戴升正要回話，忽見門上傳進一封電報信來，上面寫明「南京來電送支應局黃大人升。」黃道台知道是要緊事情，連忙拆開一看，上頭只有號碼。黃道台是不認得外國字的，忙請了帳房師爺來，找到一本「華洋曆本」，翻出電碼，一個一個的查。前頭八個字是「南昌支應局黃道台」。黃道台急於要看底下，偏偏錯了一個碼子，查死查不對。黃道台急了，說：「不去管他，空著這一個字，查底下的罷。」那師爺又翻出三個字，是「軍裝案」。黃道台一見這三個字，他的心就畢卜畢卜跳起來了。瞪著兩隻眼睛看他往底下翻。那師爺又翻出六個字，是「帥〔註：指總督。〕查確，擬揭參〔註：指彈劾。〕」。黃道台此時猶如打了一個悶雷似的，咕呼一聲，往椅子上就坐下了。那師爺又翻了一翻，說：「還有哩。」黃道台忙問：「還有甚麼？」師爺一面翻，一面說：「朱守、王令均擬革，兄擬降同知〔註：守、太守，即知府；令、縣令；同知，知府的輔佐員。〕，速設法。」下頭注著一個「荃」字。黃道台便曉得這電報是兩江督幕裏他一個親戚姓王號仲荃的得了風聲，知會他的。便說：「這事從那裏說起！」師爺說：「照這電報上，令親既來關照，摺子還沒有出去。觀察早點設法，總還可以挽回。」黃道台道：「你們別吵！我此刻方寸已亂，等我定一定神再談。」

歇了一會子，正要說話，忽見院上文巡捕胡老爺，不等通報，一直闖了進來，請安坐下。眾人見他來的古怪，都退了出去。胡老爺四顧無人，方才說道：「護院叫卑職到此，特特為為通知大人一個信。」黃道台正在昏迷之際，也不知回答甚麼方好，只是拿眼瞧著他。胡老爺又說道：「護院接到南京制台〔註：清稱總督為制軍，尊稱為制憲、別稱為制台、「台」與「憲」一樣，是對高級官長的稱呼。〕的電報，說是那年軍裝一案，大人也掛誤在裏頭，真是想不到的事情！護院叫勸勸大人，不要把這事放在心上，過上兩個月，冷一冷場，總要替大人想法子的。」此時黃道台早已急得五內如焚，一句話也回答不出。後來聽見胡巡捕說出護院的一番美意，真是重生父母，再造爹娘，那一種感激涕零的樣子，畫也畫不出，便說：「求老兄先在護院前替兄弟叩謝憲恩。兄弟現在是被議人員，日裏不便出門，等到明兒晚上，再親自上院叩謝。」說完之後，胡老要趕著回去銷差，立刻辭了出來。黃道台此番竟是非常客氣，一直送出大門方回。

當下一個人，也不進上房，仍走到小客廳裏，背著手，低著頭，踱來踱去。有時也在炕上躺躺，椅子上坐坐，總躺不到、坐不到三分鐘的時候，又爬起來，在地下打圈子了。約摸有四更多天，太太派了老媽子三四次來請老爺安歇，大家看見老爺這個樣子，都不敢回。後來太太怕他急出病來，只好自己出來解勸了半天，黃道台方才無精打采的跟了進去。

到了第二天，本是太太暖壽的正日，因為遭了這件事，上下都沒了興頭。太太便叫戴升上去，同他商量，想把戲班子回掉不做。戴升一見老爺壞了事，誰肯化這冤錢，便落得順水推船說：「家人也曉得老爺心上不舒服，既然太太如此說，家人們過天再替太太補祝罷。」說完出去，叫了掌班的來，回頭他說：「不要唱了。」掌班的說：「我的太爺！為的是大人差使，好容易才抓到這個班子，多少唱兩天再叫他們回去。」戴升道：「不要就是不要！你不走，難道還在這裏等著捱做不成？」掌班的被他罵了兩句，頭裏也聽見這裏大人的風聲不好，知道這事不成功，只好垂頭喪氣了出來，叫人把箱抬走。一面戴升又去知會了局裏、營裏，大家亦已得信，今見如此，樂得省下幾文。不在話下。

到了下午，大人從床上起身，洗臉吃飯，一言不發；等到過完癮，那時已有上燈時分。戴升進來回：「外面都已伺候好了。請老爺的示，還是吃過夜飯上院，還是此刻去？」黃大人說：「吃過夜飯再去。」原來這位黃大人的太太最是知書識禮的，一聽丈夫降了官，便同戴升說：「現在老爺出門，是坐不來綠呢大轎的了。我們那頂舊藍呢的又被轎子店裏抬了去，你看向那位相好老爺家借一頂來？」戴升道：「現在的事情，沒頭沒腦，不過一個電報，還作不得准。據家人的意思，老爺今天還是照舊，等到奉到明文再換不遲。況且同人家去借，面子上也不好說。」太太說：「據我看，這樁事情不會假的，再坐著綠大呢的轎子上院，被人家指指摘摘的不好，不如換掉了妥當。橫豎早晚要換的，家裏有的是老太爺不在的時候，人家送的藍大呢帳子，拿出兩架來把他蒙上，很容易的事。」一面說，一面就叫姨太太同了小姐立刻去開箱子，找出三個藍呢帳子，交給戴升拿了出去。戴升回到門房裏說道：「說起來，我們老爺真真可憐！好容易做了一頂綠大呢的轎子，沒有坐滿五回，現在又坐不成了。太太叫把藍呢蒙上，說得好容易，誰是轎子店裏的出身？我是弄不來。好在老爺是糊裏糊塗的，今兒晚上讓他再多坐一次。吩咐親兵，明天一早叫轎子店裏的人來一兩個，帶了傢伙，就在我們公館裏把他蒙好就是了。」究竟黃大人是否仍坐綠呢大轎上院，且聽下回分解。

第四回　白簡留情補祝壽　黃金有價快升官

卻說黃道台吃過了晚飯，又過了癮，一壁換衣服，一壁唉聲嘆氣。紮扮停當，出來上轎，仍舊是紅傘頂馬，燈籠火把而去。到得院上，一個人踱進了司、道官廳。胡巡捕聽說他來，因為一向要好的，趕忙進去請了安，說：「護院正會客哩，等等再上去回。大人吃過飯了沒有？」黃道台說：「偏過了。老哥，你這稱呼要改的了，兄弟是降調人員，不同老哥一樣嗎？」說著，就要拉胡巡捕坐下談天。胡巡捕也半推半就的坐了。說不到兩三句話，便說：「卑職要上去瞧瞧看，客人去了，好進去回。」黃道台又說了一聲「費心」。胡巡捕去不多時，就來相請。黃道台把馬蹄袖放了下來，又拿手整一整帽子，跟了進去。護院已經迎出來了。

一到屋裏，黃道台請了一個安，跟手跪下磕了一個頭，又請了一個安，說：「叩謝大人為職道事情操心。」歸坐之後，接著就說：「職道沒有福氣伺候大人。將來還求大人栽培，職道為牛為馬也情願的。」護院道：「真也想不到的事情。但是制台的電報說雖如此說，摺子還沒有出去。昨日胡巡捕回來，講老哥有位令親在幕府裏，為甚麼不託他想法子去挽回挽回？」

黃道台道：「雖是職道的親戚在裏頭，怕的是制軍面前不大好說話。總求大人替職道想個法子，疏通疏通。職道也不敢望別的好處，但求保全聲名，即就感戴大人的恩典已經不淺。」說著，又離座請了一個安。護院道：「我今天就打個電報去。但是令親那裏，你也應該覆他一電，把底子搜一搜清，到底是怎麼一件事。」黃道台道：「不用問得。」一面說，一面把嘴湊在護院耳朵跟前，如此如此，這般這般，說了一遍，方才高聲言道：「少不得總求大人的栽培。」護院聽了他話，皺了一回眉頭說：「老哥當初這件事，實在你自己大意了些，沒有安排得好，所以出了這個岔子。」黃道台答應了一聲「是」。護院又著實寬慰他幾句，叫他在公館裏等信：「我這裏立刻打電報去，少不得要替你想法子的。」然後端茶送客。黃道台辭了出來，胡巡捕趕上說：「護院已經答應替大人想法子，看起來這事一定不要緊，等到一有喜信，卑職就立刻過來。」黃道台連說：「費心！——」又謙遜了一回，然後上轎而去。

一霎回到公館，他老人家的氣色便不像前頭的呆滯了。下轎之後，也不回上房，直到大廳坐下，叫請師爺來，告訴他緣故，叫他擬電報，按照護院的話，就託王仲荃替他查明據實電覆。師爺說：「這個電報字太多，若是送到電報局裏去，單單加一的譯費就得好幾角，不如我們費點事，翻好了送去。」黃道台點頭稱「是」。師爺便取過那本「華洋曆本」來，查著

「電報新編」一門，一個一個的碼子寫了出來，打發二爺送去。黃道台方才回到上房，脫去衣服，同太太談論護院的恩典。太太也著實感激，說：「等到我們有了好處，怎麼補報補報他方好。」當下安寢無話。

且說戴升看見老爺打電報，等到老爺進去，他便進來問過師爺，方才知道底細。師爺說：「這事護院很肯幫忙，看來還有得挽回。」戴升鼻子裏哼的冷笑一聲，說：「等著罷！我是早把鋪蓋捲好等著的了，想想做官的人也真是作孽，你瞧他前天升了官一個樣子，今兒參掉官又是一個樣子。不比我們當家人的，辭了東家，還有西家，一樣吃他媽的飯，做官的可只有一個皇帝，逃不到那裏去的。你說護院肯幫忙，護院就要回任的，未見得制台就聽他的話。以後的事情瞧罷咧！能夠不要我們捲鋪蓋，那是最好沒有。」一頭說著，一頭笑著出去。師爺也不同他多舌，各自歸房不題。

且說黃道台在公館裏一等等了三天，不見院上有人來送信，把他急的真如熱鍋上螞蟻一般，走出走進，坐立不安。真正說也不信：官場的勢利，竟比龍虎山上張真人的符還靈。從前黃道台才過班的時候，那一天不是車馬盈門，還有多少人要見不得見；到了如今，竟其鬼也沒有一個，便是受過他的提拔，新委支應局收支委員的錢典史，也是絕跡不到，並且連戴升門房裏，亦有四五天沒有他的影子了。黃道台此事卻不在意。但是胡巡捕素來最要好、最關切的人，他今不來，可見事情不妙。到了第四天飯後，他老人家已經死心塌地，絕了念頭。一等等到天黑，忽見戴升高高興興拿了一封信進來，說：「院上傳見，這封信是文巡捕胡老爺送來的。大約南京的事情有了好消息，所以院上傳見。」黃道台連忙取過拆開一看，只見上面寫的是：敬稟者：竊卑職頃奉撫憲面諭，刻接制憲電稱，所事尚未出奏，已委郭道查辦，定可轉圜。囑請憲駕即速到院。肅此謹稟。恭叩大人福安。伏乞垂鑒。卑職爾調謹稟。

黃道台尚未看完，便說：「這件事情，仲荃太胡鬧了。現在影子都沒有，怎麼就打那麼一個電報呢？真正荒唐！」一手拿著信，一頭嚷著，趕到上房告訴太太去了。大家聽著，自然歡喜。他便立刻換衣服，坐轎子上院。到了官廳裏，胡巡捕先來請安。此番黃道台的架子比不得那天晚上了，便站著同他講話，不讓他坐。胡巡捕也不敢坐。黃道台道：「天下那裏有這樣荒唐人！想我們舍親憑空來這們一個電報！現在委了郭觀察查辦，那事就好說了。」說著，胡巡捕進去回過出來請見。黃道台此番進去，卻換了禮節，仍舊照著他們司、道的規矩，見面只打一恭，不像那天晚上，疊二連三的請安了。護院告訴他：「那天吾兄去後，兄弟就打了一個電報給江寧藩台，因為他也是兄弟的相好，託他替吾兄想個法子。剛才接到他的回電，老兄請看。」一面說，一面把電報拿了出來給黃道台看。只見上面寫的是：「江電謹悉。黃道事折已繕就。遵諭代達，帥怒稍霽，飭郭道確查核辦。本司某虞電。」黃道台看完，便重新謝過護院，說了些感激的話，辭了出來。

回到公館，也不曉得甚麼人給的信，所有局裏的、營務上的那些委員，一個個都在公館裏等著請安。黃道台會了幾個，其餘一概道乏，大家回去。只有錢典史一直落了門房，同戴升商量，託他替回，就說：「這兩日知道大人心上不舒服，不敢驚動，所以太太生日，送的戲也沒有唱。現在是沒有事的了。況且我又是受過栽培的人，比別人不同，應該領個頭，邀集兩下裏的同事、同寅，前來補祝。老哥，你看就是明天如何？煩你就替我先上去回一聲。」戴升道：「兄弟別客氣罷！前兩天我們這裏真冷清，望你來談談，你也不來。這一會子又來鬧這個了。」錢典史把臉一紅道：「我不是不來，怕的是碰在他老人家不高興頭上，怪不好意思的。現在這樣，也是我們的一點孝心，是不好少的。」戴升道：「我知道了。你別著忙，少不得說定日子就給你信的。」原來錢典史自從那一天同戴升私語之後，第二天便奉到支應局的劄子，派他做了收支委員。一切謝委到差，都是照例公事，不必細贅。凡是做書，敘一樁事情，有明點，有暗點，有補點。此番錢典史得差，乃是暗點兼補點法，看官不可不知。

閒話休題。且說是日錢典史去後，戴升一想這話不錯，立刻就到上房，不說錢典史的主意，竟其算他自己的意思，說道：「前天太太生日，家人們本來要替太太祝壽的，偏偏來了這們一個電報，鬧了這幾天。家人連飯也幾天沒有吃，夜間也睡不著覺，心裏想，好容易跟得一個主人，總要望主人轟轟烈烈的，升官發財方好。況且老爺官聲，統江西第一，算來決計不會出岔子的。前幾天家人同夥當中，還有幾個一天到晚垂頭喪氣，想著要求某老爺、某老爺外頭薦事情，公館裏的事情都不肯做。這些沒有良心的東西，真把家人家恨的了不得！」黃道台道：「這些沒良心的王八蛋，還好用嗎？是那一個？立刻趕掉他！」戴升道：「名字也不用說了。常言大人不記小人過，這些沒有良心的東西，將來總沒有好日子，等著瞧罷。」當下太太也幫著勸解一番，黃道台方始無言，然後講到看日子補祝壽，局裏頭是錢太爺領頭，還要照上回說的一樣辦。黃道台應允了。就看定日子，後天為始。戴升出來，就去通知了錢典史。仍舊是眾家人頭一天暖壽，局裏第二天，營務處第三天，捱排下去。打條子給縣裏，請他知會學裏老師去封戲班子的箱。不上半天，仍舊上回那個掌班的押著戲箱來到公館。先見門政大爺戴大爺，請過安。那掌班的說：「我的大太爺！上回唱過不結了嗎！害的咱東也找人，西也找人，為的是大人差事，賺錢事小，總要占個面子。那裏知道半天裏一個雷，說不唱了。我大太爺！那真啃死小人了！足足賠了一百二十四吊，就是剩了條褲子沒有進當！幸虧好，今兒還是咱的差使，賞咱們個面子，咱恨不得竭力報效。大太爺你想，咱班子裏一個老生，一個花臉，一個小生，一個衫子，都是刮刮叫，超等第一名的角色：老生叫賽菊仙，花臉叫賽秀山，小生叫賽素雲，衫子叫賽雲。」戴升道：「怎麼全是『賽』？只怕賽不過罷！」掌班的發急道：「這原是江西有名的『四賽』，誰不知道。等到開了台，大太爺聽過，就知道咱不是說的瞎話。」戴升道：「唱的好，沒有話說；唱的不好，送到縣裏，賞你三百板子一面枷。」掌班的道：「唱的不好，也有你大太爺包涵，唱的好了，更不用說，只你大太爺一句話，多不敢想，把大人庫裏的元寶賞咱兩個，補補上回的數，那就是大太爺栽培小人了。」戴升道：「他有銀子在他手裏，我想賞你，他不肯，亦是沒在法想。」掌班的道：「大太爺你別瞞我，誰不知道支應局的戴大太爺，大人跟前說一是一，說二是二。只要你老吩咐就是了，不要說一個元寶，就是上千上萬的，也盡著你拿。」戴升道：「那倒好了。我有這些銀子，也不在這裏當門口了。」正說著話，可巧上頭來叫戴升，就此把話打斷。

有話便長，無話便短。轉瞬間，便到了暖壽的那一天。班子裏規矩，兩點鐘就要開鑼，黃道台因為此事，上院請了三天假，在公館裏吃過午飯，就同看太太出來坐在大廳上聽戲。還有姨太太、小姐，一個個都打扮著像花蝴蝶似的，一同陪著瞧戲。黃道台還有一個少爺，今年只得十三歲，是姨太太養的。因為太太沒有兒子，卻拿他愛如珍寶，把這位少爺脾氣慣的比誰還要利害。他說要天上日頭，就得有人拿梯子才好；不然，他那牛性一發，十個老爺也強他不過。這天唱戲，他一早就鑽在戲房裏，戴著鬍子，盡著在那裏使槍耍棒。班子裏人為的是少爺，也不敢多講。後來倒是一個唱小丑的看不過，說了一句：「我的少爺，我們在這裏唱戲，你老倒在這裏做清客串了。」少爺聽了不懂。跟少爺的二爺聽了這話，就朝著那個唱小丑的眉毛一豎，說他糟蹋少爺，一定要上去回。唱小丑的不服，兩個人就對打起來。掌班的看不過，過來把那個唱小丑的吆喝下來，又過來替二爺賠不是，勸他同少爺廳上去瞧戲，戲房裏人多口雜，得罪了少爺可不是玩的。那二爺方才同了少爺出來。少爺始終偷了人家一掛鬍子，藏在袖子裏。掌班的查著了，也不敢問。

少停天黑，臺上停鑼預備上壽。老爺、太太一齊進去，紮扮出來。老爺穿的是朝珠補褂，太太穿的是紅裙披風。雙雙站立廳前，同受眾人行禮。起先是自己家裏的人，接著方是戴升領著合府秀人。那戴升頭戴紅櫻大帽，身穿元青外套。其餘的也有著馬褂的，也有只穿一件長袍的，一齊朝上磕頭，老爺站在上面，也還了一個揖。太太也福了一福。眾家人叩頭起來，便是眾位師爺行禮。太太回避，單是黃道台出來讓了一回。大家散去。接著合省官員，從知府以下的，都來上手本。黃道台吩咐一概擋駕。獨有錢典史，也不管廳上有人沒人，身穿彩畫蟒袍，頭戴五品獎劄，走到居中，跪下磕了三個頭，起來請過安，又要找太太當面叩見、叩祝。太太見他進來的時候，早已走開了。黃道台又同他客氣一回，讓他在這裏看戲。他說：「卑職不比別人，應得在這裏伺候的。」諸事停當，方才坐席開鑼，重跳加官，挨排點戲，直鬧到十二點半鐘方始停當。

卻說這一天送禮的人倒也不少，無非這酒、燭、糕桃、幛屏之類居多，全是戴升一個人專管此事。某人送的某物，開發力錢多少，一一登帳記清。戴升還問人家要門包，也有兩吊的，也有一吊的，真正是細大不捐，積少成多，合算起來也著實不少。還有些候補老爺們，知道黃道台同護院要好，說得動話，便借此為由，也有送一百兩的，也有送五十兩的，也有送衣料、金器的。那門包更不用說了。凡送現銀子及衣料、金器的，因為太太吩咐過，一概立時交進；其餘晚上停鑼之後交帳，太太要親自點過，方才安寢。

轉瞬之間，已過三天，黃道臺上院銷假。又過了幾天，幾來拜壽的同寅地方，一處處都要去謝步。暗中又託人到郭道台那裏打點，送了一萬銀子。郭道台就替他洗刷清楚，說了些

「事出有因，查無實據」的話頭，稟覆了制台。那制台也因得了護院的信，替他求情，面子難卻，遂把這事放下不題。且說黃道台仍舊當他的差使。因為護院相信他，甚麼牙釐局〔註：掌管釐金稅收。〕的老總、保甲局〔註：掌管保甲治安。〕的老總、洋務局的老總，統通都委了他，真正是錦上添花，通省再找不出第二個。無奈實缺巡撫已經請訓南下，不日就要到任。別人還好，獨有那位藩台大人，是鹽法道署的，他這人生平頂愛的是錢。自從署任以來，怕人說他的閒話，還不敢公然出賣差缺。今因聽得新撫台不久就要接任，他指日也要回任，這藩台是不能久的。他便利令智昏，叫他的幕友、官親，四下裏替他招攬買賣：其中以一千元起碼，只能委個中等差使，頂好的缺，總得頭二萬銀子。誰有銀子誰做，卻是公平交易，絲毫沒有偏枯。有的沒有現錢，就是出張到任後的期票，這位大人也收。但是碰著一個現惠的，這出期票的也要退後了。

閒話休題。且說這位藩台大人，自從改定章程，劃一不二，卻是「臣門如市」，生涯十分茂盛。內中便有一個知縣看中一個缺，一心想要，便走了藩台兄弟的門路，情願報效八千銀子。藩台應允，立時三面成交。正要掛出牌去，忽然院上傳見，趕忙打轎上院。護院接見之下，原來不為別事，為的是胡巡捕當了半年的差，很獻殷勤，現在護院不久就要交卸，意思想給他一個美缺，無非是調劑他的意思。不料護院指名所要的那個缺，就是這位藩台大人八千兩頭出賣的那個缺。護院話已出口，藩台心下好不躊躇。心想：「缺是多得很。若是別一個還好，偏偏這個昨天才許了人家，而且是現銀交易。初意以為詳院掛牌，其權仍舊在我，不料護院也看中是這個缺，叫我怎麼回頭人家呢。」轉念一想：「橫豎他不久就要回任的，司、道平行，他也與我一樣。他要照應人，何不等他回任之後，他愛拿那個缺給誰，也不管我事，何必這時候來搶我的衣食飯碗呢。然而又不便直言回覆。不如另外給他個缺，敷衍過去。」主意打定，便回護院道：「大人所說的這個缺，一來離省較遠，二來缺分聽說也徒有虛名，毫無實在。胡令當差勤奮，又是大人的吩咐，等司裏回去，再對付一個好點的缺調劑他。今天晚上就來稟覆。至於大人所說的這個缺，現在有應署人員，司裏回去也就掛牌出去。」護院道：「通省的缺，依我看，這個也上等的了，難道還不算好？」藩台道：「缺縱然好，也要看民情如何。那地方民情不好，事情不大好辦。等司裏對付一個民情好點的地方，也不負大人栽培他這一番盛意。」

原來這藩台賣缺，護院已有風聞，大約這個缺已經成交的了。心上原想定要同他爭一爭；既而一想，我又不久就要回任的，何苦做此冤家。他既說得如此要好，且看他拿甚麼好地方來給我。遂即點頭應允，說了聲「某翁費心」，藩台方始辭別回去。一霎時回到本衙，吃過了飯，正在簽押房裏過癮。只見他兄弟三大人走進房間，叫了一聲「哥」。藩台問他：「甚麼事？」三大人說：「昨天九江府出缺。今天一早，票號裏一個朋友接到他那裏的首縣一個電報，託號裏替他墊送二千銀子，求委這首縣代理一兩個月。這個缺也有限，不過是面子上好看些的意思。」藩台道：「九江府也沒有聽見長病，怎麼就會死？」三大人道：「現在只曉得是出缺，論不定是病死，是丁憂〔註：官員父母死後，須守喪三年，才能復職。〕，電報上沒有寫明。」藩台道：「首縣代理知府，原是常有的事。但是一個知府只值兩吊銀子，未免太便宜了。老三，生意不好做的這們濫！」三大人說：「我的哥呀！現在不是時候了！新撫台一接印，護院回了任，我們也跟著回任，還不趁撈得一個是一個？」藩台道：「一個知府總不止這個數。要是知府止賣二千，那些州、縣豈不更差了一級呢？」三大人道：「缺分有高低，要看貨討價，這代理不過兩三個月的事情。」藩台道：「代理就不要掛牌嗎？」三大人道：「牌是自然要掛的。」藩台道：「要掛這張牌，至少叫他拿五千現銀子。代理雖不過兩三個月，現在離著收漕的時候也不遠了，這一接印，一分到任規、一分漕規，再做一個壽，論不定新任過了年出京，再收一分年禮，至少要弄萬把銀子。現在叫他拿出一半，並不為過。況且這萬把銀子都是面子上的錢。若是手長些，弄上一底一面，誰能管他呢。」

三大人見他哥這們一說，心上自己轉念頭，說：「哥的話並不錯。」便對他哥道：「既然如此，等我去找票號裏那個朋友，叫他今天就打個電報去回他，說五千銀子一個不能少。是不是，叫他當天電覆。有個缺在這裏，還怕魚兒不上鉤。況且省裏的候補知府多得很哩。」藩台道：「是呀。你就立刻去找那個朋友，好歹叫他給一個回信。他不要，還有別人呢。」原來這位署藩台姓的是何，他有個綽號，叫做荷包。這位三大人也有一個綽號，叫做三荷包。還有人說，他這個荷包是個無底的，有多少，裝多少，是不會漏掉的。

且說這三荷包辭了他哥出來，也不及坐轎，便叫小跟班的打了燈籠，一直走到司前一爿匯票號裏，找到檔手的倪二先生，就是拿電報來同他商量的那個朋友。這倪二先生，有名的爛好人，大家都叫他泥菩薩。他這人專門替人家拉皮條，溜鉤子。有藩台在鹽道任上，三荷包帳房，一直同他來往。及至署了藩台，賣買更好，進出的多，他來的更比前殷勤。通藩司衙收漕：徵收錢糧。漕，就是水運，由水運的糧食為漕運。門，上上下下，以及把門的三小子，沒一個不認得泥菩薩；就是衙門裏的狗，見了他面善，要咬也就不咬了。三荷包進了他的店，一迭連聲的喊「泥菩薩」。泥菩薩聽見，便知是早上那件事情的回音來了，趕忙出來接了進去。見面之後，泥菩薩便問：「那事怎麼樣了？」三荷包道：「你這人，人人都叫你『菩薩』，我看你比強盜還利害。我們自家人，你好意思給我當上？」

倪二先生發急道：「這從那兒說起！我是甚麼東西，敢給三大人當上？」三荷包道：「說句頑話，也值急得這們樣？」倪二先生道：「我的三大人！你可知道，我是泥做的，禁不起嚇，一嚇就要嚇化了的。」說著，兩個人又哈哈的笑了。笑過之後，三荷包便一五一十的，把他哥的話告訴了倪二先生。倪二先生道：「我說句不知輕重的話，不怕你三大人招怪，現在新撫台指日到任，令兄大人不日就要回任的，現在樂得撈一個是一個。前途出到二千，據我看，也是個分上了。如今叫他多，也多不到那裏，反怕事情要弄僵。我勸三大人，還是回去勸勸令兄大人，便宜他這一遭。有我做中人，將來少不得要找補的。」三荷包道：「我休嘗不是這樣說。無奈我們大先生一定要扳個價，叫我怎麼樣呢。」倪二先生道：「事已到此，不添不成功。這裏頭有二八扣，現在我情願白效勞，就把這四百兩也報效了令兄大人。這總說得過了。」三荷包道：「他的有了，你的不要了，我呢——就是你，也沒有白效勞的。」倪二先生道：「二千之外，我早替三大人想好了，還用吩咐嗎。」

三荷包把身子湊前一步，低聲問道：「多少呢？」倪二先生道：「加二。」三荷包道：「泥菩薩，你是知道我的用度大的，這一點點怎麼夠呢！我們大先生那裏，二千答應下來答應不下來，盡著我去抗，橫豎叫他代理這缺就是了。但是我兩個，總得叫他好看些。」倪二先生道：「我另外提開算，單盡你三大人罷。多要了開不出口，如果些微潤色點，我旁邊人就替他硬做主，還可以使得。我的意思，二成之外，再加一百，一共五百兩。倘若別人，我們須得三一三十一的分派，現在是你三大人，我們兄弟分上，你盡著使罷。」三荷包道：「這個不算數，看你的分上，以後要多照顧些才是。」倪二先生道：「這個自然。承你三大人看得起我，做了這兩年的朋友，難道我的心，三大人你還不曉得嗎？」三荷包道：「你趕今晚就覆他一個電報，叫他預備接印。大先生跟前有我哩。」倪二先生歡天喜地的答應了，又奉承了幾句話，三荷包方才回去。此事他哥能否應允，且聽下回分解。

第五回　藩司賣缺兄弟失和　縣令貪贓主僕同惡

卻說三荷包回到衙內，見了他哥，問起「那事怎麼樣了」。三荷包道：「不要說起，這事鬧壞了！大哥，你另外委別人罷，這件事看上去不會成功。」藩台一聽這話，一盆冷水從頭頂心澆了下來，呆了半晌，問：「到底是誰鬧壞的？由我討價，就由他還價；他還過價，我不依他，他再走也還像句話。那裏能夠他說二千就是二千，全盤都依了他？不如這個藩台讓給他做，也不必來找我了。你們兄弟好幾房人，都靠著我老大哥一個替你們一房房的成親，還要一個個的捐官。老三，不是我做大哥的說句不中聽的話，這點事情也是為的大家，你做兄弟的就是替我出點力也不為過，怎麼叫你去說說就不成功呢？況且姓倪的那裏，我們司裏多少銀子在他那裏出出進進，不要他大利錢，他也有得賺了。為著這一點點他就拿把，我看來也不是甚麼有良心的東西！」

原來三荷包進來的時候，本想做個反跌文章，先說個不成功，好等他哥來還價，他用的是「引船就岸」的計策。先看了他哥的樣子，後來又說什麼由他還價，三荷包聽了滿心歡喜，心想這可由我殺價，這叫做「裏外兩賺」。及至聽到後一半，被他哥埋怨了這一大篇，不覺老羞成怒。

本來三荷包在他哥面前一向是極循謹的，如今受他這一番排揎，以為被他看出隱情，聽他容身天地，不禁一時火起，就對著他哥發話道：「大哥，你別這們說。你要這們一說，咱們兄弟的帳，索性大家算一算。」何藩台道：「你說什麼？」三荷包道：「算帳！」何藩台道：「算什麼帳？」三荷包道：「算分家帳！」何藩台聽了，哼哼冷笑兩聲道：「老三，還有你二哥、四弟，連你弟兄三個，那一個不是在我手裏長大的？還要同我算帳？」三荷包道：「我知道的。爸爸不在的時候，共總剩下也有十來萬銀子。先是你捐知縣，捐了一萬多，弄到一個實缺；不上三年，老太太去世，丁艱下來，又從家裏搬出二萬多，彌補虧空：你自己名下的，早已用過頭了。從此以後，坐吃山空，你的人口又多，等到服滿，又該人家一萬多兩。憑空裏知縣不做了，忽然想要高升，捐甚麼知府，連引見走門子，又是二萬多。到省之後，當了三年的釐局總辦，在人家總可以剩兩個，誰知你還是叫苦連天，論不定是真窮還是裝窮。候補知府做了一陣子，又厭煩了，又要過甚麼班。八千兩銀子買一個密保，送部引見。又是三萬兩，買到這個鹽道。那一注不是我們三個的錢。就是替我們成親，替我們捐官，我們用的只好算是用的利錢，何曾動到正本。現在我們用的是自家的錢，用不著你來賣好！甚麼娶親，甚麼捐官，你要不管儘管不管，只要還我們的錢！我們有錢，還怕娶不得親，捐不得官！」

何藩台聽了這話，氣得臉似冬瓜一般的青了，一隻手綹著鬍子，坐在那裏發愣，一聲也不言語。三荷包見他哥無話可說，索性高談闊論起來。一頭說，一頭走，背著手，仰著頭，在地下踱來踱去。只聽他講道：「現在莫說家務，就是我做兄弟的替你經手的事情，你算一算：玉山的王夢梅，是個一萬二，萍鄉的周小辮子八千，新昌鬍子根六千，上饒莫桂英五千五，吉水陸子齡五千，廬陵黃霑甫六千四，新佘趙苓州四千五，新建王爾梅三千五，南昌蔣大化三千，鉛山孔慶輅、武陵盧子庭，都是二千，還有些一千、八百的，一時也記不清，至少亦有二三十注。我筆筆都有帳的。這些錢，不是我兄弟替你幫忙，請教那裏來呢？說說好聽，同我二八、三七，拿進來的錢可是不少，幾時看見你半個沙殼子漏在我手裏？如今倒同我算起帳來了。我們索性算算清。算不明白，就到南昌縣裏，叫蔣大化替我們分派分派。蔣大化再辦不了，還有首府、首道。再不然，還有撫台，就是京控〔註：即到京府去告狀。〕亦不要緊。我到那裏，你就跟我到那裏。要曉得兄弟也不是好欺侮的！」

三荷包越說越得意，把個藩台白瞪著眼，只是吹鬍子，在那裏氣得索索的抖，楞了好半天，才喘吁吁的說道：「我也不要做這官了！大家落拓大家窮，我辛辛苦苦，為的那一項！爽性自己兄弟也不拿我當作人，我這人生在世上還有甚麼趣味！不如剃了頭髮當和尚去，還落個清靜！」三荷包說道：「你辛辛苦苦，到底為的那一項？橫豎總不是為的別人。你說兄弟不拿你當人，你就該應擺出做哥子的款來！你不做官，你要做和尚，橫豎隨你自家的便，與旁人毫不相干。」

何藩台聽了這話，越想越氣。本來躺在床上抽大煙，站起身來，把煙槍一丟，豁琅一聲，打碎一隻茶碗，潑了一床的茶，褥子潮了一大塊。三荷包見他來的兇猛，只當是他哥動手要打他。說時遲，那進快，他便把馬褂一脫，捲了捲袖子，一個老虎勢，望他哥懷裏撲將來。何藩台初意丟掉煙槍之後，原想奔出去找師爺，替他打稟帖給撫台告病。今見兄弟撒起潑來，一面竭力抵擋，一面嘴裏說：「你打死我罷！」起先他兄弟倆鬥嘴的時候，一眾家人都在外間，靜悄悄的不敢則聲。等到後頭鬧大了，就有幾個年紀大些的二爺進來相勸老爺放手。一個從身後抱住三老爺，想把他拖開，誰知用了多大的力也拖不開。還有幾個小跟班，不敢進來勸，立刻奔到後堂告訴太太說：「老爺同了三老爺打架，拉著辮子不放。」太太聽了，這一嚇非同小可！也不及穿裙子，也不要老媽子攙，獨自一個奔到花廳。眾跟班看見，連忙打簾子讓太太進去。只見他哥兒倆還是揪在一塊，不曾分開。太太急得沒法，拚著自己身體，奔向前去，使盡生平氣力，想拉開他兩個。那裏拉得動！一個說：

「你打死我罷！」一個說：「要死死在一塊兒！」太太急得淌眼淚說：「到底怎麼樣？」嘴裏如此說，心上到底幫著自己的丈夫，竭力的把她丈夫往旁邊拉。何藩台一看太太這個樣子，心早已軟了，連忙一鬆手，往旁邊一張椅子上坐下。

那三荷包卻不提防他哥此刻鬆手，仍舊使著全副氣力往前直頂；等到他哥坐下，他卻撲了一個空，齊頭拿頭頂在他嫂子肚皮上。他嫂子是女人，又有了三個月的身孕，本是沒有氣力的，被他叔子一頭撞來，剛正撞在肚皮上。只聽得太太啊唷一聲，跟手咕咚一聲，就跌在地下。三荷包也爬下了，剛剛磕在太太身上。何藩台看了，又氣又急：氣的是兄弟不講理，急的是太太有了三個月的身孕，自己已經一把鬍子的人了，這個填房太太是去年娶的，如今才有了喜，倘或因此小產，那可不是玩的。當時也就顧不得別的了，只好親自過來，一手把兄弟拉起，卻用兩隻手去拉他太太。誰知拉死拉不起。只見太太坐在地下，一手摸著肚皮，一手托著腮，低著頭，閉著眼，皺著眉頭，那頭上的汗珠子比黃豆還大。何藩台問他怎樣，只是搖頭說不出話。何藩台發急道：「真正不知道我是那一輩子造下的孽，碰著你們這些孽障！」三荷包見此光景，搭訕著就溜之乎也。

起先太太出來的時候，另外有個小底下人奔到外面聲張起來說：「老爺同三老爺打架，你們眾位師爺不去勸勸！」頃刻間，各位師爺都得了信，還有官親大舅太爺、二舅老爺、姑老爺、外孫少爺、本家叔大爺、二老爺、侄少爺，約齊好了，到簽押房裏去勸和。走進外間，跟班回說：「太太在裏頭。」於是大家縮住了腳，不便進去；幾個本家也是客氣的，一齊站在外間聽信。後首聽見三老爺把太太撞倒，太太啊唷一聲，大家就知道這事越鬧越大，連勸打的人也打在裏頭了。跟手看見三老爺掀簾子出來，大家接著齊問他甚麼事，三老爺因見幾個長輩在跟前，也不好說自己的是，也不好說他哥的不是，但聽得說了一聲道：「咱們兄弟的事，說來話長，我的氣已受夠了，還說他做甚！」說罷了這一句，便一溜煙外面去了。這裏眾人依舊摸不著頭腦。後來帳房師爺同著本家二老爺，向值簽押房的跟班細細的問了一遍，方知就裏。

二老爺還要接著問別的，只聽得裏面太太又在那裏啊唷啊唷的喊個不住，想是剛才閃了力了，論不定還是三老爺把她撞壞的。大家都知這太太有了三個月的喜，怕的是小產。外間幾個人正在那裏議論，又聽得何藩台一迭連聲的叫人去喊收生婆，又在那裏罵上房裏的老媽子：「都死絕了，怎麼一個都不出來？」眾跟班聽得主人動氣，連忙分頭去叫。不多一刻，姨太太、小姐帶了眾老媽，已經走到屏門背後。於是眾位師爺只好回避出去。姨太太、小姐帶領三四個老媽進來，又被何藩台罵了一頓，大家不敢做聲。好容易五六個人拿個太太連抬帶扛，把她弄了進去。何藩台也跟進上房，眼看著把太太扶到床上躺下。問她怎樣，也說不出怎樣。

何藩台便叫人到官醫局裏請張聾子張老爺前來看脈。張聾子立刻穿著衣帽，來到藩司衙門，先落官廳，手本傳進；等到號房出來，說了一聲「請」，方才跟著進去。走到宅門號房站住，便是執帖二爺領他進去。張聾子同這二爺，先陪著笑臉，寒暄了幾句，不知不覺領到上房。何藩台從房裏迎到外間，連說：「勞駕得很！——」張聾子見面先行官禮，請了一個安，便說：「憲太太欠安，卑職應得早來伺候。」何藩台當即讓他坐下，把病源細細說了一遍。不多一刻，老媽出來相請。何藩台隨讓他同進房間。只見上面放著帳子。張聾子知道太太睡在床上，不便行禮，只說一句「請太太的安」。帳子裏面也不則聲，倒是何藩台同他客氣了一句。他便側著身子，在床面前一張凳子上坐下，叫老媽把太太的右手請了出來，放在三本書上，他卻閉著眼，低著頭，用三個指頭按準寸、關、尺三步脈位，足足把了一刻鐘的時候，一隻把完，又把那一隻左手換了出來，照樣把了半天。然後叫老媽子去看太太的舌苔。何藩台恐怕老媽靠不住，點了個火，梟開帳子，讓張聾子親自來看。張聾子立刻站了起來，只些微的一看，就叫把帳子放下，嘴裏說：「冒了風不是頑的！」說完這句話，仍由何藩台陪著到外間開方子。張聾子說：「太太的病本來是鬱怒傷肝，又閃了一點力，略略動了胎氣。看來還不要緊。」於是開了一張方子，無非是白術、子芩、川連、黑山梔之類。寫好之後，遞給了何藩台，嘴裏說：「卑職不懂得甚麼，總求大人指教。」何藩台接過，看了一遍，連說：「高明得很！——」又見方子後面另外注著一行小字，道是「委辦官醫局提調、江西試用通判張聰謹擬」十七個字。何藩台看過一笑，就交給跟班的拿摺子趕緊去撮藥。這裏張聾子也就起身告辭。少停撮藥的回來照方煎服。不到半個鐘頭，居然太太的肚皮也不痛了。何藩台方才放心。

只因這事是他兄弟鬧的，太太雖然病不妨事，但他兄弟始終不肯服軟，這事情總得有個下場。到了第二天，何藩台便上院請了兩天假，推說是感冒，其實是坐在家裏生氣。三荷包也不睬他，把他氣的越發火上加油，只好虛張聲勢，到簽押房裏，請師爺打稟帖給護院，替他告病；說：「我這官一定不要做了！我辛辛苦苦做了這幾年官，連個奴才還不如，我又何苦來呢！」那師爺不肯動筆，他還作揖打恭的求他快寫。師爺急了，只好同伺候簽押房的二爺咬了個耳朵，叫他把合衙門的師爺，什麼舅太爺、叔太爺，通通請來相勸。不消一刻，一齊來了。當下七嘴八舌，言來語去。起先何藩台咬定牙齒不答應。虧得一個舅太爺，一個叔太爺，兩個老人家心上有主意，齊說：「這事情是老三不是，總得叫他來下個禮，賠個罪，才好消這口氣。」

何藩台道：「不要叫他，那不折死了我嗎！」舅太爺道：「我舅舅的話他敢不聽！」便拉了叔太爺，一同出去找三荷包。

三荷包是一向在衙門裏管帳房的，雖說是他舅舅，他叔叔，平時不免總有仰仗他的地方，所以見面之後，少不得還要拍馬屁。當下舅太爺雖然當著何藩台說：「我舅舅的話他敢不聽？」其實兩個人到了帳房裏來，一見三荷包，依舊是眉花眼笑，下氣柔聲。舅太爺拖長了嗓子，叫了一聲「老賢甥」，底下好像有多少話似的，一句也說不出口。三荷包卻已看出來意，便說：「不是說要告病嗎？他拿這個壓制我，我卻不怕。等他告准了，我再同他算帳。」舅太爺道：「不是這們說。你們總是親兄弟。現在不說別的，總算是你讓他的。你幫著他這幾多年，辛辛苦苦管了這個帳，替他外頭張羅，他並不是不知道好歹，不過為的是不久就要交卸，心上有點不高興，彼此就頂撞起來。」三荷包道：「我頂撞他什麼？如果是我先頂撞了他，該剮該殺，聽憑他辦。」舅太爺道：「我何曾派老賢甥的不是！不過他是個老大哥，你總看手足分上，拚著我這老臉，替你兩人打個圓場，完了這樁事。」叔太爺也幫著如此說。他叔叔卻不稱他為「老賢侄」，比舅太爺還要恭敬，竟其口口聲聲的叫「三爺」。

三荷包聽了，心想這事總要有個收篷，倘若這事弄僵了，他的二千不必說，還有我的五百頭，豈不白便宜了別人。想好主意，便對他舅舅、叔叔說道：「我做事不要瞞人。他若是有我兄弟在心上，這樁口舌是非原是為九江府起的。」便如此這般的，把賣缺一事，自頭至尾，說了一遍。兩人齊說：「那是我們知道的。」三荷包道：「要他答應了人家二千，我就同他講和。倘若還要擺他的臭架子，叫他把我名下應該分的家當，立刻算還了給我，我立刻滾蛋；叫他從今以後，也不要認我兄弟。」舅太爺道：「說那裏話來！一切事情都在娘舅身上。你說二千就是二千。我舅舅叫他只准要二千，他敢不聽！」說著，便同叔太爺一邊一個，拉著三荷包到簽押房來。

跟班的看見三老爺來了，連忙打簾子。當下舅太爺、叔太爺，一個在前，一個在後，把個三荷包夾在中間。三荷包走進房門，只見一屋子的人都站起來招呼他，獨有他哥還是直挺挺的坐在椅子上不動。三荷包看了，不免又添上些氣。虧得舅太爺老臉，說又說得出，做又做得出，一手拉著三荷包的手，跑到何藩臺面前說：「自家兄弟有什麼說不了的事情，叫人家瞧著替你倆擔心？我從昨天到如今，為著你倆沒有好好的吃一頓飯，老三，你過來，你做兄弟的，說不得先走上去叫一聲大哥。弟兄和和氣氣，這事不就完了嗎。」三荷包此時雖是滿肚皮的不願意，也是沒法，只得板著臉，硬著頭，狠獮獮的叫了聲「大哥」。何藩台還沒答腔，舅老爺已經張開兩撇黃鬍子的嘴，哈哈大笑道：「好了，好了！你兄弟照常一樣，我的飯也吃的下了。」說到這裏，何藩台正想當著眾人發落他兄弟兩句，好亮光自己的臉，忽見執帖門上來回：「新任玉山縣王夢梅王大老爺稟辭、稟見。」這個人可巧是三荷包經手，拿過他一萬二千塊的一個大主顧，今天因要赴任，特來稟辭。何藩台見了手本，回心轉念，想到這是自家兄弟的好處，不知不覺，那面上的氣色就和平了許多。一面換了衣服出去，一面回頭對三荷包道：「我要會客，你在這裏陪陪諸位罷。」大家齊說：「好了，我們也要散了。」說著，舅太爺、叔太爺，同著眾位師爺一哄而散。何藩台自己出來會客。

原來這位新掛牌的玉山縣王夢梅，本是一個做官好手。上半年在那裏辦過幾個月釐局，不該應要錢的心太狠了，直弄得民怨沸騰，有無數商人來省上控。牙釐局的總辦立刻詳院，將他一面撤委，一面提集司事、巡丁到省質訊。後來查明是他不合縱容司、巡，任情需索。幸得憲恩高厚，只把司、巡辦掉幾個，又把他詳院，記大過三次，停委一年，將此事敷衍過去。可巧何藩台署了藩司，約摸將交卸的一個月前頭，得到不久就要回任的資訊，他便大開山門，四方募化。又有個兄弟做了幫手，竭意招徠。只要不惜重貲，便爾有求必應。王夢梅曉得了這條門路，便轉輾託人先請三荷包吃了兩檯花酒。齊巧有一天是三荷包的生日，他便借此為名，送了三四百兩銀子的壽禮，就在婊子家弄了一本戲，叫了幾檯酒，聚集了一班狐群狗黨，替三荷包慶了一天壽。這天直把三荷包樂得不可開交，就此與王夢梅做了一個知己。可巧前任玉山縣因案撤省。這玉山是江西著名的好缺，他便找到三荷包，情願孝敬洋錢一萬塊，把他署理這缺。三荷包就進去替他說合。何藩台說他是停委的人，現在要破例委他，這個數還覺著嫌少。說來說去，又添了二千。王夢梅又私自送了三荷包二千的銀票。三荷包一手接票子，一面嘴裏說：「咱弟兄還要這個嗎？」等到這句話說完，票子已到他懷裏去了。

究竟這王夢梅只辦過一趟釐局，而且未曾終局，半路撤回；回省之後，還還帳，應酬應酬，再貼補些與那替他當災的巡丁、司事，就是錢再多些，到此也就有限了。此番買缺，幸虧得他有個錢莊上的朋友替他借了三千，他又弄到一個帶肚子〔註：官員上任時借墊幕僚的錢。〕的師爺，一個帶肚子的二爺，每人三千，說明到任之後，一個管帳房，一個做稿案。三注共得九千，下餘的四五千多是自己湊的。這日因為就要上任，前來稟辭，乃官樣文章，不必細述。王夢梅辭過上司，別過同寅，帶領家眷，與所有的幕友、家丁，一直上任而去。在路非止一日。將到玉山的頭一天，先有紅諭下去，便見本縣書差前來迎接。王夢梅的意思，為著目下乃是收漕的時候，一時一刻都不能耽誤的。原想到的那一天就要接印，誰知到的晚了，已有上燈時分，把他急的暴跳如雷，恨不得立時就把印搶了過來。虧得錢穀上老夫子前來解勸，說：「今天天色已晚，就是有人來完錢糧漕米，也總要等到明天天亮，黑了天是不收的，不如明天一早接印的好。」王夢梅聽了他言，方始無話。卻是這一夜不曾合眼。約摸有四更時分便已起身，怕的是誤了天亮接印，把漕米錢糧被前任收了去。等到人齊，把他抬到衙門裏去，那太陽已經在牆上了。拜印之後，升座公案，便是典史參堂，書差叩賀，照例公事，話休絮煩。

且說他前任的縣官本是個進士出身，人是長厚一路，性情卻極和平，惟於聽斷上稍欠明白些。因此上憲甄別屬員本內，就輕輕替他出了幾句考語，說他是：「聽斷糊塗，難膺民社。惟係進士出身，文理尚優，請以教諭歸部銓選。」本章上去，那軍機處擬旨的章京〔註：官名，軍機處的辦事人員。〕向來是一字不易的，照著批了下來。省裏先得電報，隨後部文到來。偏偏這王夢梅做了手腳，弄到此缺。王夢梅這邊接印，那前任當日就把家眷搬出衙門，好讓給新任進去。自己算清了交代，便自回省不題。

且說王夢梅到任之後，別的猶可，倒是他那一個帳房，一個稿案，都是帶肚子的，凡百事情總想挾制本官。起初不過有點呼應不靈，到得後來，漸漸的這個官竟像他二人做的一樣。王夢梅有個侄少爺，這人也在衙門裏幫著管帳房，肚裏卻還明白。看看苗頭不對，便對他叔子說：「自從我們接了印，也有半個多月，幸虧碰著收漕的時候，總算一到任就有錢進，不如把他倆的錢還了他們，打發他走，免得自己聲名有累。」他叔子聽了，楞了一楞。歇了一會，才說得一聲：「慢著，我自有道理。」侄少爺見話說不進，也就不談了。

原來這王夢梅的為人最惡不過的。他從接印之後，便事事有心退讓，任憑他二人胡作胡為，等到有一天鬧出事來，便翻轉面孔，把他二人重重的一辦，或是遞解回籍，永免後患。不但干沒了他二人的錢文，並且得了好名聲，豈不一舉兩得。你說他這人的心思毒還不毒？所以他侄少爺說話，毫不在意。

回到簽押房，偏偏那個帶肚子的二爺，名字喚蔣福的，上來回公事。有一樁案件，王夢梅已批駁的了，蔣福得了原告的銀錢，重新走來，定要王夢梅出票子捉拿被告。王夢梅不肯。兩個人就鬥了一會嘴，蔣福嘰哩咕嚕的，噘著嘴罵了出去。王夢梅不與他計較，便拿朱筆寫了一紙諭單，貼在二堂之上，曉諭那些幕友、門丁。其中大略意思無非是：

本官一清如水。倘有幕友、官親，以及門稿、書役，有不安本分、招搖撞騙，私自向人需索者，一經查實，立即按例從重懲辦，決不寬貸各等語。

此諭貼出之後，別人還可，獨有蔣福是心虛的，看了好生不樂。回到門房，心上盤算了一回，自言自語道：「他出這張諭帖，明明是替我關門。一來絕了我的路，二來借著這個清正的名聲，好來擺佈我們。哼哼！有飯大家吃，無飯大家餓，我蔣某人也不是好惹的。你想獨吞，叫我們一齊餓著，那卻沒有如此便宜！」想好主意，次日堂事完後，王夢梅剛才進去，一眾書役正要紛紛退下，他拿手兒一招道：「諸位慢著！老爺有話吩咐。」眾人聽得有話，連忙一齊站定。他便拖著嗓子講道：「老爺叫我叫你們回來，不為別事，只因我們老爺為官一向清正，從來不要一個錢的；而且最體恤百姓，曉得地方上百姓苦，今年年成又沒有十分收成，第一樁想叫那些完錢糧的照著串〔註：指單據、憑證。〕上一個完一個，不准多收一分一釐。這件事昨日已經有話，等到定好章程就要貼出來的。第二樁是你們這些書役，除掉照例應得的工食，老爺都一概拿出來給你們，卻不准你們在外頭多要一個錢。你們可知道，昨天已貼了諭帖，不准官親、師爺私自弄錢？查了出來，無論是誰，一定重辦。你們大家小心點！」說完這話，他便走開，回到自己屋子裏去。

這些書差一干人退了下來，面面相覷，卻想不出本官何以有此一番舉動，真正摸不出頭腦。於是此話哄傳出去，合城皆知，都說：「老爺是個清官，不日就有章程出來，豁除錢糧浮收，不准書差需索。」那第二件，人家還不理會，倒是頭一件，人家得了這個資訊，都想等著佔便宜。一等三天，告示不曾出來，這三天內的錢糧卻是分文未曾收著。王夢梅甚為詫異，說：「好端端，這三天裏頭怎麼一個錢都不見！」因差心腹人出外察聽，才曉得是如此如此，這一氣非同小可！恨的他要立時坐堂，把蔣福打三千板子，方出得這一口氣。後來幸虧被眾位師爺勸住，齊說：「這事鬧出來不好聽。」王夢梅道：「被他這一鬧，我的錢還想收嗎？」錢穀師爺道：「不如打發了他。這件事總算沒有，他的話不足為憑，難道這些百姓果真的抗著不來完嗎？」

王夢梅見大家說得有理，就叫了管帳房的侄少爺來，叫他去開銷蔣福，立時三刻要他捲舖蓋滾出去。侄少爺道：「三千頭怎麼說？」王夢梅道：「等查明白了沒有弊病，才能給他。」侄少爺道：「這話恐怕說不下去罷。」王夢梅道：「怎麼你們都巴望我多拿出去一個，你們才樂？」侄少爺碰了這個釘子，不敢多說話，只得出來同蔣福說。蔣福道：「我打老爺接印的那一天，我就知道我這飯是吃不長的。要我走容易得很，只要拿我的那三千洋錢還我，立時就走。還有一件：從前老爺有過話，是『有福同享，有難同當』。現在老爺有得升官發財，我們做家人的出了力、賠了錢，只落得一個半途而廢。這裏頭請你少爺怎麼替家人說說，利錢之外，總得貼補點家人才好。還有幾樁案子裏弄的錢，小事情，十塊、二十塊，也不必提了。即如孔家因為爭過繼，胡家同盧家為著退婚，就此兩樁事情，少說也得半萬銀子。老爺這個缺一共是一萬四千幾百塊錢，連著盤費就算他一萬五。家人這裏頭有三千，三五一十五，應該怎麼個拆法？老爺他是做官的人，大才大量，諒來不會刻苦我們做家人的。求少爺替家人善言一聲，家人今天晚上再來候信。」說罷，退了出去。

侄少爺聽了這話，好不為難，心下思量：「他倒會軟調脾，說出來的話軟的同棉花一樣，卻是字眼裏頭都含著刺。替他回的好，還是不替他回的好？若是直言擺上，我們這位叔太爺的脾氣是不好惹的，剛才我才說得一句，他就排揎我，說我幫著外頭人叫他出錢。若是不去回，停刻蔣福又要來討回信，叫我怎樣發付他。說一句良心話，人家三千塊錢，那不是一封一封的填在裏頭給你用的；現在想要干沒了人家的，恰是良心上說不過。況且蔣福這東西也不是甚麼吃得光的。真正一個惡過一個，叫我有甚麼法子想！也罷，等我上去找著嬸子，探探口氣看是如何，再作道理。」主意打定，便叫人打聽老爺正在簽押房裏看公事。他便趁空溜到上房，把這事從頭至尾告訴了太太一遍。又說：「現在叔叔的意思，一時不想拿這錢還人家。蔣福那東西頂壞不過，恐怕他未必就此干休。所以侄兒來請嬸娘的示，看是怎麼辦的好？」豈知這位太太性情吝嗇，只有進，沒有出，卻與丈夫同一脾氣。聽了這話，便說：「大少爺，你第一別答應他的錢。叔叔弄到這個缺不輕容易，為的是收這兩季子錢糧漕米，貼補貼補。被蔣福這東西如此一鬧，人家已經好幾天不交錢糧了！你叔叔恨的牙癢癢，為的是到任的時候，他墊了三千塊錢，有這點功勞，所以不去辦他。至於那注錢亦不是吃掉他的，要查明白沒有弊病才肯給他。你若答應了他，你叔叔免不得又要怪你了。」侄少爺聽了這話，不免心下沒了主意，又不好講別的，只得搭訕著出來，回到帳房，悶悶不樂。忽見簾子掀起，走進一人。你道是誰？原來就是蔣福聽回信來了。侄少爺一見是他，不覺心上畢拍一跳。究竟如何發付蔣福，與那蔣福肯干休與否，且聽下回分解。

第六回　急張羅州官接巡撫　少訓練副將降都司

卻說蔣福走進帳房探聽消息，侄少爺無法，只得同他說道：「你的錢，老爺說過，一個不少的，但是總得再過幾天才能還你。好在你的家眷也同了來，今日說走，今日也未必動得身。等你動身的時候，自然是還你的。」這位侄少爺總算得能言會道，不肯把叔子的話直言回覆蔣福，原是免得淘氣的意思。然而那一種吞吞吐吐的情形，已被蔣福看透，聽罷之後，不禁鼻子管裏哼哼冷笑了兩聲，說：「這算甚麼話！要人走，錢不還人家，這個理信倒少有。現在也不必說別的，我們同到府裏評評這個理去。」侄少爺連忙勸他說：「你放心罷，你這錢斷斷不會少你的。」蔣福道：「有本事只管少，我也不怕！」說著，自己去了。

原來這蔣福同廣信府的一個稿案門上，又是同鄉，又是親家，兩人又極其要好。這個稿案門又是府大人第一個紅人，說一是一，說二是二。蔣福從帳房裏下來，便一直上府，找到他親家，說老王不還他錢，他要先到府裏上控，求親家好歹拉一把。他親家聽了，自然是拍胸脯，一力承當，把他歡喜的了不得。當天稿案門就回了本府，說縣裏這位王大老爺怎麼不好，怎麼不好。虧得這位本府，自從王夢梅到任以來，為他會巴結，心裏還同他說得來，就說：「這事情鬧了出來，面子上不好看，還是不叫他上控的好。」就同刑名〔註：主事刑事判牘的幕僚，叫刑名師爺。〕老夫子商量。刑名道：「太尊的話是極。晚生即刻就找了他來，開導開導他，叫他不要辜負了太尊的美意。」知府說：「如此很好。」刑名便叫自己的二爺拿了名片到縣裏，請王大老爺便衣過來，有公事面談。去不多時，果見王夢梅來了。走進書房，作揖歸坐，說了幾句閒話。刑名老夫子便提到剛才太尊的意思，說：「太尊說的，彼此要好，不要弄出笑話來，只要夢翁把用他的錢給了他，其餘無憑無據的事，也斷不能容他放肆。」便把蔣福要告他的話說了一遍。

王夢梅聽了這話，臉上一紅，心上想，此事他既曉得，須瞞他不得，便把蔣福如何可惡，也說了一遍：「現在已經三天沒有人來交錢糧。兄弟心上恨不過，所以雖然有錢，也要叫他難過兩天再給他，並沒有吃沒他的意思。至於蔣福說要上控兄弟的話，同城耳目眾多，府憲又是精明不過的，況且又蒙你老夫子拿兄弟當做人，兄弟即使有點不好，難道能夠瞞過府憲？不要說對不住府憲，連你老夫子也對不住。」刑名道：「這些話誰有工夫去聽他，我不過當作閒話談談罷了。只要老哥早給他一天錢，早叫他滾蛋一天，大家耳根清楚，不結了嗎。」王夢梅又把臉一紅，道：「這蔣福原是一個朋友薦來的，說他如何可靠。來了不到三天，就拿了一筆錢，是三千塊，叫兄弟替他放，兄弟就是沒錢用，也不至於用他們的錢。」刑名道：「是呀。」王夢梅道：「我想他們不過貪圖幾個利錢，所以就留下他的，替他放在莊上是有的。」刑名道：「不管他是存是放，你只要提還他就是了。」

王夢梅又楞了一會，道：「說到如此，兄弟無不遵命。明天兄弟便把三千塊劃過來，放在老夫子這裏。兄弟那裏，總要查過他沒有弊病，才能放他滾蛋。」王夢梅的話，不過是借此收場的意思。刑名亦看出來，便說：「很好，就是如此辦。果然有弊病，我還要告訴太尊，重重的辦他一辦。」說完，王夢梅辭去。次日上府，果然帶到一張三千塊錢月底期的莊票。刑名收了下來，便問：「你從前出過憑據給蔣福沒有？」王夢梅說：「摺子是有一個。」刑名道：「今天我先出張收條給你，明天你拿著來換摺子便了。」一樁事情，總算府大人從中轉圜，蔣福未曾再敢多要，王夢梅也未曾出醜。到了年底，倒是那刑名仗著此事出了把力。寫封信來問王夢梅借五百銀子過年，王夢梅應酬了他二百兩，才把這事過去。此是後話不題。

有話便長，無話便短。且說三荷包自從和他哥講和之後，但九江府一注賣買，他自己就弄到幾百兩，連著前前後後經手的多了，少說有萬把銀子在荷包裏了。那時候正值山西水旱，開辦賑捐，三荷包到處拉攏，叫人捐官，他自己好賺扣頭。他身上原有一個州同〔註：知州的輔佐官。〕，就此加捐一個知州，又捐了一個十成花樣，歸部銓選。可巧他運氣好，掣簽〔註：抽籤，以此法來決定外省官員的任用。〕掣得第一。此時他哥大荷包已經回任，他便把帳房銀錢交代清楚，立刻進京投供候選。第二個月，山東莒州知州出缺，輪到他頂選，就此選了出來。

不過這缺苦點。他便把荷包裏的錢掏了出來，託人走門子，化上二千兩，拜了一位軍機大人做老師。這天是手本夾著銀票一塊兒進去的。等了好半天，軍機大人傳見。他進去磕了三個頭，那軍機大人只還了半個揖，讓他坐下，只問得兩句：「你幾時來的？」三荷包回過，又問：「幾時走？」三荷包回：「耽擱三四天就走。」說完了兩句話，那軍機大人就端茶送客，自己踱了進去。三荷包無奈，只好退了下來，回到寓所。次日軍機大人差人送來一封書子，說是帶給山東撫院的。三荷包收了下來，又送來人八兩銀子，來人方去。三荷包燈下無事，把封信偷著拆開一看，只見那信只有一張八行書，數一數，核桃大的字不到二十幾個，三荷包官場登久了的，曉得大人先生們八行書不過如此。仍舊套好封好。

過了兩天，他便離了京城，一直奔赴山東濟南省城稟到、稟見，把軍機大人的書信投了進去。次日果蒙撫台傳見，說：「莒州缺苦，我已經同藩台說過，偏偏昨日膠州出缺，就先掛牌委你署理。隨後有別的好點的缺，我再替你對付。」三荷包打千謝過，回說：「卑職學陋才淺，現在的膠州有了外國人，事情很不好辦，總求大人常常教訓。」撫台道：「好在我目下就要出省大閱，先到東三府，大約不上一月，就可到得膠州。那時候有甚麼事，我們當面斟酌再說。你老兄就趕緊到任。」三荷包答應了幾聲「是」，退了出去。不到晚上，果然藩司前掛出牌來。三荷包自然歡喜。次日大早，連忙到上憲衙門稟謝，也有見得著的，也有見不著的，跟手第二天又拜了一天客，第三天又赴各衙門稟辭。三荷包一面去上任，這裏撫台大人也就起身了。

三荷包到了膠州，忙著拜廟〔註：求拜神廟，如孔廟、關帝廟等。〕、接印、點卯、盤庫、閱城、閱監、拜同寅、拜紳士，還與前任算交代，整整忙了二十幾天方才忙完。接著上縣滾單〔註：滾遞通知單。〕下來，曉得撫台是打萊州府一路來的。三荷包得了這信，因他是初次為官，所有鋪墊擺設，樣樣都是賒起來，現在又要辦這樣的大差使，就是有錢，這幾天裏如何來得及呢。在省城臨動身的時候，甚麼洋貨店裏，南貨店裏，綢緞店裏，人家因為他是現任大老爺，而且又是江西鹽道的三大人，誰不相信他。都肯拿東西賒給他，不要他的現錢，因此也賒了幾千銀子的東西。然而立時立刻要辦怎麼一個差使，還要辦得妥貼，著實為難，霎時間把他急得走頭無路，如熱鍋上螞蟻一般。當下便同衙門裏師爺商量。

內中有個書啟老夫子，姓丁名自建，是濟陽縣裏一位名孝廉。從前在省城濼源書院肄業，屢屢考在超等。不但八股精通，而且詩詞歌賦，無一不會。一筆王石谷的畫，一手趙松雪的字，真正刻板無二。從前這位撫台大人做濟東道的時候，這丁自建屢次在他手裏考過，算得一個得意門生。現在因為丁憂在家，沒有事做，仍舊找到舊日恩師，求他推薦一個館地。幸喜此時這位恩師已經開府山東，一省之內，惟彼獨尊，自然是登高一呼，眾山回應。因此就把他薦與三荷包，當得一名書啟幕賓。這日因見東家為著辦差的事，愁的雙眉不展，問了眾人，也不得一個主意。他便從旁獻計道：「東翁現在這差，晚生倒有一個辦法。」三荷包忙問：「是何辦法？」丁自建道：「我這敝老師生來一種脾氣，頗有閻文介、李鑒堂之風。從前他做道台的時候，晚生曾在他衙內住過幾天。其實他的上房裏另外有個小廚房，飲食極其講究，然而等到請起客來，不過四盆兩碗，還要弄些豆腐、青菜在裏頭。他太太就是晚生的敝師母，晚生也曾拜見過幾次，一般是珠翠滿頭，綾羅遍身，然而這位敝老師，無冬無夏，只得一件灰布袍、一件天青哈喇呢外褂，還要打上幾個補釘，一頂帽子，也不知從那裏古董攤上拾得來的。

若照外面看上去，實在清廉得很。其實有人孝敬他老人家，他的為人又極世故，一定必須要領人家情。不過你不去送他，他卻決不朝你開口。但凡有過孝敬的，他一定還要另眼看待。所以他的好處，也在這裏。現在辦他的差使，能夠華麗固然是好，倘或不能，依晚生愚見，不妨面子稍些推板點，骨子裏頭，老老實實的叫他見你個情。橫豎一樣化錢，在我們一面樂得省事，在他一面又得了實惠，又得了好名聲，這又何樂而不為呢。」

三荷包道：「辦這個差使，無論如何推板，體制所關，總得有個分寸才好。」丁自建道：「這個容易。現在已經五月天氣，今年又熱得早，行轅裏鋪陳過於華麗了，反瞧著叫人心煩，不如清淡些。最好是鋪幾個外國房間，只要有檯毯、帳子，其餘桌圍、椅披，一概不要。再弄幾百盆花，屋裏、院子裏，統通擺滿。一天兩頓，也不用滿、漢席，燕菜席，竟請他吃大菜。他這一路來，燕菜燒烤早已吃膩了，等他清淡兩天也好。況且有了這個房間，就是外國人來拜，也便當許多。」三荷包聽了他話，甚是覺得有理。忽又躊躇道：「這些外國傢伙，一時到那裏去辦呢？」丁自建道：「這個容易。晚生有個朋友，同德國兵官極其要好，就託他去借，連吃大菜的刀叉杯盤，桌子上的擺式，還有做大菜的廚子，亦問他借用幾天。東西不夠，再託他替我們借些，總夠用的了。」三荷包道：「問人家借廚子，人家就不吃飯了嗎？」丁自建道：「這幾天就叫這外國人不必開火倉，統通在我們這裏做好，叫打雜的替他送去，他也樂得省錢，豈不兩全其美。」三荷包道：「裏面如此，大致已妥。外面怎麼？」丁自建道：「裏頭弄好，那外頭愈加好說了。但如今到底是用那裏的房子做行轅？有了房子，方好擺佈。」三荷包道：「你們看那裏好？」眾位師爺有的說借東門外孫家的，有的說借南門裏王家的。三荷包聽了都不中意：不是門口不像樣，就是房子太淺促。後來還是雜務門高二爺見多識廣，是個老辦手，忙說：「這兩處都嫌遠，不如就把書院騰了出來，路又近，房子寬爽，從大門走進來，一直到上房，筆直一條路，豈不比孫家、王家的好？」三荷包一聽這話，連說不錯。丁自建也忙說好。

三荷包就此託了師爺幫著帳房總辦此事，自己也忙著調度。外面篷匠、彩畫匠，一切都是高門上去辦。裏頭丁師爺只管借東西，弄廚子，鋪設房間。虧得人多手快，日夜不停，足足忙了五六天，居然一律停當。接著上縣的滾單又是雪片的滾將下來，說撫院後天可到。三荷包忙著會同了營裏出境去接。且說那膠州營營官本是一員副將，這人姓王名必魁，是個武榜眼出身，拉得一手好弓，射得一手好箭。但是武營裏的習氣，所有的兵丁平時是從不習練；而且還要剋扣糧餉，化公為私。這些弊病，卻是一言難盡。只有三年大閱是他們的一重關煞，那一種急來抱佛腳情形，比起那些秀才們三年歲考還要急。撫院來的三月個頭裏，這協台〔註：指副將。〕得了文書，就是心下一個疙瘩。幸虧日子離著還遠，不過傳齊了標下大小將官，從中軍都司起，以及守備、千總、把總、外委，叫他們把手下的額子都招招齊，免得臨時忙亂。一干人得了這個吩咐，關係自己考程，也就不敢怠慢，所有地方的青皮光棍，沒有行業的人，統通被他招了去。從此這干人進了營，當了兵，吃了口糧，就也不去為非作歹，地方上倒平安了許多。不在話下。

且說離著撫院來的日子一天近似一天，大小將弁帶領著兵丁們，天天下校場操演，不時這位協台大人還要自己去看操。正是五天一大操，三天一小操，鎮日價旌旗耀日，金鼓齊鳴，好不齊整，好不威武。列位要曉得，中國綠營的兵，只要有兩件本事就可以當得：第一件是會跑。大人看操的時候，所有擺的陣勢，不過是一個跟著一個的跑。在校場裏會兜圈子，就會擺得陣。排在一溜的叫長蛇陣；團在一堆的叫螺螄陣。分作八下的叫八卦陣。第二件是會喊。瞧著大人轎子老遠的來了，一齊跪在田裏，當頭的將官，雙手高捧手本，口報「某官某人，叩接大人」。大人跟前的戈什〔註：督、撫的隨從武弁。〕喊一聲「起去」，所有的兵丁，齊齊答應一聲「嗄」！這一聲要一齊張嘴，不得參差。喊過之後，拔起腳來就跑，又趕到前面伺候去了。所以這一個跑，一個喊，竟是他們秘傳的心法，人人要操練的。至於那些耍槍弄棒，頑籐牌〔註：籐製的盾牌。〕，翻筋斗，正月城隍廟裏耍槍、賣膏藥的一般人都會得兩手，此時都找了來，到了校場上，敲著鼓，打著鑼，咚咚咚，鏜鏜鏜，耍一套，換一套，真正比耍猴還要好看。他們編的名字叫「打對子。」這些樣子，今天看看不過如此，明天看看也不過如此，把個協台大人早看的心煩了，看過幾次，就派中軍替他代勞。空了工夫，這班總爺、副爺自己還要吊膀子，下箭道學著射箭。怕的是撫台大人來到，一枝射不中，要說他技藝生疏，送掉前程，那就作下了。年紀大些的，同那打過仗、受過傷的，都改騎射為放槍。射步箭有箭靶子，射馬箭是三角皮球，放洋槍是個灰包，一槍過去，槍子穿過灰包，就有多少灰飛了出來，那是頂好看的。這幾天裏頭，文官忙辦差，武官忙操演，直忙得個不擇飯而食，不擇席而臥。

一天滾單到來，知道撫台大人已到前站。三荷包便會同了王協台出境相迎。接著之後，趕到行轅稟見。撫院單傳他進見，敷衍了兩句，退了下來。跟手到營務處候補道洪大人的公館裏稟見。又拜跟了來的什麼文案老爺、巡捕老爺。這些老爺班次不過同、通、州、縣，都是三荷包同寅，用不著手本，只叫號房拿著帖子，一處處去拜。拜過之後，等到晚上，打聽大人已經睡覺，巡捕陸老爺已經下來。三荷包在省的時候，早同他拜過把子，好託他在大人跟前做個小耳朵。此時見面之後，著實顯殷勤。三荷包訴說自己是才到任，「諸事不周，全仗大力從中照應」。陸巡捕一力承當，說：「諸事老哥放心，都在小弟身上。就是大人跟前的這些二爺，曉得兄弟要好的朋友，那是斷斷不會作難的。」三荷包聽了此言，千恩萬謝，感激不盡。

外面辦差的二爺同著州裏管廚的，另外又去找大人帶來的廚子，同他講盤子。那廚子一口咬定要三百吊一天，只伺候大人兩頓飯、兩頓點心。後首說來說去，好容易講成功了，統通在內，一天一百五十吊，住一天，算一天。那廚子又同這裏管廚的說：「我們大人是最好打發的。你家老爺也不用多化錢，咱們這些夥計也不用費事，只要四碟兩碗，他老人家還要看著心疼。就是這個菜，也不要什麼好的，只要一碟韭菜炒肉絲、一碟炒雞蛋。現在到了夏天了，一碟子拌王瓜、一盤子雜拌，再頓上一碗蛋糕、一碗豆腐湯，多加上些香油，包你都中意。早點心是兩個燒餅、一碗稀飯。下半天的點心只要兩個饃饃，是萬萬不會挑眼的。」

管廚的聽了這話，連聲多謝。彼此分手，跟著本官回來料理。本官三荷包沿途又找著陸巡捕，叨了多少教。接著撫院進了本鏡，打過尖。這天，約莫有未牌時候，憲駕已到東門城外，哄動了合城的人，都去看。等了一會子，只見接差的營兵，一個個都掮著大旗，拿著刀，扛著槍，跑的滿頭是汗，在頭裏衝頭陣。後面方是欽差閱兵大臣的執事，什麼衝鋒旗、帥字旗、官銜牌、頭鑼、腰鑼、傘扇、令旗、令箭、劊子手、清道旗、飛虎旗、十八般兵器、馬道馬傘、金瓜鉞斧、朝天凳、頂馬、提爐、親兵、戈什哈、巡捕，一對一對的過完，才見那撫院坐著一頂八人抬的綠大呢轎子，緩緩而來。撫院架著一副墨晶眼鏡，一手綹著鬍子，一手搧著一把潮州扇，前呼後擁，好不威武。不上一刻，三聲大炮，到了行轅，兩邊吹鼓亭上奏起樂來。撫院的轎子，一直由戈什扶著，抬到裏頭下轎。大小官員，齊在那裏站班。撫院朝著大眾點了點頭兒，簇擁著進去，便是一眾官員上手本稟見。撫院便把三荷包同王協台兩個人傳了進去，問問地方上的公事，又問問外國人的情形，又同王協台說：「今天已經四點鐘了，明天一早到校場看操。」王協台答應著。

撫院說著話，便拿眼睛四下裏瞧了一瞧，連說：「太華麗了！——何大哥，我沒有出省的時候，就叫人帶信給你們，不可過於糜費，怎麼還如此費事？」原來撫憲此刻頓的是會客廳，三荷包原按著中國官場體制預備的，一概是繡花鋪墊，所以撫院看著嫌他華麗，其實後面住的外國房間還沒有瞧見，所以他不知道。三荷包便回：「這是會客廳，後面替大人預備下幾間外國房間，不過夏天住著相宜，那裏頭沒有什麼擺設。」

撫院一聽是外國房間，馬上對三荷包說：「你我裏頭去坐。」當下便撇了王協台，三荷包伺候著撫院進去。只見院子裏擺著好幾百盆的花，撫院便讚了一聲「好」。等到到了房間裏，四下一瞧，連說：「清爽得很！—」又對三荷包說：「這些外國傢伙，只怕價錢也不會便宜在那裏呢。」三荷包不肯說是借來的，只好說：「不值甚麼錢。」趁空又回：「卑職曉得大人夏天歡喜清爽，所以預備的是外國大菜。」撫院一聽外國大菜，楞了一楞，說道：「外國大菜牛羊肉居多，兄弟家裏，已經七輩子不吃牛肉，只要家常飯菜便好。你老哥也不必費事，兄弟吃了不及那個舒服。」三荷包道：「外國菜、中國菜統通預備。就是外國菜，免去牛肉亦可以做得。」撫院道：「既有中國菜，我就吃這個好，把那外國菜留著，過天請外國人吃。」三荷包聽了這話，立刻丟一個眼色給辦差家人，叫他去招呼管廚的，趕緊預備。又談了一回公事，三荷包方才退了下來，又到各位隨員屋子內請安拜見。那撫院吃過晚飯，州官又上手本稟安，巡捕下來說了聲道乏。三荷包回去，這裏撫院也就安睡。一切都照著巡捕陸老爺吩咐的話預備，所以撫院心上甚是中意。

話休絮煩。且說這一夜工夫，三荷包足足熬了一夜不敢合眼，怕的是誤了差使。第二天黑早，傳說大人已經起身，廚房裏把預備的稀飯、燒餅早點心端了進去。那時候行轅上已發二鼓了。接著一眾官員齊上手本，巡捕下來說：「一概免見，停會校場再見。」說話間已發三鼓。大人出來上轎，合城的官都在那裏直挺挺的站著候送。這位撫院甚是謙恭，一路走出來，還朝著他們呵呵腰兒，他們卻還直繃繃的一動不動。直等撫院上轎，在轎子裏拿手拱了一拱，他們統通齊打一躬，才把個欽差閱兵大臣送出轅門。這裏一眾官員齊走小路，又要趕在撫院頭裏，以便迎接。真正是人不停步，馬不停蹄，一口氣跑到校場。有另外預備的官廳，大家進來，暫時休歇。不上一刻工夫，忽聽得三聲大炮，那撫院的執事也就到了營門外了。當下是王協台居首，率領著標下弁兵，什麼都司、守備、千、把之類，一齊頂盔貫甲佩刀跪迎。王協台另外有個差官替他報名，其餘都、守以下，都是自己捧著手本，跪在地下高聲喊叫。喊過之後，撫院前的戈什仍舊喊了一聲「起去」，眾兵丁齊聲答應一聲「嘎」！只見前呼後擁，簇擁著撫院大轎，向演武廳如飛而來。

且說這校場原在東門外頭，地方甚是空闊。上面一座高臺，幾間廠房，是演武廳，東面是將台，西面是馬道。演武廳後面另外有三間起坐，是預備撫院吃飯歇息的處所。演武廳東西兩面另外有幾架席棚：東面是預備站班的眾位官員腿酸了，好進去坐坐，或者換換衣服；西面是預備營務處隨員幫著看射箭的。一樣擺設公案。

閒話休題。但說那撫院轎子上得演武廳，大小官員接著。撫院下轎，先到後面歇息。營務處上洪大人陪著進去，回了幾句話。吃了一碗茶，吩咐升堂。只聽得營門外三聲大炮，將臺上先掌號，隨後又吹打起來。撫院升坐之後，便有帶來的隨員同著本城州官，營裏的王協臺上來參堂，連打三躬。撫院還了三躬。接著一班巡捕老爺上去請了一個安，撫院止拱了一拱手。參堂之後，站立兩旁。便是王協台頂盔貫甲，掛刀佩弓，從演武廳旁邊拔了一面旗，兩手拿著，走到撫院公案前，屈了一條腿，嘴裏報了聲「請大人發令」。撫院吩咐先看洋操，次看陣圖，次演放大炮，末了看籐牌同各種技藝。王協台答應下來，走到演武廳臺階上，把面旗子交到中軍都司手裏。那中軍執旗在手，朝著南面越了兩越，將台嗚嗚的奏起西樂來。老遠的便見有多少洋槍隊，由教習打著外國口號，一斬齊的走了上來。中軍又朝著演武廳雙膝跪下，報了一聲「大人看洋槍隊」，然後起來站在一邊。這底下便是洋槍隊操演，放了幾排槍，仍舊由教習押著下去。接著看操演陣勢：什麼一字長蛇陣、兩儀陣、三才陣、四面埋伏陣，五路進攻陣；當中還有什麼長蛇陣變螺螄陣，螺螄陣變八卦陣。忽而兩軍對壘，互相廝殺。正在熱鬧之際，這個擋裏放了幾門大炮，放的震天價響，眾兵各歸隊伍。照壁牆下，緊對演武廳，支起一架帳篷，上豎起一面大旗，寫著「三軍司命」四個大字。接著就演籐牌並各種技藝，翻筋斗、爬杆子，樣樣都做到。然後將臺上打著得勝鼓，吹著將軍令，把所有的隊伍，圍著校場，由前至後，兜了一個圈子，說是收隊。然後中軍仍舊拿旗子走上去交給協台，協台跪稟撫院，報了聲「請大人收令」。然後撫院退堂吃飯，一眾官員亦下去歇息。

吃過午飯重新升座，一切參堂禮畢，就看各將校的步箭。此乃軍政大典，王協台雖是二品大員，到了此時也不能不佩弓伺候。向例撫院謙和點的，必定免射，況且他是武鼎甲出身，是天子開軒親取的門生，就是放出來做個參將，比協台小了一級，也是一概傳免。這位撫院性情雖是謙和，無奈他見了這位王協台一臉煙氣，問他營裏的事情，多是前言不對後語，因此心上就十二分的不舒服他。等到點名的時候，上頭巡捕官唱了一聲「王將官」，王必魁在底下答應了一聲「到」。一面拿弓在手，一面卻拿眼睛瞧著上頭，一心只指望上頭免射，顧全他的面子。誰曉得上頭只是不開口。一等等了一刻多工夫，大家都看楞了，上頭還是不響。王協台這一氣非同小可！只得拔出箭來，搭上弓弦，也不及擺架子、對準頭，颼颼颼五支箭接連射去，卻是一支都不中。射完之後，照例上來屈膝報名。那撫台見是如此，知道王協台有心瞧他不起，一時惱羞成怒，等他上來報名的時候，便認真發作起來，說：「三年軍政，乃是朝廷大典，現奉上諭不准瞻徇。你瞧不起本院，便是瞧不起朝廷！你為一營表率，弓箭尚如此生疏，則其他可想！本院惟有照例奏參，以肅軍政！」說完，便叫先摘去他的頂戴，下去候參。王協台原本因他是武鼎甲出身，撫院不給他面子，免他步射，一時火性發作，有意五支不中。今見撫院動氣，便也懊悔不迭，只是跪在地下，不肯起來。撫院也不睬他，便把其餘各將官，依次點名校射。撫院又嫌靶子太近，喚了一個親信的巡捕，同了兩個戈什，拿弓重新量準。誰知這些巡捕、戈什都是得了他們錢的，任憑撫院如何認真，量來量去，那弓只是在地下打滾。

閒話休題。靶子立好，於是一個個挨次射去。西面席棚子裏，另有營務處洪大人幫同校看，免得耽誤時候。眾人因見撫院動氣，大家俱各小心，不敢怠慢。一時事完，王協台還是跪著不起。撫院退堂之後，少坐一坐，便令起身回轅。眾人照例送迎，不須多述。

且說撫院回到行轅，便傳營務處洪大人進見，說：「王協台技藝既已生疏，兵丁亦少訓練，立刻將他撤任，另委跟來的一個記名總兵先行署理。回省之後，再行具折奏參。」洪大人答應了下來。只有王協台戴著沒有頂子的帽子，兩隻眼睛哭得紅腫腫的，同著本州三荷包到洪大人跟前，託他求情。又被洪大人埋怨一番，說：「你怎麼好同他賭氣呢？現在叫我亦沒有法想。你暫且交卸，跟著到省替你想法子。」王協台無法，只得退去。後來撫院回省之後，王協台又去求洪大人。洪大人要他六千銀子，保他不壞功名。可憐他一個武官，那裏拿得出，好容易湊了二千銀子送去，洪大人不收。撫院的意思要拿他奏參革職，洪大人假做好人，替他求情，降了一個都司。看官須知：大凡革職的人，一保就可以開復原官，降調的人，非一級一級的保升上去不可。這便是洪大人使的壞，這是後話。要知撫院看操之後尚有何項舉動，且聽下回分解。

第七回　宴洋官中丞嫻禮節　辦機器司馬比匪人

卻說那撫院閱兵之後，因為山東東半省地方已漸漸為外國人勢力圈所有，不時有交涉事件，雖說中外協和，凡事尚能和平辦理。撫院來的時候，那外國總督特地派了一枝兵前來迎接，也就算得十二分面子。所以撫院一進行轅，便叫翻譯寫一封洋文信送去，訂期閱兵之後，前來拜見。

到了這一天，撫院吃過早飯，便帶了一個洋務隨員，是個同知前程，姓梁名世昌，廣東人氏；一個翻譯，是個知縣，姓林名履祥，福建人氏。撫院大轎在前，他二人小轎隨後，到了總督公館，投進帖子。裏頭傳出話來，說了一聲「請」。撫院降輿進內。那總督著實敬重，立刻脫帽降階相迎，見面握手歸坐之後，彼此說了些仰慕的話，無非翻譯傳言，無庸細述。那總督又拿出幾種洋酒、洋點心敬客。撫院擾過之後，便即相辭出來。跟手那外國總督命駕前來答拜。撫院接著，也著實殷勤一番。總督去後，撫院便傳州官上去，同他商量，預備明天請外國人吃飯。州官三荷包聽了撫院吩咐下來，自己思量，上司的差使倒好辦，這請外國人吃飯的事情卻沒有辦過。外國人吃番菜，是不用說的了。從前走過幾趟上海，大菜館裏很擾過人家兩頓。有了廚子，菜還做得來，但是請外國人是個甚麼儀注，須得預先考較，免得臨時貽笑外人，少不得又把丁自建丁師爺請來商議。丁自建想了一回子，說：「這事情須得同撫憲同來的翻譯商量。他們這些人自小同外國人來往，這個禮信一定知道的。」三荷包一聽這話有理，便叫拿帖子去拜撫院同來的翻譯林老爺。二人相見之後，寒暄了幾句，三荷包便把要叨教的意思說了出來，他便拿腔做勢，跳到架子上，說：「這是頂容易的事。」嘴裏雖說容易，究竟容易在那裏，卻不肯告訴與人。三荷包再問問他，他便指東話西，一味支吾。又說：「臨時我自來照料。」又說：「連我也不懂得甚麼。」三荷包無可奈何，只得辭了出來，又與丁師爺商量。還虧得丁師爺交遊道廣，仍舊找到他那個借外國家生的朋友，也是在外國官跟前當翻譯的一個廣東人，同他說了。承他的情，甚麼規矩，甚麼儀注，那是頭一席，那是第二席，那是主位，先上甚麼酒，一五一十，統通告訴了他。

丁師爺回來告訴了三荷包。三荷包歡喜不盡。連夜又把那位翻譯請了來，留他吃飯，同他商量；又請他寫了一張菜單，一共開了十幾樣菜、五六樣酒。三荷包接過看時，只見上面開的是：清牛湯、炙鱘魚、冰蠶阿、丁灣羊肉、漢巴德、牛排、凍豬腳、橙子冰忌廉、澳洲翠鳥雞、龜仔蘆筍、生菜英腿、加利蛋飯、白浪布丁、濱格、豬古辣冰忌廉、葡萄乾、香蕉、咖啡。另外幾樣酒是：勃蘭地、魏司格、紅酒、巴德、香檳，外帶甜水、鹹水。三荷包看了，連說：「費心得很！—」又愁撫憲大人是忌牛的，第一道湯可以改作燕菜鴿蛋湯，這樣燕菜是我們這邊的頂貴重的菜，而且合了撫憲大人的意思，免得頭一樣上來主人就不吃，叫外國人瞧著不好。那翻譯連說：「改得好，—索性牛排改做豬排。」三荷包道：「外國人吃牛肉，也不好沒有。等到拿上來的時候，多做幾分豬排，不吃牛的吃豬，你說好不好？」翻譯又連說：「就是這樣變通辦理。—」三荷包又叫把單子交給書稟師爺，用工楷謄出十幾份來。

到了第二天大早，三荷包起來，穿著簇新的蟒袍補褂，走到撫院這邊親自監督，調排桌椅，安放刀叉。總共請了三個外國官、四個外國商人、兩個外國官帶來的翻譯。這裏是撫憲一位、營務處洪大人一位、洋務隨員梁老爺一位、撫院翻譯林老爺一位，連著州官三荷包，共是五個中國官：算一算，一總是十四位。去叫書稟師爺，把某大人，某老爺，一個個拿紅紙寫了簽條。三荷包又請那位翻譯幫著點對：那裏是首席，該甚麼人坐；那裏是二席，該甚麼人坐。分派既定，就把紅簽放在這人坐的面前。倘是外國人，隨手請翻譯寫一排洋字在上面，好叫外國人認得。

這時候桌子上的擺設，玻璃瓶件鮮花之類，一律齊備。廚房裏亦諸事停當。三荷包又問：「外國酒送來沒有？」管家們回：「都已送來。」三荷包叫把酒瓶一律打開，連荷蘭水也開好幾瓶等用，免得臨時手忙腳亂。翻譯說：「酒和水開了怕走氣，只好臨時要用現開。」三荷包又說：「今日請客，自然撫院主人，然而兄弟也有半個主人在裏面。一切儀注，須預先學習。」翻譯說：「外國人請貴重客，都是主人自己把菜一分一分的分好，然後叫細崽〔註：男侍役。〕端到客人面前。」三荷包聽了他話，馬上要學這個禮節，便叫廚房裏把做好的多餘菜，拿出幾樣，經他的手一分一分的分好，叫管家們一律穿著簇新的大褂，裝作細崽模樣，以供奔走。

等到各事停當，那時已有巳牌時候。外國人向來是說幾點鐘便是幾點鐘，是不要催請的。這日請的十二點鐘。等到十一點打過，撫院同來的什麼洪大人、梁老爺、林老爺，一齊穿著行裝，上來伺候。三荷包便請丁師爺陪著那個翻譯在帳房裏吃飯，以便調度一切。又歇了兩刻鐘，果見外國人絡續的來了。撫院接著，拉過手，探過帽子，分賓坐下。彼此寒暄了幾句，無非翻譯傳話。少停從客來齊，撫院讓他們入席。眾人一看簽條，各人認定自己的坐位，毫無退讓。先上一道湯，眾人吃過。撫院便舉杯在手，說了些「兩國輯睦，彼此要好」的話，由翻譯翻了出來。那首席的外國官也照樣回答了幾句，仍由翻譯傳給撫院聽了。撫院又謝過。舉起酒來，一飲而盡。一面說話，一面吃菜，不知不覺，已吃過八九樣。後來不曉得上到那樣菜，三荷包幫著做主人，一分一分的分派。不知道怎樣，一個調羹，一把刀，沒有把他夾好，掉了一塊在他身上，把簇新的天青外套油了一大塊。他心上一急，一個不當心，一隻馬蹄袖又翻倒了一杯香檳酒。幸虧這桌子上鋪著白台毯，那酒跟手收了進去，不至淌到別處。又幸虧這張大菜桌子又長又大，撫院坐在那一頭做主人，三荷包坐在這一頭打陪，兩個隔著很遠，沒有被撫院瞧見，還是大幸。然後已經把他急的耳朵都發了紅了。又約摸有半點多鐘，各菜上齊。管家們送上洗嘴的水，用玻璃碗盛著。營務處洪大人一向是大營出身，不知道吃大菜的規矩，當作荷蘭水之類，端起碗來喝了一口，嘴裏還說：「剛才吃的荷蘭水，一種是甜的，一種是鹹的，這一種想是淡的，然而不及那兩樣好。」他喝水的時候，眾人都不在意，只有外國人瞧著他笑。後來聽他如此一說，才知道他把洗嘴的水喝了下去。翻譯林老爺拉了他一把袖子，悄悄的同他說：「這是洗嘴的水，不好吃的。」他還不服，嘴裏說：「不是喝的水，為甚麼要用這好碗盛呢？」大家曉得他有痰氣的，也不同他計較。後來吃到水果，他見大眾統通自家拿著刀子削那果子的皮，他也只好自己動手。吃到一半，又一個不當心，手指頭上的皮削掉了一大塊，弄的各處都是血，慌的他連忙拿手到水碗裏去洗，霎時間那半碗的水都變成鮮紅的了。眾人看了詫異，問他怎的。他又好強，不肯說。又回頭低聲罵辦差的，連水果都不削好了送上來。管家們不敢回嘴。三荷包看著很難為情。少停吃過咖啡，客人絡續辭去。主人送客，大家散席。仍舊是丁師爺過來監督著收傢伙。有個值席的二爺說：「到底人家做到撫院，大人大物，無論他見中國人、外國人，那規矩是一點不會錯的。有這樣的才情，所以才能夠做到撫院。想這洪大人，不是喝了洗嘴水，就是割了手指頭，甚麼材料做甚麼官，那是一絲一毫不會推板的。想我們老爺演習了一早上，還把身上油了一大塊，倘若不演習，還不知要弄到那個分上哩。」這二爺正說得高興，不提防旁邊那個撫院跟來的一個三小子，是伺候撫院執帖門上的，聽了這話，便說道：「你說撫台大人他不演習，他演習的時候，這怕你瞧不見罷哩。」那二爺道：「夥計你瞧見你說。」三小子道：「他老人家演習我那裏會看得見，我也不過是聽我們包大爺講的。我們包大爺說：『大人昨天晚上，叫了林老爺上去，問了好半天的話。林老爺比給大人看，大人又親自操習演半夜。』我們包大爺也在旁邊，幫著學上菜，整整鬧到四更多天，才下來打了個盹。天底下那有不學就會的事情？」那二爺還要再說，被丁師爺催著收傢伙不能再說了。後來那些外國官員、商人，又請撫院一干人到他那裏去宴會，一連吃了兩三天，方才吃完。

這幾天裏，撫院很認得了幾個外國人，提起富強之道，外國人都勸他做生意。撫院心裏亦以為然，就向他們著實叨教。

回省之後，有幾個會走心經的候補老爺們，一個個上條陳，講商務，撫院一概收下。內中有一個候選通判，是洋務局老總的舅爺，姓陶名華，字子堯，靠他姊夫的面子，為他文墨尚好，有時候做封四六信〔註：用駢文寫的信，四字六字相間為句，稱駢四儷六。〕還沖得過，所以他姊夫就求了撫院，委他在洋務局裏充當一名文案委員。他見姊夫上院回來，屢屢談及撫憲大人近來著實講求商務，凡有上來的條陳，都是自己過目；候補班子裏很有兩個因此得法。他把這話聽在肚裏，心想：「像我在這裏當文案，每月拿他二十四兩銀子薪水，就是當一輩子也不會出頭。現在既有這個機會，我何不也學他們上一個條陳？或者得個好處，也未可知。就是說的不好，像我這候選的，又不求他甚麼，諒來是沒事的。」主意打定，便開了書箱，把去年考大考時候買的甚麼「商務策」、「論時務」從新拿了些出來攤在桌子上。先把目錄查了半天，看有甚麼對勁的，抄上幾條，省得費心。可巧有一篇是從那裏書院課藝上採下來的，題目是《整頓商務策》。他看到這個題目，急忙查出原文來一看，洋洋灑灑，足有五千多字，一起一結，當中現現成成有十二條條陳，把他喜的了不得。大略看了一遍，也有懂得的，也有不懂得的。上頭還有幾個外國人的名字，看了不知出處。心下躊躇道：「如果照本抄謄，倘若撫憲傳問起來，還不出這幾個人的出典，就要露馬腳。」又想把這幾個人名字拿掉不寫，「又顯不出我的學問淵博。」想來想去，「好在撫台也是外行，不如欺他一欺。倘若問起來，隨便英國也好，法國也好，還他個糊裏糊塗，橫豎沒有查考的。」主意打定。他又是聰明絕頂的人，官場款式，無一不知，把頭尾些須改了幾個字，又添上兩行，先謄了一張草底，說是自己打肚子裏才做出來的，同姊夫說明原故，請他指教。

他姊夫雖說當的是洋務差使，於這文墨一道也甚有限，聽他舅爺說要到院上上條陳，他便鄭重其事的，戴上老花眼鏡，先把舅老爺渾身上下估量了一回，嘴裏說道：「看你不出，有這樣的大才情！但這位中丞是個精明不過的，一個條陳進去，總要請各位老夫子過目。倘若把話說岔了，老夫子就要批駁下來。所以這上條陳一件事，竟是難上加難，非有十二分大本領的人，決不敢冒險。倘若說錯，反不如藏拙的好。」他說這話，原是看不起他舅爺的意思。陶子堯便說道：「我也不知道好不好，所以拿底子送給姊夫過目。」他姊夫也不理他，便把條陳一條一條的念去，碰著有幾個不認得的字，便把舌頭在嘴裏打一個滾，含糊過去。一個條陳看完，竟有大半不懂。看看舅爺還坐在對面，少不得要批評他兩句。停了半晌，說道：「老弟肚裏實在博學，但上頭的意思是要實事求是。你的文章固然很好，然而空話太多，上頭看了恐怕未必中意。愚兄於這筆墨一道雖及不到你老弟，論起官場上閱歷卻比你老弟多些。」

陶子堯忙辯道：「這個條陳引用的典故，都是外國的事，並不是空話。」他姊夫道：「是呀。外國人沒有到過我們中國，怎麼就會曉得我們中國的情形呢？」陶子堯道：「並不是說外國人曉得我們中國的情形，原是引證外國人辦的事情確有效驗，要我們照他辦的意思。」姊夫道：「我也沒工夫同你去辯，總之，這上條陳的事情不是兒戲的。你倘若一定要上，你也總要斟酌盡善。院上幾位老夫子我統通認得，你做好之後，等我先拿進去請教請教他們幾位，他們說不差，再遞上去，免得碰釘子，豈不是好？」陶子堯聽了，很不自在。接過稿子，敷衍了兩句，搭訕著出來，回到自己書房裏。心想：「此事與他商量，託他代遞，是萬萬不會成功的，不如自己寫好，明天一早自己去遞。『烏龜爬門檻，就看此一跌』，好歹又不與他什麼相干。」

主意打定，連夜恭恭敬敬謄了一個手折。次日一早，乘他姊夫上院沒有下來，他便穿好袍褂，拿著手本，也不坐轎，也不帶人，一直趕到院上。曉得這位撫院的新章：凡有遞條陳的人，先在巡捕老爺那裏掛號，專派一個巡捕管理此事，隨到隨遞。倘若中意，立刻傳見。所以凡是來遞條陳的，都歸這巡捕老爺接待。當下陶子堯走來，那巡捕問明來意，因為撫院有過吩咐，是不敢怠慢的，立刻讓進來吃茶抽煙，抽空拿著手本，夾著條陳，上頭去回。此時撫院在那裏同洋務局總辦講話，看了條陳，甚是中意。一見手本是洋務局文案委員，便對他姊夫說道：「這陶某是你局裏的文案。他這個條陳很有道理，不比那些空疏無據的。這個想你老哥已經見過的了。」他姊夫聽見是他舅子上條陳，心上老大捏著一把汗，還怪他不聽話，瞞著他做事。後來聽見撫院這一番誇獎，不禁轉怒為喜，連忙掇轉風頭，忙說：「這陶倅是職道的內親。蒙大人提拔，自從今年二月起，就在局裏當差。他筆下還過得去。」撫院道：「非但過得去，而且很好。他這章程上，有幾條切中現今的時勢，很可以辦得。」說著，便問巡捕：「這人來沒有？」巡捕回：「在外頭候著呢。」撫院就命請來相見。巡捕去不多時，果見陶子堯跟了進來，見了撫院，磕過頭，請過安。撫院讓他上坐。他見姊夫也在坐，臉上火辣辣，怪不好意思的。又因姊夫是局裏的老總，不好僭他的坐，抵死要讓他姊夫坐在上頭。姊夫說：「大人吩咐過，你就坐下罷。」然後在上面坐下。茶房端上茶來。當下撫院拿他著實抬舉，並說：「老兄的章程，竟有一大半可以行得。內如榨油、造紙，成本不多，至於賺錢卻是拿得穩的。但是這些機器總得外洋去買。你那章程裏頭說的幾樣機器，依兄弟的意思，不妨每樣買上一分，帶來試用。」陶子堯連忙回說：「辦機器要到上海甚麼瑞記洋行、信義洋行。那行裏的買辦，卑職都有朋友，同他們相好。只要託了他們，同外國人訂好合同，簽過字，到外洋去辦，不消三五個月，就可以來回。」撫院說：「很好。」隨便又問了些別的說話，跟了他姊夫一塊兒出來，回到洋務局裏。

這時候他姊夫因見撫院將他抬舉，也不埋怨他了，還約他同到公館裏吃飯。到得公館裏，他姊夫已忙著把這話從頭至尾，告訴了他姊姊一遍。姊姊聽了，自然歡喜，忙同丈夫說：「你做姊夫的該應在撫臺面前，替他出把力，頂好就把這辦機器的差使委了他，等他好趁兩個。他有了好處，再不會忘記你姊夫的。」他姊夫道：「自己至親，說甚麼客氣話，這不是應該的嗎。」當下吃過中飯，陶子堯仍舊回到局裏。

次日姊夫上院，撫院便把要委陶子堯到上海的話，告訴了他。他果然又替他舅子著實吹噓了許多好話。等到下院回到局裏，那委辦機器的劄子，已經下來了：「先在善後局撥給二萬銀子，帶了去辦。如果不夠，等到講定價錢，電稟請示，隨時籌撥。」郎舅兩個接到這個劄子，自然歡喜。這日他姊夫便叫他把行李搬到公館裏住，說：「不到幾天就要遠行，搬在一處，至親骨肉，好暢敘兩日。」這裏文案自然另委他人，不必細述。次日陶子堯上院謝委，又蒙撫院傳上去，著實灌了些米湯，把他興頭的了不得。回到公館料理行裝，又到各衙門同事處辭行，接著各處備酒餞行。一時亦難盡記。

且說這日正是洋務局裏幾個舊同事，因為他此番奉委，一定名利雙收，因此大家借了趵突泉地方，湊了公分備了一席酒替他送行。約的是午刻十二點鐘會齊；誰知左等不來，右等不來，直至目落西山，約摸有五點多鐘時分，大家已等的心焦，才見他坐著姊夫公館裏的四人中轎，吃的醉醺醺而來。大家接著，奉坐獻茶。陶子堯先開口道：「今午可巧家姊丈請客，請的是兩司、首道、學堂裏的總辦王觀察、營務處洪觀察，一定要拉小弟作陪。一直吃到此時方才散席，所以來的遲了一步，累諸公久等！」大家齊說：「還早。」

少頃，擺上席面，自然是陶子堯首坐，其餘作陪。菜上一半，酒過三巡，大眾都要上來替他把盞，說他「有此憲眷，機器辦到之後，一定大有作為。將來卻要提拔提拔小弟們。」陶子堯聽了，一面孔得意之色，撇著腔說道：「這用說嗎！不是兄弟誇口，這山東一省講洋務的，除掉中丞，竟沒有第二個人我可以同他談得來的。」對面一個同事道：「我們老總要算得這裏頭在行的了。」陶子堯鼻子裏哼了一聲道：「談何容易，就講到『在行』兩個字！家姊丈辦了這幾年的洋務局，他只知道外國人三個字。你問他是那幾個國度的外國人，看他說得出說不出！兄弟固然沒有辦過甚麼交涉，然而眼睛前幾個國度的名字也還說得出。」大家齊說：「將來上海回來，老總的洋務局一席，只怕就要讓給老哥。」陶子堯道：「這也看罷咧。」當夜宴罷回來。次日一早起身，他姊夫替他料理這樣，料理那樣，很露殷勤。為他一向省儉，是從來不用管家的，特特為為，又把自己的二爺撥出一個，給他帶著出門。陶子堯拜別了姊夫、姊姊，帶了管家，取道東三府，到濰縣上火車，到了青島。可巧有輪船進口，他便寫了票，搬上輪船。等到開船離了岸，那天忽然刮起風來，吹得海水壁立，把個輪船搖盪不止。陶子堯一向是有暈船的毛病，一上船就躺下不能動了。他管家叫張升。本是北邊人，沒有坐過船，更是撐不住。那風刮了兩天兩夜不住，他主僕兩個，也就困了兩天兩夜沒起。陶子堯上船的時候，有人替他寫了一封信，託輪船上一位帳房照應。這帳房姓劉，號瞻光。一上船彼此請教過大名。陶子堯很擺架子，這劉瞻光估量他一定是山東撫台的紅人，所以才派他這賺錢差使，一心便想拍他的馬屁，口口聲聲稱他陶大人。陶子堯得意非凡。始而要房間，船上沒有，劉瞻光就把自己的一間帳房讓了出來給他，吃飯是另外開，劉瞻光拿自己的體己菜出來讓他吃。等到颳風的時候，他管家困倒了，吃茶吃水，都是劉瞻光派人招呼；自己又時時刻刻過來問候，因此陶子堯心上著實感激。

這天到了上海，風也息了，船也定了，他主僕兩個也不暈了。陶子堯是做官人，貪圖吉利，因此就擇了棋盤街的高升棧。由棧裏接客的接著，叫了小車，把行李推著就走。主僕兩個另外雇了東洋車，一路跟來。到了棧房，喝過茶，洗過臉，開飯吃過。為著船頭上顛播了兩天，沒有好生睡，因此暫不出門，先在棧中睡了一覺。等到醒來，已是天黑。只見茶房送進一張請客票來。陶子堯接過來一看，上寫著：「即請棋盤街高升棧陶子堯大人，駕臨四馬路老巡捕房對過一品香九號，番酌一敘。勿卻為幸！此請台安。」末了一行便是年，月，日。下注三個小字，是「瞻光約」。旁邊還注著一行小字，道是「今日山東煙臺來，問明櫃上探請」幾個字。陶子堯看過，便知是輪船上那個帳房了。他一面看條子，一面管家絞上一把手巾，接來揩過，便起身換了一件單袍子，一件二尺七寸天青對面襟大袖方馬褂。其時雖交八月，天氣還熱，手裏又拿了一把摺扇。叫管家拿了煙袋，夾了護書，跟在後頭。走到街上不認得路，只得喚了兩部東洋車，叫他拉到一品香。高升棧到一品香能有多遠，車夫樂得賺他幾個，拉著兜了個圈子方才拉到。主僕二人下車，付過車錢，問了房間，走了進去。劉瞻光即起身相迎，作揖坐下。

其時臺面上已有七八個人了：有的頭上四轉都有些短頭髮垂了下來，卻是梳的淨光的匀；又有大衿鈕扣上插著一朵鮮花；還有些人不知道是拿什麼熏的，一陣陣的香氣噴了過來。這些人穿的衣服，一律都是綾羅綢緞，其中也有一兩個些微舊點的，總不及陶子堯的古板。陶子堯是初到上海，由山東臨來的時候，姊夫曾叮囑過他，說：「上海不是好地方，你又是初次奉差，千萬不可荒唐！化錢事小，聲名事大！」陶子堯做官心切，便把此話牢記在心。自己拿定主意，到了上海，不叫局〔註：叫妓女。〕，不吃花酒，免得上當。

這日，來到一品香，見過主人之後，又照著眾人作了一個揖。席上的人也有站起來拱手的，也有坐著不動的。劉瞻光便告訴他，這是某人，這是某人，無非某行買辦、某處翻譯之類，一一道過姓名。隨後又來一個人，同陶子堯一並排坐下。這人兩撇蟹鉗髭鬚，年紀四十上下。「請教尊姓、台甫？」那人自稱：「姓魏名翩仞。」問他公館，說是「住在棧裏。」劉瞻光也將他姓名報與眾人，說：「這位陶大人是山東撫院派來辦機器的，是山東通省有名的第一位能員，小弟素來仰慕的。」

眾人聽說，著實起敬。內中有個專做軍裝機器的買辦，姓仇名五科，聽了這話，便想替自己行裏拉賣買，就竭力恭維了幾句，以示親熱之意。魏翩仞同他坐在一塊兒，問長問短，更說個不了。後來主人讓他點菜，他說不懂。魏翩仞就替他寫了六樣。大家又要叫局，劉瞻光託魏翩仞替他代一個。陶子堯一定不肯，說：「諸位請便。兄弟是向不破戒，請免了罷。」眾人一定要他叫，他一定不肯叫。後來眾人見他急的面紅耳赤，也就罷了。當下各人的相好絡續來到，也有唱的，也有不唱的。獨有魏翩仞叫的是小先生〔註：還沒有賣身的妓女。〕，跟局大姐著實標致，一見魏老就伏在他身上，咬了半天的耳朵，席面上的人都說：「老三搭魏老直頭恩得來！」老三斜溜了他們一眼，不理眾人，仍舊說他的話。此時陶子堯坐在一邊，只作不看見。一霎時局已到齊，真正是翠繞珠圍，金迷紙醉，說不盡溫柔景象，旖旎風光。

當下，仇五科竭力的想拉攏他，趁眾人廝混的時候，已囑咐他相好，趕緊回去備個雙台。跟局的答應著，匆匆裝了兩袋煙，同了先生下樓而去。仇五科便走到劉瞻光面前，託他代邀陶大人同去吃酒。劉瞻光立刻代達。陶子堯再三推辭。劉瞻光道：「子翁不叫局，兄弟不敢勉強，少坐一會，吃一兩樣賞賞光。」魏翩仞亦幫著湊趣說：「我們這五科哥極愛朋友，今天是專誠相請，酒已交代，子翁務必要去的。」又向五科說：「五科哥，你不妨先走一步，吩咐他們就擺起來。稍停一刻，我們陪了子翁過來。」仇五科又說了一聲「拜託」，方才穿好馬褂，辭別眾人而去。這裏主人菜上齊，吃過咖啡，細崽送上帳單，主人簽過字，便讓眾人同到仇五科相好家吃酒去。陶子堯先不肯，後來被劉瞻光、魏翩仞一邊一個拉了就走。出一品香，一直朝西而去。魏翩仞便告訴他：「這條叫四馬路，是上海第一個熱鬧所在。」這是書場，這是茶店，——一一的說給他聽。陶子堯在外頭混了多年，也聽見人家說過四馬路的景致，今番目睹，真正是笙歌徹夜，燈火通宵，他那一種心迷目眩的情形，也就不能盡述。

魏翩仞是聰明不過的人，到眼便知分曉。況且剛才臺面上已經同他混熟，因此就在路上，一力勸他說：「子翁，古人有句話說得好，叫做：『大德不逾閑，小德出入可也。』像你子翁不叫局，不吃酒，自然是方正極了。然而現在要在世路上行事，照此樣子，未免就要吃虧。」陶子堯聽了，不勝詫異，一定要請教。魏翩仞道：「兄弟不是一定要拉子翁下水，但是上海的生意，十成當中，倒有九成出在堂子裏。你看來往官員，那一個不吃花酒，不叫局？」陶子堯道：「你說生意，甚麼又說到做官的呢？」魏翩仞道：「你不要聽了奇怪。即如你子翁，誰不知道你是山東撫院委來的，你子翁明明是個官，然而辦的是機器。請問這樣機器，那樣機器，那一項不是生意呢？要辦機器，就要找到洋行。這些洋行裏的『康白度』〔註：葡萄牙語，買辦。〕，那一個不吃花酒？非但他請你，還得你請他：他請你，一半是地主之情，一半是拉你的賣買；你請他，是要勞他費心，替他在洋人跟前講價錢，約日子。只要同你講得來，包你事事辦得妥當，而且又省錢，又不會耽誤日期，豈不一舉兩得呢？」陶子堯道：「如此說來，一定要兄弟吃酒叫局的了。」魏翩仞道：「這個自然。你不叫局，你到那裏擺酒請朋友呢？」陶子堯一頭走，一頭尋思。忽走到一爿茶店門口，上面豎著一塊匾，寫著「西薈芳」三個字。眾人齊說：「就在這裏進去罷。」陶子堯不知不覺，便跟了進去。究竟魏翩仞是何等樣人，陶子堯曾否破戒，且聽下回分解。

第八回　談官派信口開河　虧公項走頭無路

話說陶子堯跟了眾人走進西薈芳，只見這弄堂裏面，熙來攘往，轂擊肩摩，那出進的轎子，更覺絡繹不絕。魏翩仞便告訴他：「這轎子裏頭坐的就是出局的妓女。你看，出出進進，這一晚上要有多少生意！」陶子堯聽了答應著，便想到自己從前在山東省裏的時候，雖靠姊夫的光當了文案，然而終是寄人籬下。有時在路上走著，碰著那些現任老爺們坐轎拜客，前呼後擁，好不威武。幾時我方得有此一日？如今看見出局的轎子，一般是呼么喝六，橫衝直撞，叫人見了，不覺打動了做官思想。陶子堯一頭呆想，不知不覺，又穿過一道門，走到一家門口，高高點著一盞玻璃方罩的洋燈，牆上掛著幾張招牌，寫著某某書寓——一時也記不清楚。眾人讓他進去。他便隨了眾人，一直上樓。樓下有些男人喊了一聲「客人上來」。一幫人才走到半扶梯，就有許多娘姨、大姐前來接應。一問是仇老一淘，就領了進去。又喊了一聲「仇老客人」，便見仇五科迎了出來。大家朝他拱手，陶子堯也只得作了一個揖。接著娘姨請寬馬褂，倒茶，拿水煙袋，絞手巾。先生敬瓜子，別人是認得的，只有陶子堯是生客，隨口問了一聲「尊姓」，陶子堯恭恭敬敬回答了一聲「姓陶」。先生聽著笑了一笑。仇五科便請眾位寫局票。

魏翩仞搶著代筆，自己先寫了一張陸桂芳。劉瞻光說：「翩仞總是叫這個小把戲。」仇五科說：「翩翁是『醉翁之意』罷哩。」魏翩仞只顧寫他的，也不理人，一連寫了三四張。回頭又問：「子翁到底怎麼樣？還是破戒不破戒？」陶子堯說：「我這裏沒有熟人可叫。」仇五科說：「小弟的臺面，子翁總得賞光，破一轉戒的了。」魏翩仞見陶子堯說話活動，知道剛才路上勸他的話有點意思了，就說：「子翁沒有熟人，五科的熟人很多，就請他代一個罷。」當下仇五科就替他代了一個小陸蘭芬。陶子堯看見桌子上的局票共是八九張，一時也記不清楚。只見劉瞻光叫的是張書玉，想就是在一品香叫的那一個了。又見桌子上有幾張寫剩的請客票，上面是刻就的，「飛請大人（老爺），即臨同安里小金媛媛家一敘」等話。他看了稀罕，說道：「這倒便當得很。」就問：「誰是小金媛媛？」翩仞告訴他：「就是五科的貴相知。剛才一品香見過，來到這裏又問過你尊姓，怎麼就忘記了？」彼此一笑而罷。少停擺臺面，起手巾。仇五科便讓陶子堯首座。陶子堯抵死不肯坐。劉瞻光、魏翩仞又幫著說：「今天是五科專誠相請，我們是沒有人僭你的。」一面說，一面大眾都好，只剩一個首坐。陶子堯無法，只得坐了。仇五科手執酒壺，親自奉酒。陶子堯竟恪守官場規矩，站起來作揖，弄得仇五科無法，只得放下酒壺，還他的揖。主人一齊敬完之後，他一定要還敬，斟了酒還不算，又深深作了一個揖，又朝著眾人作了一個揖，說了聲「有僭」，然後坐下吃酒。

一時菜上八道，酒過三巡，叫的局陸續都來了，只有陶子堯的局沒有來。他雖初入花叢，瞧著別人的局都到了，自己的不來，未免覺著沒趣。後來菜都上齊，主人數了一數，臺面上的局，獨獨小陸蘭芬未到，立刻叫人去催了。一會小陸蘭芬來了，見了仇五科，竟不提姓，叫了聲「禿頭老爺」，問：「那一位是陶大少？」仇五科指給她看，跟局娘姨同先生到了陶子堯跟前，一家說一句：「陶大少，對不住！」陶子堯一聽叫人家老爺，叫我大少，心上有點不高興。後來見魏翩仞趕著跟局娘姨叫新嫂嫂，說：「這位陶大人是從山東來的，今天才下輪船，叫你先生多唱兩隻曲子，過天陶大人還要到你搭去請客哩。」娘姨聽了，趕到陶子堯背後，連忙改口，一口一聲「陶大人」，甚麼「場化小，大人勿厭棄，請過來」。幾個大人長，大人短，把個陶子堯喜的不亦樂乎。

一時上過乾、稀飯。小陸蘭芬跟局新嫂嫂聽了魏翩仞一番言語，曉得陶子堯是戶好客人，一直坐著不走。等到散過臺面，一定要同到他家去坐。起初陶子堯不肯，後來又是魏翩仞勸駕，兩人一路同去，陶子堯方才允了。當下新嫂嫂跟著轎子在前，陶、魏兩個人在後。轉了兩個彎，又是一個弄堂，上面寫著「同慶里」三個字。進去第三家，上樓對扶梯一直便是蘭芬房間。等到二人上樓，蘭芬已經到家多時了。新嫂嫂竭力張羅：寬馬褂，打手巾；先生敬瓜子，裝水煙。左一聲「大人」，右一聲「大人」，叫得陶子堯好不樂意。也不顧魏翩仞在坐，便打著官腔，把自己的履歷盡情告訴了二人。這房間裏還有兩個粗做老婆子，聽了不懂，都坐在那裏打盹。魏翩仞先在鋸床上吃大煙，後來也睡著了。

這裏陶子堯沒了顧忌，話到投機，越說越高興。只聽見他說道：「我們做官的人，說不定今天在這裏，明天就在那裏，自己是不能作主的。」新嫂嫂道：「那末，大人做官格身體，搭子討人身體差勿多哉。」陶子堯不懂甚麼叫做「討人身體」。新嫂嫂就告訴他，才說得一句「堂子裏格小姐」，陶子堯就駁她道：「咱的閨女才叫小姐，堂子裏只有姑娘，怎麼又跑出小姐來了？」新嫂嫂說：「上海格規矩才叫小姐，也有稱先生格。」陶子堯道：「你又來了。咱們請的西席老夫子才叫先生，怎麼堂子裏好稱先生？」新嫂嫂知道他是外行，笑著同他說道：「耐勿要管俚先生、小姐，賣撥勒人家，或者是押帳，有仔管頭，自家做勿動主，才叫做討人身體格。耐朵做官人，自家做勿動主，阿是一樣格？」陶子堯道：「你這人真是瞎來來！我們的官是拿銀子捐來的，又不是賣身，同你們堂子裏一個買進，一個賣出，真正天懸地隔，怎麼好拿你們堂子裏來比？」說著，那面色很不快活。新嫂嫂最乖不過，一看陶子堯氣色不對，連忙拿話打岔道：「大人路浪辛苦哉！走仔幾日天？太太阿曾同來？是啥格船來格？」她怕陶子堯太太同來，有了管頭，所以問這一句話，這是新嫂嫂細心之處。陶子堯見問，不禁怒氣全消，面孔上又換了副得意之色，說道：「你聽我來告訴你：你們不知道，我們做官的人，辛苦呢固然辛苦，然而等到官運好的時候，做的著實有趣，也就不覺其苦了。山東做官，怎麼就會來在你們上海？」新嫂嫂道：「格當中是啥格緣故？阿是高升到別場化去，路過上海格？」陶子堯閉著眼睛，吃水煙，不去理她。看看一根紙吹吃完，新嫂嫂趕忙又點好一根送上。陶子堯才同他講道：「說來也巧：今年大年初一，我早晨起來拜過天地祖先，就請出骨牌來。」新嫂嫂道：「阿是推牌九？」陶子堯道：「別胡說！」新嫂嫂嚇的不敢則聲。陶子堯道：「因我生平頂相信是『牙牌神數』。這是拿骨牌起課，一起出來，卻是兩個『上上』，一個『中下』。那首詩的句子我全記得，我念給你聽：頭兩句是『一帆風順及時揚，穩渡鯨川萬里航』。頭一句風順，是說我的官運，第二句就隱隱指著我要到上海。這都是命裏註定的，你說靈不靈！」

新嫂嫂聽了詩句不懂，只好順著說道：「最靈勿過格是菩薩。大人耐格本簽詩阿帶得來？也替倪起格課。倪有仔三個月格喜哉，起起是男是女。如果是男，將來命裏阿有官做。也勿想啥入閣拜相，只要像你大人也好哉。」陶子堯連連搖手道：

「笑話笑話！你們的兒子怎麼也好做起官來了？」新嫂嫂道：「倪格兒子為啥做勿得官格？」陶子堯道：「大清例上，凡是娼、優、隸、卒的子孫，一概不准考，不准做官。」新嫂嫂道：「難末，倪又勿懂哉。倪格娘有格過房兒子，算倪的阿哥，從前也勒一爿洋行裏做買辦格。前年捐仔知府，新近升仔道台，連搭頂子也紅哉，就勒此地啥個局裏當總辦。」新嫂嫂剛說到此，小陸蘭芬插嘴道：「阿姨，耐說格阿是老爺？前埭老爺屋裏做生日，叫倪格堂差，屋裏向幾幾化化紅頂子，才勒浪拜生日，阿要顯煥！老爺還說明朝來吃酒呀。」新嫂嫂道：「就是假哉。」又對陶子堯說道：「倪格阿哥可以做官，倪格兒子是俚格阿侄，有啥勿好做格？」

陶子堯聽了，做聲不得，心想：「他家裏有這們闊人，我得拿兩句話蓋過他，才轉過我的面子來。」尋思了半天，說道：「我這番來，撫台給我幾十萬銀子，託我辦機器。我動身的那一天，撫台還坐著八轎，親自送我到城外。藩台以下那些大人們離城十里，搭了一座彩棚，在那裏候著送。等我到得那裏，撫台也趕到了。把公事談完，隨手在靴頁子裏掏出一張四萬銀子的匯豐銀行的匯票，託我到上海替他留心買四位姨太太。大約一萬銀子一個。如果不夠，叫我打電報去問他攏。」新嫂嫂道：「像倪格蘭芬只要耐八千洋錢。陶大人，耐阿好拿倪格蘭芬討仔去罷？」蘭芬道：「倪阿有格號福氣！」陶子兄道：

「你別這們說。俗話說的好：『嫁雞隨雞，嫁狗隨狗。』你嫁了我們撫台做姨太太，我們都得稱你憲姨太太。」新嫂嫂道：「有心託仔耐格大人，做仔格格媒人罷！」蘭芬說：「倪總勿會忘記耐格。謝謝耐，後補耐末哉！」陶子堯道：「的的確確是實缺，並不是候補。」說到這裏，新嫂嫂又特地倒了一碗茶，叫他潤潤嘴。

陶子堯又說道：「剛才的話沒有說完。撫台拿銀票交代與我之後，我拿過來往馬褂袋裏一放，隨即起身上轎。撫台還要敬酒。我被他們鬧的腦子疼，再三辭謝，方才免了。撫台帶領大小官員，送至轎前，齊打一恭，我也還了一個揖。只聽得耳朵旁邊『泊隆通』，『泊隆通』。」新嫂嫂道：「格當中啥個緣故？」陶子堯道：「營裏的兵開大炮送我，所以耳朵旁邊只聽得『泊隆通』，『泊隆通』。」陶子堯說得高興，不提防魏翩仞在榻上一覺睏醒，並不知道他說得甚麼，只聽得甚麼「泊隆通」，「泊隆通」，也就依著他說「泊隆通」，「泊隆通」。陶子堯見他睡醒，疑心方才的話都已被他聽見，面上一紅，不好意思再說下去，自言自語道：「我們在這裏說營裏放大炮。」新嫂嫂道：「勿殼張格格大炮，倒拿魏老嚇醒。」魏翩仞睡眼朦朧，也沒有聽清，只是揉眼睛。新嫂嫂連忙絞過一塊手巾。蘭芬道：「陶大人說格鬧忙煞，格底下說哩。」陶子堯也不理他。

魏翩仞揩過臉，摸出錶來一看，已是三點三刻，說：「時候不早了。陶大人就在這裏借了一夜乾鋪罷，我是要失陪了。」陶子堯一定也要起身回棧。新嫂嫂挽留不住，又要留他兩人吃過稀飯再走。他兩人因為時已晚，急欲回去。新嫂嫂同了蘭芬一直送到樓下，開開大門，看他兩人出弄堂。陶子堯不識路途，魏翩仞便同他走出弄堂，由石路挽到四馬路，叫陶子堯向東，一直走到巡捕房朝南，朝東是一品香，朝南便是棋盤街，離高升棧很近的。陶子堯至此，方悟原來高升棧到一品香甚近，用不著坐東洋車的。今天從棧裏出來，被東洋車夫所欺，不知道在那裏兜了一個圈子，才到得一品香。可見上海地方人心欺詐，是要刻刻留心的，當下便謝過魏翩仞，兩人拱手作別。陶子堯帶了跟班回棧。魏翩仞自到相好大姐老三處過夜不題。

且說次日陶子堯一覺睏到一點鐘方才睡醒。才起來洗臉，便有魏翩仞前來，約他一同出去，到九華樓吃揚州館子。吃完之後，就在公一馬車行叫了一部橡皮輪皮篷車，一同去遊張園。可巧這日是禮拜，所有昨天臺面上幾個朋友，倒有一大半在這裏。劉瞻光因輪船未開，亦到園中玩耍。仇五科一直等到打過四點鐘，方才來到。在大洋房裏大家會齊，分了兩張桌子吃茶。此時遊園妓女，數一數足足到了五六十個，把個大洋房擠的實實窒窒的，好不熱鬧。陶子堯跟了眾人出去兜了一回圈子，不提防在照相地方碰見新嫂嫂同了蘭芬在那裏照相。見面之後，著實殷勤，一路跟著同到大洋房。新嫂嫂便把煙袋送過。魏翩仞因同陶子堯咬耳朵，說：「趁著瞻光還未開船，難得今天朋友齊全，不如此刻就到她家請客，又應酬了蘭芬，豈不一舉兩得？」陶子堯本有到她那裏請客的意思，但是面嫩，一時說不出口，聽得魏翩仞之言，連說：「好極，好極！」魏翩仞先替他交代新嫂嫂道：「陶大人吃酒，菜是要好的，交代本家大阿姐，不要搭漿！」說完之後，又替他張羅劉瞻光、仇五科一班人。這班酒肉朋友天天在堂子裏混慣的，豈有不來之理。

當下新嫂嫂要拉著陶子堯一同回去，陶子堯又拉著魏翩仞一塊兒走，隨即上了馬車，離了張園。不上一刻工夫，早已來到泥城橋。馬夫巴結，大大的兜了一個圈子，方才回到石路同慶里口。下車進去，新嫂嫂先交代過本家，喊了一台下去。兩人上樓吃茶吃煙。不多一歇，劉瞻光同了兩個朋友先到，跟手仇五科也來了。其時已有上燈時分。在席的人多半因有翻台，催著快擺。立刻寫局票，擺臺面，起手巾，叫局。主人一個個敬酒，然後大家歸坐。少停局到，唱曲子，豁拳，手忙腳亂，煙霧騰天。陶子堯自充行家，嫌這些姑娘們的曲子不好。仇五科便說：「子翁一定是高明的了。」臺面上有一個不懂事的朋友，一定要請教一劄，又把一位先生拉胡琴的烏師留下，好教他拉著，等陶大人唱。誰知陶大人抵死不肯唱。後來把他弄急了，他拿劉瞻光拉到一邊，低低同他說道：「我們是官體，怎麼好同他們一樣？倘若這風聲傳播到山東，那可不是玩的！」劉瞻光招呼了仇五科，仇五科又招呼了那個朋友。大家覺著沒趣，不及上乾、稀飯，都已興辭而去。陶子堯也不在意。

吃過了酒，送過了客，獨有魏翩仞不走。他原是最壞不過的，看見陶子堯官派熏天，官腔十足，曉得是歡喜拍馬屁、戴炭簍子〔註：高帽子。〕的一流人。新嫂嫂雖是女流，亦早已看出。魏翩仞假託出恭，拉了新嫂嫂到小房間裏，二人如此如此，這般這般，商量好了一條計策。

其時陶子堯正在大人房間裏坐在煙鋪上，叫蘭芬裝水煙，聽他的高談闊論，說：「做了撫台姨太太，出起門來，要坐四人轎，還有戴頂子的把轎扛。轎子前頭還有一頂紅傘。無論走到那裏，都有人辦差，有人伺候。怕的是姨太太在大人跟前，不要說大壞話，只要稍微點上兩句，無論是誰都吃不起。姨太太屋裏伺候的人，有丫頭，有老媽，有二爺，有打雜的，要什麼有什麼。面子上的月費一個月二百兩，做衣服，打首飾，吃飯，用人工錢，還不在內。但就二百兩一月而論，已經比我們局裏總辦的薪水多了一倍。」蘭芬道：「陶大人，耐做官一個月有幾化進帳？耐阿有姨太太？耐格姨太太一個月撥俚兒化洋錢用？」陶子堯只顧說的高興，不提防有此一問，堵住了嘴，一時對答不來。蘭芬還連著問他。他只顧吃水煙。歇了半晌，正想拿話支吾他，恰好魏翩仞同新嫂嫂從小房間裏出來，把話打住。

魏翩仞便披起馬褂要走，又朝著新嫂嫂努努嘴。新嫂嫂會意。其時陶子堯又要跟著走，誰知一件馬褂，卻被新嫂嫂扣住不給。陶子堯到此無法，只好聽魏翩仞一人獨去。這裏新嫂嫂又張羅陶子堯吃稀飯，又打發陶子堯管家，先回棧房。這天晚上，自從擺臺面，一直到魏翩仞走，凡有來叫局的，新嫂嫂都叫小大姐阿金跟了出去，自己卻一直在屋裏陪著陶子堯。無意中又同陶子堯說：「蘭芬雖已十六歲，還是小先生勒。樣式事體，有倪勒浪，決勿會虧待耐的。」陶子堯雖說只來得兩天，因他聰明不過，臺面上亦聽得一人講起，這新嫂嫂的身分，也就都已明白了。當下吃過稀飯，打過兩點鐘，蘭芬是沒有晏堂差的，大家收拾安睡。陶子堯居然就在這裏借了一夜乾鋪。究竟如何，無庸深考。但覺與新嫂嫂情投意合，如漆如膠。

一連住了七八日，不是人家請他，就是他請人家，一連七八天，沒有斷過。每天總要睏到兩三點鐘方起。等新嫂嫂梳洗過後，一同吃早飯。吃過早飯，便是一部馬車，起先還帶蘭芬同坐，後來連蘭芬也不帶了。出門之後，不是遊張園，便是兜圈子。走到大馬路仁昌祥、震泰昌，以及亨達利等處，總得下車，不是買綢緞，便是買錶，買戒指，一買便是幾百塊，此外打首飾，買珠子，還不在內。起先每次出門，陶子堯一定要到錢莊上，帶幾百銀子莊票，一二百塊洋錢、鈔票在身邊。後來各家都熟了，知道陶大人是個闊客，就是沒得錢，也肯賒給他了。從前陶大人穿的衣服，新嫂嫂嫌他古板，特特為為，叫了幾名裁縫，在家裏客堂裏替他做，趁便自己又做了些時式衣服。細算起來，數目也就不少了。陶子堯一心被新嫂嫂迷住，竭力報效，核計所化之錢，旬日之間，和酒、局帳，不過一百多元，買東西，做衣服，通扯已不下三四千金之譜。再加別的用度，通算起來，帶來的二萬，不過才用得四分之一。自己一算，還不為多，將來機器買成，無論那注帳裏多報銷一筆就夠了。如此一算，心上一寬，依舊爛化浪費起來。

有一天新嫂嫂的娘過生日，喊了一班人，在堂子裏宣卷〔註：一種七字唱本。〕。單他一個，擺了一個四雙雙台，有些不認得的人也都拉來吃酒。魏翩仞看見他的錢化的淌水一般，不加愛惜，心上便想：「他的錢，也就用的不少了，若不從此時下手，更待何時。」次日先去同仇五科商量。仇五科道：「這種壽頭，不弄他兩個弄誰。」魏翩仞道：「想個甚麼法子去弄他？」仇五科道：「容易。你去同他說，後天開公司船，他要辦機器，同他到我這裏來。大家都是自己人，還他便宜就是了。」魏翩仞同仇五科本來是做慣聯手的，心上明白，急急奔至同慶里，找到陶子堯。其時新嫂嫂正坐在客堂窗下梳頭，陶子堯坐在旁邊坐著吃湯糰。一面吃湯糰，一面看梳頭。恰在出神的時候，底下喊「客人上來」。正思躲避，見是魏翩仞，才縮住了腳。當下寒暄得幾句，魏翩仞便拉他到正房間裏坐下，同他講到買機器的話，說：「不要看這樁事情，倒是很不容易辦的。聽見仇五科說：『明天有公司船開，有甚麼圖樣，一塊帶了去，三個月就有得來。倘若明天不寄，等到下一班，又要多少天。』五科是自己人，替朋友幫忙，難道還要你的好處嗎。他叫我來問你一聲，有甚麼話，你去同他說亦好，我替你傳話亦好。」陶子堯連說：「費心。——」忙問：「我的當差的來了沒有？」房中娘姨，一迭連聲的叫陶大人當差的。當差的上來，陶子堯便交代他一把鑰匙，叫他回棧房，把枕箱開開，「裏面有個紙包，撫台的劄子統通在內。把那個紙包替我拿了來。」這裏兩個人閒談。不多一刻，當差的回來，將紙包呈上。陶子堯打開，取出一片帳目，大約開著幾件機器，也不詳細，遞與魏翩仞。魏翩仞道：「就是這個帳嗎？」陶子堯道：「這裏頭該有幾件東西我也不知道，本來要請教五科，我們此刻就去看他。」魏翩仞道：「同去也好。」新嫂嫂道：「啥格要緊事體，託仔魏老，勿是一樣格？啥事體要一定自家去？」魏翩仞道：「恩得來，一歇歇才離勿開格哉！」新嫂嫂拿眼睛眇了他一眇，也不說別的，仍舊梳他的頭。陶子堯想要去，真是聽了新嫂嫂的話，就有點懶怠去了。魏翩仞道：「你不去也好。

我就替你問一聲，叫他替你開一篇帳，寄到外洋，將來銀子是要你付的呢。」陶子堯道：「這個自然，價錢克己點。」魏翩仞道：「這個是外國定好了來的價錢，貴賤我們做不得主的。」一面說，一面穿馬褂。趁空陶子堯又拉他到一旁，說道：「不瞞翩翁說，兄弟當這一趟差使，上頭發的盤川不過是個名色，不夠用的，況且到了上海又不能不應酬。這裏頭託你同五科講一聲，將來開帳的時候，叫他酌量開，總算他照應我的。」魏翩仞道：「這個還要你說嗎，不過照這篇帳，有限的幾樣東西，看上去不過二萬銀子的進出，多開上一千、八百也望得見的。子翁，我聽見人說，你這遭來，不是要辦幾十萬銀子機器嗎？我們都是好朋友，你別拿小注的給我們，拿大注的又去照應別人。」陶子堯聽說，楞了一楞，說道：「機器是還要添辦，先要看這個辦的便宜，再辦別的。」魏翩仞見此情形，心下明白，也不再追問了，便說：「今天託五科寄信去，價錢替你合准，包你便宜。只要你明天同外國人當面簽個字就完了。」說著揚長而去。

一走走到五科行裏。五科接著忙問：「生意怎麼樣？開帳沒有？」魏翩仞遞給他看。五科看完之後，說了聲：「就是這個嗎？」又笑了笑道：「這篇糊裏糊塗的帳怎麼好帶到外國去？而且一件機器另外總有些零碎件頭，都要一筆筆的開上。」魏翩仞道：「他原說託你替他斟酌。五科哥，據我看起來，生意不過二萬銀子。他這裏頭，還想託你替他開花帳，吞吞吐吐的，彎著舌頭，說又說不清，只怕蘭芬那裏的一筆用帳，要出在這上頭。」五科道：「看他不出，賺錢的本事倒有。但是他既託了我，你去同他說，說我都已明白，帳也開好，合同也弄好，叫他明天來簽字，我們好去替他辦。」魏翩仞道：「你真的替他辦麼？他銀子存在號裏，剛才我從同慶里出來，先挽到號裏打聽過，由山東匯下來總共不過二萬銀子，聽他說這一禮拜頭裏倒去拿過好幾千。蘭芬家新嫂嫂手上金剛鑽戒指也有了，金釧臂也有了，倒著實在那裏報效。不要我們替他辦了機器，到那時候拿不出來。」仇五科道：「你這個人，真正戇大！叫他先來簽了字，怕他走到那裏去。你我總不會落空就是了。」魏翩仞一聽此言，也就明白。當夜又趕到同慶里通知陶子堯，告訴他說，各事都已停當，只要他明天十一點鐘，到行裏簽字。

到了次日十點鐘，魏翩仞仍趕到同慶里叫醒陶子堯，起來洗臉吃點心，一塊同去找五科。新嫂嫂蓬頭赤腳，一定還要親自替陶子堯打一條辮子，方容他走。當下兩個人同到洋行裏，仇五科接著，著實殷勤。請坐之後，又每人敬了一根呂宋煙。從抽屜裏取出帳來一看，共是二萬二千兩規元銀子。簽字之後，先付一半，又拿合同念給他聽。陶子堯是不認得洋文的，由著他念，聽上去無甚出入，也無話說，隨問魏翩仞：「這個帳就這們開嗎？昨兒託的事怎麼？」魏翩仞又問仇五科。仇五科道：

「這個是子翁同我們敝行東打的合同，將來銀子付清是要重新寫過的。」陶子堯方才放心。仇五科就同他去見洋東，拉了拉手，洋東還說了幾句洋話。陶子堯不懂，又是仇五科翻給他聽，無非是應酬話頭。當面簽過字。魏翩仞跟著去劃銀子。陶子堯一想：「號裏只存著一萬四千多銀子，現在劃出一萬一千兩，只剩得三千多兩，將來機器到上海還得找他一萬一千兩。現在短得雖多，幸虧臨動身的時候，撫台大人有過話，如果不夠，隨時可以電撥。」於是到得號裏，寫了一張銀票。就託號裏代打一個電報，說明緣故，請再撥一萬五千兩。號裏朋友擬好電稿，請他過目，無甚說得。兩人辭別出去，找到仇五科，交代清爽，取轉那一分合同。當天仍到同慶里擺了一個雙台，因為仇五科、魏翩仞兩個幫了忙，所以就推他二位坐了上坐。

正是光陰似箭，日月如梭，自從那日在號裏發電報的日子算起，核算起來，頂多三天定有回音，現在倒有七八天了。虧得他天天被新嫂嫂迷住，所以也不覺得。及到屈指一算，不禁慌張起來。若論自己的憲眷，一定不會駁回的。大約撫台公事忙碌，一時理會不到，也是有的，然而總不至於置之不覆。因此弄得他心上好像有十五個吊桶一般，七上八下。虧得新嫂嫂能言會道，譬解過去。後來一等等了半個月，還是無回信。看看這裏的錢又用去了二千多。新嫂嫂還一心要嫁他，說明做「兩頭大」。身價不要，只要一副珍珠頭面，下等的拿不出手，就是中等的，至少亦得一兩千塊，其餘衣飾還不在內。真正公私交迫，晝夜不寧。

又過了幾天，數了數日子，電報打去已經二十天了，依舊杳無音信，把他急得熬不住，只得又打一個電報去催款。另外又打一個電報，要他姊夫從旁吹噓。到第三天得到姊夫的回電，說撫憲請病假，藩憲代理。機器已經另外託了外國人辦好，價錢很便宜，而且包用，叫他不要辦了，並催他即日回東。陶子堯得了這個電報，賽如一瓢冷水，從頂門上澆了下來，急得無法。可巧魏翩仞來看他，他便把此事告知，想叫他去同仇五科商量，說機器不要了，叫他退錢。魏翩仞道：「同了外國人打的合同，怎麼翻悔得來？倘若帳目沒有寄出去，還可收得轉，如今已經二十多天了，只怕已經到了外洋，怎麼好收轉？」陶子堯道：「打電報去止住。」魏翩仞道：「說的好容易！人家不是被你弄著玩的，我也不好說出口。」

陶子堯見他不肯退機器，心上更加煩悶。打那日起，就在棧中寫了兩天的信，一直沒有到同慶里去。新嫂嫂派了一個小大姐到棧裏釘住他，叫他去，他不肯去，把他弄急了，同大小姐說：「不是我不來，我這兩天心上不舒服；等我的事情弄定規了，自然要來的。」小大姐回去告訴了新嫂嫂。新嫂嫂知事不妙，樂得弄他幾個現的。見小大姐請不來，只好自己坐了車到棧裏來請。陶子堯雖說跟他同到堂子裏，依舊無精打采。禁不住新嫂嫂甜言蜜語，不由他不把號裏剩下的銀子，取來報效。後來用的只剩得幾百兩了。號裏的人，最是勢利不過的，就把下餘的錢算一算清，打一張票子，差一個學生送給陶子堯，把摺子收回，以後不相來往，從此更絕了指望。還有魏翩仞聽見資訊不好，雖說不准他退機器，料想再要他找，是萬萬找不出來的了，便去同仇五科商量。仇五科說道：「他真的拿不出嗎？你去同他講：如若機器運到，不來出貨，我們雖然是朋友，外國人卻不講交情，將來怕有官司在裏頭，還是叫他辦去的好。」魏翩仞又去告訴了他，順便探消息，順便催銀子，把個陶子堯真正弄的走頭無路，只得又打一個電報給姊夫，說明洋人不退機器，請他轉圜的話。誰知接到回電，陶子堯看了，這一驚竟非同小可！欲知電中所言何事，且聽下回分解。

第九回　觀察公討銀翻臉　布政使署缺傷心

話說陶子堯接到姊夫的回電，拆出開一看，上面寫的是：「上峰不允購辦機器。婉商務退款二萬，悉數交王觀察收。」陶子堯不等看完，兩隻手已經氣得冰冷，眼睛直勾勾的，坐在那裏一聲也不言語。停了一會子說道：「這是我的『釘封文書』〔註：清時遞送處決囚犯的緊要公文。〕到了！」其時陶子堯還在蘭芬家同新嫂嫂一塊兒吃飯。管家送電報來，是電報局已經翻好了來的。陶子堯看完之後，做出這個樣子，大家都猜一定報上有了甚麼話句。虧得新嫂嫂心定，仍舊吃她的飯。等把一碗飯爬完，才慢慢的問：「到底那哼？」陶子堯也不便告訴她，但說得一句「是催我回去」的話。新嫂嫂心上明白，也不再問。陶子堯便問：「魏翩仞住在那裏？」新嫂嫂說：「耐篤一淘出，一淘進，俚格住處，耐有啥勿曉得格。」陶子堯道：「我同他是臺面上認得的，其實沒有到過他家。」管家插嘴道：「上海的這些露天掮客真正不少，錢到了他們手裏，再要他挖出來可是煩難。老爺又不認得他，怎麼會託他辦事情？」陶子堯罵道：「忘八蛋！放屁！你懂得什麼！」管家不敢做聲。新嫂嫂連忙改口道：「魏老格人倒是劃一不二格，託他俚事體俚總歸搭倪辦到格。機器退勿脫，格是外國人格事體，關俚啥事。」陶子堯也不答應，穿馬褂，拔起腳來要走，新嫂嫂問他：「到啥場化去？」說：「到棧裏去。」新嫂嫂明知留也無益，任其揚長而去。

陶子堯回棧未久，頭一個是魏翩仞來找他，道：「五科已把這話同洋人商量過。洋人大不答應，說打過合同如何可以懊悔的。就是這會子把已經付過的一萬一千統通改做罰款，他亦不要，一定要你出貨。子翁，你得詳詳細細把這情形寫個稟帖給撫台，也免得你為難。將來鬧出事情，打起官司，總是你山東巡撫派來的人。」陶子堯聽了，正在滿腹躊躇，無話可答，忽見管家拿進一封信來，說是長春棧二十一號，山東候補道王大人差人送來的，立候回音。陶子堯聽了王大人三個字，又是一呆。連忙把信拆開來一看，就是剛才他姊夫來的電報上所說王觀察了。王觀察信上言明是奉了東撫之命，前往東洋考察學務。到了上海又接電報，叫他順便考察農、工、商諸事，添派四個委員，大小十幾個學生。因此就叫他向委員手裏討回那二萬銀子做盤川。亦是今天接到電報，所以特為寫信前來通知。如果銀子現成，他就立刻派人來取。

陶子堯不看則已，看了之時，急的一句話也說不出，心裏想：「這洋人非但不肯退，而且還要逼後頭的。那裏王觀察又是山東撫憲派來的，叫他來討，就是洋人肯退銀子，只有一萬一，那九千已經被我用的九成多了。無論如何，二萬的數目總不能歸原，叫我心上如何不急！但恨沒有地洞，如有地洞，我早已鑽進去了。」他一面想，只是不言語。管家站在一旁等回信，也不敢說甚麼。

當下還是魏翩仞等的不耐煩，說：「人家問你討回音，我怎麼講？」一句話提醒陶子堯，立刻翻出信箋要寫回信。忽然想起王觀察是本省上司，論規矩應得寫張夾單〔註：夾在手本裡信函，指那些下級向上級官員報告事情，在公事之外或不便於寫在手本裡的事。〕稟覆他才是。他本是做文案出身，這些款式是懂得的。無奈心緒不寧，提起筆來，寫不上半行，不是脫落字，就是寫錯字，一連換了五張紅單帖，始終未曾寫滿三行，把他急的頭上汗珠子有黃豆大，無如總是寫不好。後來還虧魏翩仞替他出主意，說：「王觀察乃子翁的本省上司，他既然到這裏，你總得去拜他一趟，今日且不必寫回信，只拿個片子交給來人，叫他先回去言語一聲，說你子翁明天過來一切面談。」陶子堯正愁著這封回信無從著筆，聽了此言，連說「有理──」，立刻自己從護書裏找出一張小字官銜名片交代管家，叫他出去告訴來人，託他回轉去稟大人，說大人的來信收到，明天一早過來請安，還有許多下情，須得明天面稟。管家拿了銜片自去交代不題。

這裏魏翩仞便問他：「這事到底怎樣辦？」陶子堯道：「翩翁，外國人那一邊，總得叫他能夠退才好。」魏翩仞道：「子翁，我們都是自家兄弟，有些事情你雖然沒有告訴我，我豈有不知道的。」陶子堯一聽這話，臉上一紅，知道各事瞞他不過，不妨同他實說，或者有個商量，便說：「我現在好比駱駝擱在橋板上，兩頭無著落。你總得替我想個方法才好。」魏翩仞道：「依我看起來，這機器還是不退的好。」陶子堯道：「何以見得？」魏翩仞道：「你子翁帶來的錢，同你在上海化消的錢，我心裏都有個數。洋人那裏的錢就是退不掉，還算你因公受過，上司跟前不至於有什麼大責罰的。倒是你自己化消的錢如何報銷？我同你做了知己朋友，總得替你籌算籌算。」陶子堯道：「多承費心。兄弟一時沒有了把握，虧空了公項，倘若追起這筆銀子來，怎麼辦呢？」魏翩仞道：「我早替你想好一條主意了。」陶子堯忙問：「甚麼主意？」魏翩仞道：「現在機器是萬萬退不得的！退了機器，你沒有生發了。洋人那裏，但憑五科一句話，要退便退！現在老實對你說，是我替你抗住不退。你明天見了王觀察，只說機器的事，一到上海就同洋人打好合同，索性多說些，二萬二的機器，樂得說他四萬銀子。二萬不夠，又託朋友在莊上借了二萬。價錢統通付清，機器不日可到。洋人那邊是萬萬不肯退的。現在既然山東來電一定要退，只好請訟師同他打官司。倘若打不贏外國人，你這機器本不要退，這筆訟費至少也得幾千兩，還有別的費用，也只好由你報銷。況且王觀察面前也有得推託，叫他不至於來逼你。你說這話可好不好？」陶子堯連稱「妙計——」。又說：「我上次發去的電報，早稟明二萬不夠，還要請上頭發款，這話是埋過根的。」

魏翩仞道：「但是一件，這外國律師你是一定要請一位的。」陶子堯道：「我沒有熟人，那裏去請？」魏翩仞說：「有我，這裏頭我都有熟人。我此刻就替你去找一位，明天上半天把事辦好回來，你再去見王道台。他見你打官司，這事情是真的了，他一定不好再來逼你。騰出空來，我們再想別的法子。」陶子堯道：「如此，就請你費心罷。」魏翩仞道：「你這回請訟師不過面子帳，用不著他替你著力。我們知己人，能夠省一個，樂得省一個。」魏翩仞一面說，一面掐指一算，說道：「這事總得上回把堂，好遮遮人家的耳目。你先拿五百銀子出來，我請個朋友替你去包辦下來。你說可好？」陶子堯聽了，楞了一回道：「要這些錢麼？」魏翩仞道：「同你說面子帳。如若要他出力，只怕二三千還不夠哩！」

陶子堯自己估量：「一共總只剩得七百幾十兩銀子，還有二百多塊錢的鈔票。如今又去五百。照此情形，山東不見得再有匯來，倘若用完，叫我指著什麼呢？」想了好半天，只得據實告訴了魏翩仞，託他想法子同訟師商量，先付若干，其餘的打完官司再付。魏翩仞聽了無法，於是叫他先付三百。後來講來講去，陶子堯只肯先付二百。魏翩仞無奈，只得拿了就走。出得門來，先去通知了仇五科。仇五科道：「翩仞哥，又有點小進項了。」魏翩仞道：「這個自然。我們天天在四馬路混的是那一項呢？」五科一笑無言。

魏翩仞出來，到一家熟錢莊上，把銀子劃出五十兩。找到一個訟師公館，先會見翻譯。彼此都是熟人，把手腳做好，然後翻譯走到公事房裏，一五一十的告訴了訟師。訟師答應立刻先替他寫兩封外國信：一封是給仇五科的洋東，說要退機器的話；一封上給新衙門的〔註：指公共租界裡的審判機關會審公廨。廨，是舊時官吏辦公的地方。〕，等陶子堯稟帖寫好，一塊送進去。魏翩仞見事辦妥，把銀子交代清楚，然後袖了這封信回來見陶子堯。其時陶子堯稟帖稿子已經打好，是抱告〔註：打官司時委託親屬或僕役代理出庭。〕家人陶升出名，告的是「仇五科代辦機器，浮開花名，不照原帳，意圖侵蝕，懇請飭退」一派的話。魏翩仞道：「這條倒是虧你想的。可巧那篇到外洋定機器的帳，都是五科一手寫出來的。若照你那篇原帳，只有幾個總名字，寫得不清不爽，只怕走遍地球出沒處去辦。不料五科為朋友要好，如今倒被人家拿做了把柄。」陶子堯道：「我何曾要同他打官司。不過是無事要生發點事情出來，別的話說不上去，只有這條還說得過。」魏翩仞道：「這詞訟一門，不料子翁倒是行家。」陶子堯道：「小弟才到山左的時候，本學過三年刑名。後來家父常說：『凡做刑名的人，總要作孽。』所以小弟改行，才入了這仕宦一途。」魏翩仞道：「原來如此，倒失敬了。」當下稟稿看過，沒甚改動。陶子堯立刻寫好，隨了外國訟師的信，一塊兒拿帖子送了進去，接到回片方才放心。

次日一早，就到長春棧二十一號去見王道台。這天穿的衣裳，照例是行裝打扮，雇了一輛轎子馬車，拉到長春棧門口，管家先進去投手本。王道台正在那裏會客，一見是他，便說了聲「請」，吩咐跟班的引他到別的屋裏坐一會。跟班會意，把陶子堯請了進來，同他到隨員周老爺屋裏坐下。不多一刻，王道台送客回來，趕到這邊相見。陶子堯雖久在山東，同王道台卻是從未謀面，見面之下，少不得磕頭請安。王道台曉得他是撫台特識的人，不好怠慢於他，還說了許多仰慕的話。陶子堯忙回：「卑職一直是在洋務局裏當差，沒有伺候過大人。今番大人來在上海，卑職沒有預先得信，所以來的遲了。今日特地前來稟安請罪。」王道台道：「說那裏話！」彼此言來語去，慢慢說到退機器、劃銀子的話。王道台道：「兄弟這回出來，本來是奉了別的差使，到了上海接著電報，才曉得還要到東洋去走一趟，所以出省的時候沒有帶甚麼錢。後來打電報去請上頭發款，接到回電，才曉得老兄那裏有這筆銀子，所以昨天寫信通知老兄。這款想是現成的，只等老兄回信，兄弟就派人來領。現在老兄又要自己過來，實在勞駕得很。」陶子堯道：「為了這事，卑職正在為難。曉得大人來到這裏，本應該過來稟安，二來還求大人教訓，好替卑職作一個主。卑職雖然沒有到省，然而當的是山東差使，大人就是卑職的親臨上司一樣，所以一切總要求大人指教。」

王道台聽了摸不著頭腦，只得隨口應酬了兩句。後來又問：「這銀子幾時好劃？」陶子堯方說道：「上頭發款二萬兩，差卑職到上海辦機器。一到上海，就與洋行訂好合同，約摸機器不到一月一定運到。款項不夠，已由卑職出名，向莊上借銀子二萬兩墊付。不料諸事辦妥，上頭又打電報來，叫把機器退掉，銀子要回。洋行的規矩大人是曉得的，訂了合同，如何翻悔得來。但是卑職既經奉了上頭的電諭，也不敢不遵辦。同洋行說過幾次，說不明白，只好請訟師同他打官司。稟帖是昨兒晚上進去的。將來新衙門還得求大人去關照一聲，叫他替咱們出把力，好教卑職將來可以銷差。」說罷，又站起來請了一個安，說了聲「大人栽培」。王道台聽了他話，也不好說甚麼，於是敷衍了幾句，端茶送客。少不得次日出門，順便到高升棧，過門飛片謝步。照例擋駕，自不必說。

且說陶子堯自從見過王道台，滿心歡喜，以為現在我可把他搪塞住了，關了這道門，免他向我討錢，再想別的法子。自此每日仍到新嫂嫂那裏鬼混。他們的事情，新嫂嫂都已明白，樂得再用他兩個。後來陶子堯把錢用完，便去同魏翩仞商量，託他向莊上借一二千。魏翩仞起先不肯，後來想到他這事情，鬧到後來，不怕山東巡撫不拿錢來替他贖身。主意打定，雖不能如他的意，也借與他好幾百兩銀子。陶子堯異常感激。新嫂嫂一邊，魏翩仞還不時要去賣情，說：「陶大人沒有錢用，山東不匯下來，都是我借給他。」好叫新嫂嫂見好。自從新嫂嫂敲到了陶子堯的竹槓，不是剪兩件衣料，就是順便叫裁縫做件把衣裳，不收他的錢，好補補他的情。更兼魏翩仞或是碰和，或假稱出門匆促，未曾帶得洋錢，時常一二十、三四十，到新嫂嫂手裏借用。連借了幾次，也有一百多塊錢，始終未曾還得分文。新嫂嫂卻也不肯向他討取。這些事不但陶子堯一直未曾知道，而且還拿他當作朋友看待，真正可笑。

閒話休題。再說王道台因見陶子堯那裏的錢不能劃到，他這裏出洋又等錢用，只有仍打電報到山東去。其時撫台請病假，各事都由藩司代拆代行，接到了這個電報，便打一個回電給陶子堯，說他不肯退機器，不會辦事，著實將他申飭兩句，一定要退掉機器。陶子堯雖有魏翩仞代出主意，究竟本省上司的言語，不敢違拗，因此甚是為難。同時那個藩台又覆一個電報給王道台，叫他仍向陶委員劃付。王道台無奈，只得又拿片子前去請他商議此事。陶子堯滿肚皮懷著鬼胎，只好前去稟見。這幾天頭裏，他的事情王道台已經訪著了一大半。只因王道台的隨員周老爺是山西太原府人，同前頭陶子堯存放銀子的那家票號裏的老闆是嫡親同鄉。周老爺到得這裏拜望同鄉，這票號裏的老闆很同他來往，曉得山東有電報叫王道台向陶子堯手裏付銀子，陶子堯付不出，他就把這裏事情，原原本本，一齊告訴了周老爺。周老爺回來，亦就一五一十的通知與王道台。王道台無奈，只好請了他來當面問過，看是如何，再作道理。

這日見面之下，王道台取出電報來與他看。陶子堯一口咬定：「銀子四萬，通通付出。帶來的不夠，在莊上又借了兩萬。現在卑職手裏實在分文沒有。就是請訟師打官司，還得另外張羅，總求大人原諒。大人如果有信到山東，還求大人把卑職為難情形代為表白幾句，那是感激不盡！」王道台雖然已經曉得他的底細，聽了這話，不便將他說破，只些微露點口氣，說：「洋人那裏，吾兄是何等精明，斷乎不會全數付他。已經付出的呢，兄弟也不說不講情理的話。退與不退，自然等到打完官司再講。但是兄弟還有一句公道話：我們出來做官，所為何事？況且子翁來到上海，自然有些用度，倘若還有錢沒有付出，子翁不能不自留兩千，預備正用。兄弟這裏，或者先付五六千。一來兄弟同老兄的事，上頭也有了交代，其餘不足的，兄弟自然再打電報向上頭去要，決計不來逼吾兄。吾兄看此事可好如此辦法？」陶子堯只是一口咬定沒有存錢。

王道臺本來也正想銀子使用，齊巧派了這個差使，有二萬兩撥給他，他如何不拚命的追？況且已經探實陶子堯的細底，如何肯將他放鬆？便道：「這注銀子是上頭叫兄弟討的，既然老哥沒有，須得給兄弟一個憑據，我也好回覆上頭，請上頭匯款下來。」陶子堯道：「卑職回去就具個稟帖過來，大人好據著卑職的稟帖回覆上頭。」王道台道：「不但這個，吾兄付款出去總有收條，這個收條一定是洋字。兄弟這邊因為出洋，才找到一位翻譯，吾兄回來可把這個收條帶了過來，由兄弟叫翻譯替你翻好，寫一分寄到上頭去。並不是不放心吾兄，向吾兄要收條，為的是有了實憑實據，銀子實實在在付給洋人，上頭看見，也不好再叫兄弟前來追逼吾兄。吾兄以為何如？兄弟這裏翻譯是現成的，免得吾兄出去找人，又要化錢。」

陶子堯一聽王道台問他要收條，知道事情不妙，怕要弄僵，忙回道：「收條本來是有的。但是因為銀子不夠，向人家借墊，人家不相信，暫時只得將合同收條抵押在那個人家，並不在卑職手頭。現在大人要看，須得卑職先去說起來看。」王道台道：「並不是我要頂真，為的是大家洗清身子。既然押在人家，亦不妨事，我叫翻譯跟了老兄同去，就在那個人家取出來一看，翻他一張底子帶了回來，豈不甚便？」陶子堯道：「這事總得卑職先去通知一聲，叫那人家把東西拿在手頭，然後卑職再來同了翻譯前去，免得耽誤時刻。」王道台見他總是一味推諉，也不值再去逼他，便乃一笑，端茶送客。

過了兩三日，王道台見他竟無回音，便差了周老爺同了翻譯前去拜他，討他的回信。倘若已與前途說妥，就叫翻譯立刻翻好帶了回來，因為立等寄信山東，免得耽誤時刻。誰知一連去了三次，總是未曾見面，亦不見他前來回拜，把個王道台氣的了不得，說他靠了誰的勢，連我都不在他眼睛裏，跟手寫了一封信，居然擺出上司的款來，很拿他申飭幾句，還說甚麼：「老兄在這裏辦的事，兄弟統通知道，不過因與令姊丈是同官同寅，處處顧全面子。現在反將我一片好心當作了歹意。既然不肯賜教，兄弟也只得據實稟覆上頭，將來休要怪弟不留面情！」痛痛快快的寫了一封信，送到棧裏。管家見是王道台來的要信，立刻到小陸蘭芬家，找到主人，把信呈上。陶子堯看了，著實有點耽心事，愁眉不展，茶飯無心。新嫂嫂見了問問他，雖說是一味支吾，然而已經十猜六七，便說：「有甚為難之事，魏老主意極多，外面人頭也熟，何不請他前來商量商量？」一句話把陶子堯提醒，立刻寫了一個票頭，差相幫去請，堂子裏請不著，後來還是新嫂嫂差了一個小大姐，在六馬路他的姘頭大姐老三小房子裏找著的，一同同到同慶里。魏翩仞便問何事。此時陶子堯早拿他當自己人看待，便也不去瞞他，把王道台的信取了出來與他觀看，同他商量辦法。

魏翩仞道：「這事須得同五科商量。我想除掉借洋人的勢力克伏他，是沒有第二個法子。」說完，便約了陶子堯一同去見仇五科，告訴他王道台情形。仇五科道：「這事須得請洋東即刻打個電報到山東，託他們的總督向山東撫台說話，就說：『定了機器，無故要退，商人吃虧不起。委員已經同我們打官司，他們山東官場上又派甚麼姓王的道台來到這裏提錢。我們的招牌已經被他們鬧壞了，以後不能做生意。現在非但不准他退生意，而且還要山東撫台賠我們的招牌。』照此電報打去，外國的總督沒有不幫著自己商人的。如此做去，陶子翁，包你的機器一定辦得成，敲開板壁說亮話：合同打好再由你退，我們行裏只好替你們白忙，生意也不要做了。陶子翁，你去同王道台說，叫他不要來逼你；他再來逼你，叫他提防些，我要出他的花樣。上海地方還輪不著他海外〔註：原為管不著的地方，這裡比喻為霸道。〕哩。」陶子堯聽了，千多萬謝。跟手魏翩仞替他出主意，叫他同仇五科另外訂了一張定辦四萬銀子機器的假合同，寫好兩分，兩人簽過字，一人拿著一張，預備將來真果打官司，好呈上去做憑據。仇五科也叫陶子堯另外寫了一張借銀二萬，即以訂辦機器合同作抵的字據，連合同交給魏翩仞收好。

此時，陶子堯拿魏翩仞真當作自己人看待，以為他辦的事真是千妥萬當，異常放心，不在話下。等到陶子堯去後，仇五科果然把此事始末根由，又編上許多假話，告訴了本行洋東，請洋東打個電報給本國總督，請他照會山東巡撫。總督得了電報，果然外國的官專以保商為重，不比中國官場是專門凌虐商人的，一個電報打過去，除了機器四萬不能退還分文外，還要索賠四萬。山東撫台得了這個電報，這一驚非同小可！

且說其時原委陶子堯辦機器的那位巡撫，前因抱病請假，一切公事，奏明由藩司代拆代行。等到假滿，病仍未痊，只好奏請開缺。朝廷允准，立刻放人，就命本省藩司先行署理。這藩司姓胡名鯉圖，乃是陝西人氏。早年由兩榜出身，欽用榜下知縣，吏部掣簽，分發湖廣。到任不多兩年，就補得一個實缺。不料那年地方上民、教不和，打死一個洋人，鬧出事來。上司說他辦理不善，先拿他撤任，後來附片進去，又將他革職。後來好容易投效軍營，開復原官，又曆保至知府放缺。為了一樁甚麼交涉案件，得罪了外國人。外國人稟了外國公使，本國公使告訴了總理衙門，行文下來，又拿他開缺，把他氣的了不得。後來又走了門路，湊巧那年鬧「拳匪」，殺洋人，山西撫台把他咨調過去辦團練。等到和局告成，懲辦罪魁，換了巡撫。後任雖未查出他縱團仇教的真憑實據，然而為他是前任的紅人，就借了一樁別的事情，將他奏參，降三級調用。他名心未死，竭力張羅，於秦、晉賑捐案內，捐復原官，加捐道台。幸喜折扣便宜，化錢有限，又把家裏的老本一齊搬了出來，報效國家二萬銀子，就有人保薦他奉旨記名簡放，並交部帶領引見。他就立刻進京，又走了老公的門路。吃虧化的錢不多，不能望得好缺，就放了山東兗沂曹濟道，是個苦缺。到任之後，因在內地，洋人來的不多，遂得平安無事。然而為了不知那一國的教士，要在這兗州府一個地方買地建立教堂，與鄉人議價不合，教士告訴本道。胡鯉圖非但不辦鄉下人，而且反勸教士多出兩個。教士大動其氣，進省告知巡撫。雖沒甚大過處，巡撫曾將他申飭一番。因此他生平做官，屢次翻筋斗，都是為了洋人的事。幸喜聖眷極優，不到兩年，升運司，升臬司，仍舊做到山東藩司，不與洋人交涉，宦途甚覺順利。目今因本省巡撫告病，奉旨就叫他升署。未曾升署之前，因為撫台請假，照例是他代拆代行。接到陶子堯來電，稟請添撥款項。他生平最怕與洋人交涉，忽然發了一個多一事不如省一事的念頭，立刻就打電報叫陶子堯停辦機器，要問銀子，立刻回省銷差。又叫王道台幫著討回此款。卻不想到因此一番舉動，卻生出無數是非，非但銀子不能討還，而且還受外國人許多閒話。畢竟是他不識外情，不諳交涉之故。

閒話休題。且說這日正是他接印日期，一早起來，把他興頭的了不得。辰正三刻，擺齊全副執事，親到撫院大堂拜受印信並王命旗牌〔註：清政府把寫有「令」字的藍旗和圓牌，授給督、撫、提、鎮，代表王命，可以立即處決囚犯。〕。升座之後，便有司、道各官上來參堂，從前雖是同寅，現在卻做了下僚子。一時接印禮成。其餘照例議注，不用細述。只因撫台尚未遷出，所以署院只好將印信帶回自己藩司衙門辦事。當下胡鯉圖胡大人才回得衙門，便有合城官員拿著手本前來稟賀。胡大人只命把司、道請進，行禮之後，彼此閒談。正說得高興時候，忽見巡捕官送進一個洋文電報來，說是膠州打來的。胡大人一聽，不覺心上陡然一驚，忙叫翻譯翻出，原來正是不准陶子堯退機器，並叫山東官場再賠四萬銀子的那個電報。胡大人看過，登時嚇得面孔如白紙一般。歇了半天，才說道：「我想不到我的運氣就怎們壞！我走到那裏，外國人跟到我那裏！總算做了半年揚州運司，八個月的湖北臬司〔註：指按察司，主管刑名案件。〕，算沒有同他來往，省得多少氣惱，就是在藩司任上也好。怎麼一署巡撫，他就跟著屁股趕來！偏偏是今天接印，他今天就同我倒蛋，叫我一天安穩日子都不能過！真正不知道是我那一門的七世仇寇，八世冤家！照這樣的官，真正我一天也不要做了！」一面說，一面唉聲嘆氣不止。

署藩台勸道：「陶某人辦機器的事情也長遠了。」其時，洋務局的老總，就是陶子堯的姊夫也正在座，署藩台便道：「某翁，陶某人是你令親，還是你打個電報給他，叫他把事情早點弄好回來，免得大人操心。」陶子堯的姊夫道：「當初我早曉得他不能辦事，果然鬧的不好。當初原是他上條陳，前院忽然賞識起來，就派他這個差使。真真年輕不能辦事！」胡大人道：「你也不必埋怨他，這都是我兄弟命裏所招。兄弟自從縣令起家，直到如今，為了洋人，不知道害我化了多少冤枉錢，叫我走了多少冤枉路，吃了多少苦頭！我走到東，他跟到東，我走到西，他跟到西，真正是我命裏所招。看來這把椅子又要叫我坐不長遠了！」他正說得傷心，忽見巡捕官又拿著一個電報來回，說外務中來的電報，胡大人這一驚更非同小可！欲知後事如何，且聽下回分解。

第十回　怕老婆別駕擔驚　送胞妹和尚多事

卻說署理山東巡撫胡鯉圖胡大人，為了外國人同他倒蛋，正在那裏愁眉不展，忽見巡捕官拿進一封外務部的電報，以為一定是那樁事情發作了，心上急的了不得！等到拆開來一看，才知道是樁不要緊的事情，於是把心放下，對著司、道說道：「將來我兄弟這條命一定送在外國人手裏！諸公不要不相信，等著瞧罷！」眾人也不好回答別的。還是陶子堯的姊夫，洋務局的老總，他辦事辦熟了，稍為有點把握，就開口說道：「外國人的事情是沒有情理講的，你依著他也是如此，你不依他也是如此。職道自從十九歲上到省，就當的是洋務差使，一當當了三十幾年，手裏大大小小事情也辦過不少，從來沒有駁過一條。這陶倅是職道的親戚，年紀又輕，閱歷又淺，本來不曾當過甚麼差使，現在頭一件就是叫他同外國人打交道，怎麼辦得來呢。職道的意思，就請大人打個電報給王道，叫他就近把這件事弄好。辦好的機器，如果能退，就是貼點水腳，再罰上幾個，都還有限，倘或實在退不掉，沒有法，也只好吃虧買了下來。至於另外還要賠四萬，外國人也不過借此說說罷了，我們亦斷手不能答應他的。」胡大人道，「到底老哥是老洋務。好在陶某人是令親，這件事只好奉託費心的了。」說完端茶送客。

陶子堯的姊夫下來，立刻就到電報局打一個電報給自己舅爺，叫他趕緊把事辦好，回來銷差。又打一個電報給王道台，面子上總算託他費心，其實這裏頭已經照應他舅爺不少。王道台出洋經費，回明署院，另外由山東撥匯，以安王道台之心，便不至於與他舅爺為難。其實王道台只要自己出洋經費有了開銷，看同寅面上，落得做好人，就是陶子堯真果有大不了的事，他早已幫著替他遮瞞了。

話分兩頭。且說王道台在上海棧房裏，正為著討不到錢，心上氣惱。這日飯後又要打發周老爺去催。周老爺道：「一個高升棧的門檻都被我們踏穿了，只是見不著他的面。他玩的那爿堂子，我也找過幾趟，不是推頭沒有來，便是說已經來過去了，房間裏放著門簾，說有別的客人，我們也不好闖進去。現在再到棧裏去，一定還是不照面的。」王道台道：「你不找他，那裏同他照面。你去同他說，他再照這模樣兒，我可要動真公事了！」周老爺被王道台逼不過，只好換了衣裳去找。剛剛跨出房門，只見電報局送到電報一封，上寫著是山東打給王道台的。他便跟了進來，瞧這電報上說的什麼話。王道台拆開看時，原來就是陶子堯姊夫發來的。上面寫的是：「上海長發棧王道台：陶倅所辦機器，望代商洋人，可退即退，不可退即購。不敷之款及出洋經費另電匯。至洋行另索四萬，望與磋磨勿賠。

事畢，促陶倅速押機器回省。乞電覆。」

下面還注著陶子堯姊夫的名字。王道台看到電匯出洋經費一句話，便說：「我們的錢也不必去問陶子堯去討了。他的事情有他姊夫幫忙，不要說四萬，就是十萬八萬，也沒有不成功的。」連忙回頭叫周老爺不必再去。又說：「既然是他令姊丈的電報，應得去通知他一聲。」周老爺道：「也不必去通知。他那裏得了信，自然會跑來的。」王道台道：「你說的不錯，等著他來也好。」當下無言而罷。

且說陶子堯自從王道台同他要錢沒有，問他要合同收條又沒有，因此不敢見王道台的面，天天躲在同慶里小陸蘭芬家，省得有人找他。以前周老爺來過兩趟，管家曾經回過，後來見主人躲著不見，周老爺再來時，便是管家代為支吾，也就不來回主人了。故此數日陶子堯反覺逍遙自在，專候仇五科行裏的回信。一天，魏翩仞來說：「外國總督那裏已有回電，准了行東的電報，允向山東官場代索賠款。」陶子堯聽了，又是驚，又是喜：驚的事情越鬧越大，將來不好收場；喜的是有了外國人幫忙，只要機器不退，我的好處是穩的。既而一想：「我已經請過訟師告過仇五科，將來回省銷差，上司跟前決不會疑心到我，說我搗鬼。」又一轉念：「橫豎只要好處到手，有了錢賺，就是不回山東也使得。或者將來在上海尋注把生意做做，就像五科、翩仞兩個，一年到頭，賺的錢著實不少，不要說候補道、府跟他不上，就是甚麼洋務局、營務處、支應局幾位老總，算得第一分的紅人，也趕不上他。」主意打定，混到那裏，算到那裏。但是一件，前頭跟翩仞借的幾百銀子，看看又要用完，現在一籌莫展，又不便再向他啟齒，因此心內十分躊躇，面子上只好敷衍他，說：「我同翩仞哥是自家人。這件事情若不是翩仞哥、五科出力，兄弟這一趟非但白走，而且還要賠錢。但願他們連四萬頭一同賠了過來，也好補補你二位的辛苦。」翩仞道：「但願如此更好。但是五科說過：『不准他退機器是真的。至於賠款一層，也不過說說罷了。』」當下又說了些別的閒話別去。這裏新嫂嫂見陶子堯這幾日手頭不寬，心上未免有點不樂。這天因為催陶子堯替她看一處小房子，陶子堯推頭這兩天身體不快，過兩天一定去看。新嫂嫂明知他手頭不便，便嗔著說道：「倪格人說一句是一句，說話出仔嘴，一世勿作興忘記格。耐格聲說話，阿是三禮拜前頭就許倪格？」陶子堯道：「我怎麼說話不當話。我的意思，不過要等我身體好點，自然要料理這事。彼此相處這多少時候，你還有什麼不放心我的？」新嫂嫂聽了無甚說得，但說：「倪格碗斷命飯也勿要吃哉。早舒齊一日，早定心一日。」陶子堯道：「你的心，我還有什麼不知道的。」當下又閒談一回，無庸細述。又過了兩天新嫂嫂只是催他尋房子。陶子堯到了上海這許多時候，也曉得這軋姘頭事情是不輕容易的，便去請教魏翩仞這事怎麼辦法。

魏翩仞道：「恭喜，恭喜！到底子翁的豔福好，我們白相了多年，面子上要好，都是假的。」陶子堯道：「休要取笑。」魏翩仞便問：「她是個甚麼局面？」陶子堯道：「她一定要嫁我。」魏翩仞道：「啊唷，還要拜堂結親哩！」陶子堯道：「何嘗不是如此。這句話已經說過三四個禮拜了。她說明要紅裙披風全頭面，還要花轎小堂名〔註：清音樂班，為辦喜慶的人家僱用。〕。兄弟想，我們做官的人家規矩，似科這些也不可少的。但是另外要我二千塊錢，也不曉得做甚麼用，問她也不肯說。如果是禮金，用不到這許多。翩仞哥，你替我想想。」

魏翩仞道：「這須得問過新嫂嫂方好斟酌。」兩個人便一同來到同慶里。見面之後，新嫂嫂劈口便問：「房子阿看好？」陶子堯一聲不言語。魏翩仞道：「恭喜，恭喜！你們兩家頭的事情，怎麼好沒有媒人？有些話不好當面說，等我做個現成媒人罷，也好替你們傳傳話。」新嫂嫂道：「媒人阿有啥捱上門格？倪搭俚現在也勿做啥親，還用勿著啥媒人。」魏翩仞一聽不對，便對陶子堯說道：「怎麼說？」陶子堯忽見新嫂嫂變了卦，不覺目瞪口呆。歇了半天，方向新嫂嫂說道：「不是你說要嫁給我嗎？還要什麼紅裙披風花轎執事。」新嫂嫂道：「還有呢？」陶子堯道：「還有再講。」新嫂嫂回頭對魏翩仞道：「魏老，勿是倪說話勿作準，為他偶格人有點靠勿住。嫁人是一生一世格事體，倪又勿是啥林黛玉，張書玉，歇歇嫁人，歇歇出來，搭俚弄白相。現在租好仔小房子，搭俚住格一頭兩節，合式末嫁撥俚，勿好末大家勿好說啥。魏老，阿是？」魏翩仞笑而不答。陶子堯跳起來說道：「我們做官人家，要娶就娶，要嫁就嫁，有甚麼軋姘頭的？」魏翩仞道：「陶大人心上不要不舒服，還是姘頭的好：要軋就軋，要拆就拆，可以隨你的便，不比娶了回去，那事情就弄僵了。新嫂嫂是同你要好，照應你，不會給你當上的。」陶子堯聽了無話。新嫂嫂拿眼睛對著魏翩仞一眇，說道：「要耐多嘴！」魏翩仞道：「是啊，我就不說話。」新嫂嫂道：「倪又勿要耐做啥啞子。倪末將來總要嫁撥俚格。耐想俚格人，房子末勿看，銅錢也嘸不，耐看俚格人阿靠得住靠勿住？」陶子堯心上想：「自從我到此地，錢也化的不少了，還說我不給他錢用，不知道前頭的那些錢，都用在那裏去了。」心上如此想，面孔上早露出悻悻之色，坐在那裏，一聲不響。新嫂嫂道：「耐為啥勿響？」陶子堯道：「我沒有錢，叫我響什麼！」

兩個人你一句，我一句，登時拌起嘴來。魏翩仞只得起身相勸。誰知此時他二人，一個是動了真氣，一個是有心嘔他，因此魏翩仞攔阻不住。正在鬧到不可開交的時候，只見陶子堯的管家送上一封電報信。眾人瞧見，以為一定是山東的電報來了。等到接在手中一看，見是紹興來的。魏翩仞莫明其妙。陶子堯卻不免心上一呆，連忙拆開，又是沒有翻過的，立刻叫人到書鋪裏買到一本「電報新編」。魏翩仞在煙鋪上吃煙，同新嫂嫂說閒話。陶子堯卻獨自一個坐在方桌上翻電報，翻一個，寫一個。魏翩仞問他：「是什麼電報？」他搖搖頭不做聲。等到電報翻完，就在身上袋裏一塞，走了過來，一聲也不言語。魏翩仞一定要問他那裏的電報，他只是不說。當下無精打采的坐了一會。魏翩仞要走，他也要跟著一同走。新嫂嫂並不挽留。

當下出得門來，魏翩仞便問他：「剛剛那個電報，到底是那裏來的？」陶子堯歎一口氣道：「不要說起，是紹興舍間來的。」魏翩仞又問：「到底甚麼事？不妨說說。我們是自己人，或者好替你出個主意分分憂。」陶子堯道：「翩仞哥不是外人，說出來實在坍台得很！」魏翩仞道：「說那裏話！」陶子堯道：「兄弟在山東洋務局裏當差，每月的薪水都是家姊丈經手。他一定要每月替我扣下十兩銀子，替我匯到舍間，作賤內的日用。等到兄弟奉差出門，這筆薪水已歸別人。家姊丈以為兄弟得了這宗好差使，家用是不必愁的了。這是兄弟荒唐，初到上海只寄過一封家信，一混兩三個月，一塊錢也沒有寄過。這一個多月，又為著心上不舒服，也就懶得寫信。家裏賤內倒來過五封信，又是要錢，又是不放心我在外頭，恐怕有甚麼病痛。兄弟只是沒有覆她，所以她急了，發了一個電報給我，還說日內就要過江，由杭州趁小火輪到上海來。所以兄弟的意思，新嫂嫂的事情不成功倒好，等到山東電報回來，賤內也可來到上海，看是事情如何。兄弟此行，本來想要帶著搬取家眷，齊巧她來也好，就省得我走此一趟。」魏翩仞道：「既然嫂夫人要來，這事情自以不辦為是。倘若嫂來人是大度包容的呢，自然沒得話說，然而婦人家見識，保不住總有三言兩語。依我看來，也是不辦的好。」當下又閒話一回，彼此分手。

陶子堯果然在棧房一連住了三天。他既不到同慶里，新嫂嫂也不叫人前來相請。日間無事，便在第一樓吃碗茶，或者同朋友開盞燈。每天卻是一早出門，至夜裏睡覺方回。他的意思是怕王道台派人來找他討錢，只得借著出門，好不與他相見。一天正在南誠信開燈，只見他當差的喘吁吁的趕來，說：「棧房裏有個人拿一封信，一定要當面見老爺。小的回他老爺出門，他說有要緊事情，立逼小的出來找尋老爺，他在棧裏老等。就請老爺吃了這筒煙趕緊回去。」陶子堯摸不著頭腦，心下好生躊躇：欲待回去，恐怕是王道台派來的人向他纏繞；欲待不去，又實在放心不下。慢慢的吃過一筒煙，又喝了一碗茶，穿好馬褂，付了煙錢，跟了管家就走。陶子堯一頭走，一頭問管家：「你可曾問過這人，是那裏來的？」管家道：「他只是催小的快來，小的披好衣裳就來，所以未曾問得。」陶子堯道：「糊塗王八蛋！」一面罵，一面走，不知不覺，回到棧中。走進客堂一看，你道是誰？原來是仇五科行裏的朋友，拿了一封五科的親筆信。這人是老實人，叫他面交，他一定要見過面才肯把信交代出來。陶子堯拆開看時，無奈生意人文理有限，數一數，五行信倒有二十多個白字，還有些似通不通的話。子堯看了好笑，忙對來人說道：「我這時卻還沒有接到電報，他這資訊是那裏來的？」那人道：「聽說是個票莊上朋友說的。據說王觀察那邊昨天已經接著山東電報，機器照辦，不夠的銀子由山東匯下來，連王觀察出洋經費也一同匯來。」陶子堯道：「我說呢，怪不的姓周的今天沒有來。事情既已如此，諒來我這裏一定也有電報的。」話言未了，齊巧電報局裏有人送報到來。陶子堯趕緊翻出看時，果然是他姊丈打來的電報，上說機器能退即退，不能退照辦。機器一到，叫他趕緊回東銷差。陶子堯自是歡喜。一面照抄一張，交給來人帶回去與仇五科看，又寫一封信，差管家去找魏翩仞，約他今晚在一品香晚飯。

　　卻說仇五科那裏，一面送信與陶子堯，一面也就叫人去找魏翩仞。魏翩仞到得行裏，仇五科便同他商量：「現在的事情總算被我們扳過來了。但是犯不著便宜姓陶的，我們費心費力，叫他去享用，天下那裏有這種現成的事。況且他拿了錢去，無非送給堂子裏，我們不好留著自己用嗎。翩仞哥，你聽我說的可錯不錯？」魏翩仞道：「不要冤枉人，同慶里是早已斷的了。但是我們出了力叫人家受有，卻是犯不著。現在總共是一萬出頭銀子的貨，上頭倒報了四萬。姓陶的一個人已先虧空了將近萬把，據我的意思，也可以不必再分給他了。」仇五科道：

「山東匯來的銀子，依舊要在他手裏過付，恐怕由不得我們做主。」魏翩仞道：「怕他怎的！他一共有兩分合同在咱手裏：一分是前頭打的，是二萬二千銀子；一分是第二次打的，上頭卻寫的明明白白是四萬，原是預備同山東撫台打官司的。雖說是假的，等到出起場來。不怕他不認。他能夠放明白些，不同我們爭論，算他的運氣；若有半個不字，我拿了這兩分合同，一定還要他找二萬二出來。」仇五科道：「有兩分合同，要兩分錢，就得有兩分機器。」魏翩仞道：「原要有兩分機器才好。他多辦一分，我們多得一分傭錢，不過不能像四萬頭來得容易罷了。」仇五科聽了有財可發，把他喜得嘴都合不攏，便催魏翩仞去問陶子堯山東銀子幾時好到，叫他照付。

再說陶子堯自從接到電報，打發管家去找魏翩仞去後，獨自一個坐在棧房，甚是開心。一面自己想：「這事王道台那裏雖說也有電報，我明天須得去見他一見：一來敷衍他的面子，二來前頭雖說彼此有點嫌隙，就此也可說開，三則他如今自己已經有了錢，雖則不來分我的好處，將來回省之後，也免得沖我的冷水，四則這筆銀子究竟不知幾時好到，大約同王道台出洋經費一同匯出，到他那裏順便去問一聲，也是要緊的。」又想到：「仇五科能夠叫他洋東打怎們一個電報去，山東官場就不敢不依，可見洋人的勢力著實厲害。明天倒要聯絡聯絡他們，能夠就此同外國人要好了，將來到省做官，託他們寫封把外國信，只怕比京裏王爺、中堂〔註：指宰相等大官吏，因唐朝中書省的政事堂，是宰相掌事、辦公的場所。〕們的八行書還要靈，要署事就署事，要補缺就補缺。」想到此間，好不樂意。又想：「我前頭的錢，只有請律師用的是冤枉的。」又一轉念：「亦不算冤枉：有此一層，我將來回省倒有得交代了。這事情是山東撫台答應的，可見得並不是我不出力。」

忽然又想到新嫂嫂：「他究竟不是無情的人，是我沒有錢，叫我賃房子不賃，問我拿錢不拿，因此上反的目。畢竟還是我虧負他。現在我用的不算，大約山東又匯來二萬銀子，照機器的原價只有二萬二千兩，這裏頭已經有我一個扣頭，下餘的一萬八，是魏翩仞、仇五科兩個人出力弄來的，少不得要謝他倆一二千銀子：我總有一萬好賺。有了一萬，甚麼事情做不得。」陶子堯想到這裏，送信去找魏翩仞的管家已經回來，說：「小的到得魏老爺那裏，魏老爺齊巧打仇老爺那裏回來。小的拿老爺的信給他瞧，他說本來要來會老爺，停刻一品香準到。」陶子堯點點頭，又問：「魏老爺還說些甚麼？」管家道：「魏老爺問老爺這兩天還到同慶里去不去，小的回說不去。」陶子堯聽了無語，管家自行退去。陶子堯本來在那裏想新嫂嫂，又聽了管家的話，不禁觸動前情，愈覺相思不置。肚裏尋思道：「前頭是我無錢，以致同她翻臉，如今有了錢，各色事情就好商議了。但是已經翻臉，怎麼再好踏進她的大門？」又一轉念道：「我同她不過鬥了兩句嘴，又沒有拍桌子，打板凳，真的同她翻臉，是我一時不合，不該應賭氣，這幾天不去走動，就覺著生疏了。最好今天一品香仍舊去叫局，吃完了大菜就翻過去，順便請請幾個朋友。她若留我，樂得順水推舟。她若不留，我也不走。等到明天山東的錢到手之後，先把房子租好，索性租一所五樓五底的房子，場面也好看些。然後託魏翩礽再去同她商量。女人的心最活不過，況且她並不是無情於我。倘若把這事辦好了，她從前是有過話的，不肯到別處去，一直要住上海。這裏有的是招商局、電報局，弄個把差使當當，快活兩年再說。」想到這裏，一個人在房裏，忽而躺在床上，忽而踱來踱去，看他好不自在。正想得高興時候，忽見管家帶進一個土頭土腦的人來，見面作揖。陶子堯一見，認得是他表弟周大權。問他怎麼來的，周大權打著紹興白說道：「阿哥，阿嫂來東哉。」陶子堯一驚非同小可！忙問：「住在那裏？」周大權道：「東來升棧房裏。」陶子堯道：「還有甚麼人同來？」周大權道：「還有個和尚同來。」陶子堯聽了，面孔氣得雪雪白，一句話也說不出來。你道為何？只因這位陶子堯的太太，著名一個潑辣貨，平日在家裏的時候，不是同人家拌嘴，就是同人家相罵，所有東鄰家，西舍家，沒有一個說她好的。後來她丈夫在山東捐了官，當了差使，越發把她揚氣的了不得，儼然一位誥命夫人了。本來她家裏的稱呼，都是甚麼「大娘娘」、「二娘娘」，自從陶子堯做了官，她一定壓住人家要叫她做太太。

紹興的風俗，人家的婦女沒有一個不相信吃齋念佛的。有一天，她正在佛堂裏燒香，她婆婆偶然叫錯了一聲，只稱得她大娘娘，沒有稱她做太太，把她氣的了不得，念一聲「阿彌陀佛」，罵一聲「娘東賊殺」。等到佛堂裏出來，還一手撚著佛珠，一手拍著桌子，罵個不了。虧得她婆婆是一個忠厚人，不曾同她計較。

此番卻是陶子堯不好，不該應一連兩三個月不曾寄得家信。太太沒有錢用還是小事，實因常常聽見人說，上海地方不是好地方，婊子極多，一個個狐狸似的，但凡稍些沒有把握的人，到了上海沒有不被他們迷住的。今見陶子堯不寄銀信，一定是被婊子迷住了。一個月頭裏，他太太就要親自到上海來找他，是她婆婆勸住了。後來又等了一個月，還是杳無音信。她一定要走，婆婆勸不住，只好讓她動身。因為沒有人伴送，她婆婆把自己的內侄周大權找來伴送。太太嫌他土頭土腦，上不得台盤。齊巧她娘家哥哥，在揚州天甯寺當執事的一個和尚，法名叫做清海，這番在寺裏告假回家探親，目下正要前赴上海，順便趁寧波輪船上普陀進香。他妹子知道了，就約他同行。這和尚自從出家，在外頭溜慣了，所以紹興的土氣一點沒有。他平時在寺裏的時候，專管接待往來客人，見了施主老爺們，極其漂亮，陶子堯卻因他是出家人，很不歡喜，時常說他太太同著和尚並起並坐，成個怎麼樣子。太太聽了這話，心上不服，就指著他臉罵道：「我同我的自家阿哥並起並坐，有甚麼要緊？我不去偷和尚，就留你的面子了。」陶子堯聽了這話，更把他氣的蝦蟆一樣。清海和尚見妹夫不同他好，因此他也不同妹夫好。這番陶子堯聽說是他同了家小同來，所以氣的了不得。

當下就同表弟周大權說：「你表嫂既然來了，我立刻就派人打轎子接到此地一塊兒住。你也同來，省得另住棧房，又多花費。那個和尚，就叫他住在那爿棧房裏，不要他來見我。」周大權聽了，諾諾連聲。陶子堯又叫茶房先端一碗魚麵給周大權吃。大權不上三口，把麵吃完，端起碗來喝湯，一口也不剩，吃完之後，陶子堯便叫管家同了轎班抬著轎子去接太太。

剛才出得大門，陶子堯正在房裏尋思，說：「她早不來，晚不來，偏偏今兒有事，她偏偏來了，真正不湊巧！」話言未了，忽見茶房領著一個中年婦人，一個和尚，趕了進來。茶房未及開口，那女人已經破口大罵起來。陶子堯定睛一看，不是別人，正是他的太太同他大舅子兩個人。太太見了他，不由分說，兜胸脯一把，未及講話，先號啕痛哭起來。陶子堯發急道：「有話好說，這像什麼樣子？豈不被人家笑話！還成我們做官人家體統嗎？」連忙叫茶房替太太泡茶，打洗臉水，又問吃過飯沒有。太太一手拉住他胸脯只是不放，嘴裏說：「用不著你瞎張羅！人家做太太，熬的老爺做了官，好享福，我是越熬越受罪！不要說這兩年多在家裏活守寡，如今越發連信都沒有了。銀子不寄，家亦不顧了。我還要衝那一門子的太太！可憐我跟了你吃了多少年的苦，那裏跟得上你心愛的人，什麼新嫂嫂，舊嫂嫂！聽說你這個差使有十幾萬銀子，現在都到那裏去了？」陶子堯辯道：「那裏來的這宗好差使？你不要聽人家的胡說！」嘴上如此說，心上也甚詫異：「是誰告訴她的？」又聽太太說道：「你做了事你還想賴！我有憑有據，還有見證。」陶子堯道：「沒有這會事，那裏來的見證？」太太道：「你別問我，你去問問謝二官再來。」陶子堯一聽謝二官兩個字很熟，一時想不起來，齊巧去接太太的管家，因為接不著，已經回來，站在一旁，看老爺太太打架，聽見太太說謝二官，老爺一時想不起來，他就接嘴說：「老爺，不是常常到這裏，身上穿的像化子似的那個人？有時候問老爺討一角錢，有時討三個銅元。他說同老爺是鄉親，老爺從前還用過他家的錢。小的並問過他『貴姓』，他說『姓謝』。想來一定就是他了。」陶子堯道：「胡說！我會用人家的錢！這種不安分的王八蛋，搬是非，造謠言，如果看見他再來，就替我交給巡捕。」太太道：「啊呀！啊呀！你使人家的錢還算少！你那年捐這撈什子官的時候，連我娘家妹子手上一付鍍銀鐲子，都被你脫了下來湊在裏頭，還說不用人家的錢！問問你還要面孔不要？」其時棧房裏看的人早哄了一院子。還是同來的和尚看他們鬧的太不成體統了，只得和身插在中間，竭力的相勸，勸了好半天，好容易把他倆勸開。太太三腳兩步，走進房間。表老爺周大權，押著行李也就來了。還有跟來的丫頭，忙著替太太找梳頭傢伙，又找盆打洗臉水。

陶子堯在外間，雖然太太不同他吵了，低下頭一看，身上才換上的一件硬面子的寧綢袍子，已經被太太的頭，弄皺了一大塊。原想穿這件新衣裳到一品香請客的，今見如此，心上一氣，跺跺腳說：「我不知道那裏來的晦氣！這種日子我一天不要過！」正是滿肚皮的不願意，不知道要向那裏發洩方好。一面自己抱怨自己，忽又想起一品香已經約下魏翩仞，卻忘記去定房間，現在已有上燈時分，不知道還有房間沒有。幸虧棧房裏到一品香不遠，便即一人走出棧來，踱到一品香。才上扶梯，剛巧遇著魏翩仞。兩人一見大喜。問了問，只有十八號還空著，兩個人就坐了十八號。細崽端上茶來，又送上功能表點菜。兩人先把大概的情形說了一遍。魏、仇一邊如何辦法，魏翩仞因他銀子尚未到手，一時暫不說破。席間陶子堯提起他「賤內已經來到」，並剛才在棧房裏大鬧的話，全行告訴了魏翩仞。說話之間，不免長吁短歎。魏翩仞見他無精打采，就攛掇他叫局，陶子堯一來也想借此遣悶，二來又可與新嫂嫂敘舊，連忙寫票頭去叫。吃不到三樣菜，果見新嫂嫂同了小陸芬進來。新嫂嫂板著面孔，一聲不響，陶子堯也不好意思同她說話。倒是魏翩仞竭力替他拉攏，一五一十的告訴她說：「陶大人的銀子明天好匯到了，這一次是不會搭你漿的了。」

陶子堯正在聽到得意時候，細崽來說：「六號裏來了一個女人，同了一個和尚吃大菜，那個女人自說『姓陶』，又說『我們老爺今天也在這裏請客』」。陶子堯不聽則已，聽了之時，陡然變色，便說：「這夜叉婆不知同我那一世的對頭！我走到那裏，她跟到那裏！」說完站起來，說了聲：「翩哥，我們再會罷！」拔起腳來，一直向外下樓而去，也不知到那裏去了。新嫂嫂同了蘭芬，也只好就走。魏翩仞等吃過咖啡，簽過字，站起身來，走到六號門口張了一張，只見果然一個女人同了一個和尚在那裏吃大菜，是個甚麼面孔，一時卻未曾看得清楚。魏翩仞也就出得一品香，自去幹事不題。

且說陶太太同她哥在棧房裏，曉得陶子堯在一品香請客，一定要叫局熱鬧，故而借吃大菜為名，意想拿住破綻，鬧他一個不亦樂乎。不防陶子堯先已得信，逃走無蹤，太太只得罷手。一時吃完，回到棧內。一等等到兩點鐘，不見老爺回來，急的個太太猶如熱鍋上螞蟻一般，又氣又惱。後來越聽越無消息，料想一定是在窯子裏過夜，不回來的了，氣的太太坐在床上，一夜不曾合眼，足足的罵了一夜；罵一聲「爛婊子」，罵一聲「黑良心，殺千刀，不吃好草料的。」她哥和尚也陪著她一夜不睡。到了次日天明，陶子堯還沒有回來。太太披頭散髮，亂哭亂嚷，一定要到新衙門裏去告狀，要請新衙門老爺趕掉這些婊子，省得在此害人。鬧得她哥勸一回，攔一回，好容易把她勸住。

看看日已正午，長春棧裏的王道台打發周老爺來說，山東的銀子已到，是匯在王道台手裏的，叫周老爺來帶信，叫陶子堯去付。太太聽見了，也不顧有人沒人，趕出來說：「有銀子交給我。交不得那個殺千刀的，他是要去貼相好的。」周老爺看了好笑。問了管家，才知道是陶子堯的太太。當下，陶太太恐怕王道台私下付銀子給陶子堯，一定要自己跟著周老爺到長春棧裏去見王大人。後來把個周老爺弄急了，又虧得和尚出來打圓場，說：「王大人是我們妹夫的上司，太太不便去的，還是我出家人替你走一遭罷。」周老爺問了來歷，只得說「好」。和尚便叫管家拿護書，叫馬車，穿了一件簇新的海青〔註：寬袍長袖的衣服。〕，到長春棧裏去拜王大人去。究竟此時陶子堯逃在何方，與那清海和尚如何去見王道台，且聽下回分解。

第十一回　窮佐雜夤緣說差使　紅州縣傾軋鬥心思

話說清海和尚同了周老爺去見王道台，當下一部馬車走到長春棧門口。周老爺把和尚讓在帳房客堂裏坐，自己先進去回王道台。王道台聽了皺眉頭說：「好端端的，那裏又弄了個和尚來？你去同他說，我是『僧道無緣』的，勸他到別處去罷。」周老爺道：「他來並不是化緣，聽說為的家務事情。」王道台道：「這也奇了！和尚管起人家的家務來了！」周老爺道：「聽說他是陶子堯的內兄。卑職去的時候，陶子堯不在家，他太太一定要跟了卑職來見大人。虧得和尚打圓場，好容易才把那女人勸下的，所以同了他來。大人如果不要見他，叫人出去道乏就是了。」王道台未及回言，不料和尚因為等的不耐煩，已經進來了。王道台想要不理他，一時又放不下臉來，要想理他，心上又不高興，只把身子些微的欠了一欠，仍舊坐下了。和尚進來，卻是恭恭敬敬作了一個揖。叫他坐，起先還不敢坐，後來見王道台先坐了，他方才斜簽著坐下。王道台問：「幾時來的？」和尚回：「是昨天到的。陶子堯陶老爺是舍妹丈。這回是送舍妹來的。大人跟前，一向少來請安。去年僧人到過山東。現在這位護院，那時候還在東司任上，他的太太捐過有二萬多銀子的功德。就是西司〔註：按察使的尊稱。〕的太太、濟東道的太太，還有糧道胡大人，都是相信僧人的，一共也捐了好兩萬的功德。」和尚的意思，原想說出幾個山東省裏的闊人，可以打動王道台，豈知王道台聽了，只是不睬他，由他說。王道台一直眼睛望著別處，有時還同管家們說話。和尚一看不對頭，趕緊言歸正傳，預備說完了好告辭。才說得半句「舍妹丈這個差使——」王道台已經端茶送客。聽見和尚還有話說，於是站住了腳，也不等和尚說，他先說：「我明天就要動身往東洋去。找他不到，我也沒有這們大工夫去等他。好在我們周老爺不走，把銀子替他存在莊上，等他自己去付就是了。」說完了這兩句，已經走到門檻外頭，等著送客。等到和尚才出房門，他老人家把頭一點，已經進去了。

和尚沒趣，只好仍舊坐了馬車回來。見了妹子還要擺闊，說王道台同他怎麼要好：「一見我面，曉得我要募化他蓋大殿，不等我開口，一捐就是一萬。還約我開歲後再到山東走一趟。他本來回拜我的，我因為他明天就要動身往東洋去，事情很忙，找他的人又多，所以我止往他，叫他不要來。」他妹子聽了，信以為真。便問：「你妹夫的事情怎麼樣？」和尚道：「他們做大官大府的人，為著這點小事情，怎麼好煩動他？」他妹子發急道：「原來你去了半天，我的事情一點沒有辦！」和尚道：「這些事情，王大人已經交代過周老爺了，只要問周老爺就是了。」他妹子將信將疑的，只好答應著。和尚又問：「妹夫到底回來沒有？」他妹子含著一包眼淚，說：「那裏有他的影子！」和尚道：「他怎麼大的人，又是個官，是斷乎不會失落的。倘若找不到，只要我到上海道裏一託，立刻一封信託洋場上的官交代了包打聽，是沒有找不到的。妹子但請放心便了。」

話分兩頭。且說王道台送罷和尚回來，管家來回：「前天來的那個鄒太爺又來了。」王道台聽了皺眉頭說：「我那裏有這閒工夫去會他。」管家道：「鄒太爺曉得老爺明天一準動身，昨天一早就跑了來，坐在家人屋裏，一定要家人上來替他回，一直捱到昨天半夜裏兩點鐘，才被家人們趕走的，今天一早又來。他說老爺親口答應他，替他在上海道跟前遞條子說差使，他所以要來聽個回音。」王道台道：「他託弄差使，我替他說到就是了，那裏能夠包他一定得。況且說不說由我，派不派由他，我又不能夠壓著上海道一定派他的差使。就是上海道看我面子，肯派他事情，也有個遲早，那裏有手到擒拿的。你叫他不要光在我這裏纏繞，應該上的衙門勤走兩遍，做上司的人看見他上衙門上的勤，自然會派他差使的。」管家道：「這種人是再惹不得的！他來稟見，當初老爺不見他也就罷了，就是見了他，也不可當面許他甚麼。」王道台歎一口氣道：「你們這些人那裏知道！這些窮候補的，捱上十幾年，一個紅點子〔註：借指官吏的委任狀，因狀上的日期、人名用紅筆圈點。〕沒有覓，家裏當光吃光。我從前做上司的再不去理他，他們簡直只好死，還有第二條活路嗎？所以從前張朗齋張大人做山東巡撫的時候，我是伺候過他老人家的。他老人家的脾氣，是凡遇就派差使的人上去稟見，你瞧他那副不理人的面孔，著實難看。有些人他不想給他差使，等到見了面，卻是十二分客氣。他老人家說：『我已經沒有差使派他，再拿冷面孔給他看，他這人還有日子過嗎？所以先灌上他些米湯，他就是沒有差使，也不至於十二分怨我了。』這是他老人家親口對我說的，所以我就學他這個法子。」管家道：「據小的看，這位鄒太爺鴉片煙癮來的可不小，一天到夜，只有抽煙的工夫，那裏還有上衙門的工夫。這兩天到這裏來，時時刻刻要出去上小煙館過癮。」王道台道：「吃大煙呢，其實也無害於事。現在做官的人那一個不抽大煙。我自從二十幾歲上到省候補，先出來當佐雜〔註：指官署中的輔佐官員。〕，一直在河工上當差。我總是一夜頂天亮，吃煙不睡覺。約摸天明的時候，穿穿衣裳，先到老總號房裏掛號，回回總是我頭一個，等到掛號回來再睡覺。後來歷年在省城候補，都是這個法子。所以有些上司不知道，還說某人當差當的勤。我從縣丞過知縣，同知過知府，以至現在升到道台，都沾的是吃大煙、頭一個上衙門的光。等鄒太爺來時，你們無意之中把我這話傳給他，待他上兩趟早衙門，自然上司喜歡他，派他事情。我是要走的人，那裏還有怎們大工夫去理他。」

管家無奈，退了出來。鄒太爺正在門房裏候信呢，忙問：「大人怎麼吩咐？」管家沒有好氣，說道：「大人說過，你們這些小老爺，總是不肯勤上衙門，所以輪不到差使。」鄒太爺道：「我的爺！實不相瞞，我就吃虧在這大煙上：自從吃了這兩口撈什子，以後起死起不早了。」管家道：「不能起早，可能睡遲？我們大人有個法子傳授你。」便把王道台說的話述了一遍，還說：「包你照樣做去，以後還要升道台呢！」鄒太爺道：「人家急的要死，同你們說正經話，休要取笑。」管家把臉一板道：「說的何嘗不是正經話，誰有工夫同你取笑！」鄒大爺一看苗頭不對，趕緊陪著笑臉道：「老哥哥教導的話，句句是金玉良言。小弟是窮昏了，所以說出來的話，自己還不覺得，已經得罪了人。真正是小弟不是！老哥千萬不必介懷！」說著又深深的作了一個揖。管家不睬他。

鄒太爺摸不著頭腦，呆呆的坐了半天。忽然心生一計，趁眾人忙亂的時候，一溜溜了出來，趕到自己屋裏。他那裏還該得起公館，租了人家半間樓面，一夫一妻，暫時頓身。兩塊松板支了一張床，旁邊放著一個行灶，太太賠嫁的箱子雖說還有一兩隻，無奈全是空的。太太蓬著個頭，少說有一個月沒有梳，身上飄一塊，蕩一塊。她那副打扮，比起大公館裏的三等老媽還不如，真正冤枉做了一個太太！而且老兩口子都愛抽煙，男的又連年不得差使，不要說坐吃山空，支持不住，就是抽大煙也就抽窮了人家了。

閒話休題。當下，鄒太爺回得家中，也不同太太說話，就掀開箱子亂翻，翻了半天，又翻不出個甚麼來。太太問他也不響。後來被太太看出苗頭，曉得他要當當，太太說：「我的東西生生的都被你當的完了，這會子還不饒我！我現在穿的在身上，吃的在肚裏，你有本事拿我去當了罷！我這日子一天也不要過了！」一頭數說，一頭號啕痛哭起來。左鄰右舍家還當他家死了人，哭的如此傷心，大家一齊跑過來看，鄒太爺也無心管他，只是滿屋裏搜尋東西。後來從床上找到一個包袱，一摸裏頭還有兩件衣服，意思就要拎了就走，被太太看見，一把攔住道：「這裏頭我只剩一件竹布衫、一條裙子，你再拿了去，我就出不得門了！」鄒太爺那裏肯依，奪了就走。太太畢竟是個女人，沒有氣力，拗他不過，索性躺在樓板上，泣血捶膺的，一直哭到半夜。二房東被她吵不過，發了兩句話，要她明天讓房子，太太才不敢哭了。

且說鄒太爺拎了衣包，一走走到當鋪裏。櫃上朝奉〔註：原為官名，後來也稱員外、富翁一類人物。〕打開來一看，只肯當四百銅錢、禁不住鄒太爺攢眉苦臉，求他多當兩個，總算當了四百五十錢。鄒太爺藏好當票，用手巾包好錢，一走走到稻香村，想買一斤蜜棗、一盒子山查糕，好去送禮。後來一算錢不夠，只買了十兩蜜棗、一斤雲片糕。託店裏夥計替他拿紙包大些，說是送禮好看些。紮縛停當，把錢付過，還多得幾十個錢。鄒太爺非常之喜，拿兩手捧著，一直到長春棧王道台門房而來。一走走到門房裏，把買的蜜棗、雲片糕望桌子上一放。王道台的管家還當是他自己買的甚麼東西哩，心上一個不高興，說：「這人好不知趣，不管人家有事沒事，只是來纏些甚麼。」一面想，一面坐著不動，不去睬他。只見鄒太爺把東西放在桌上，笑嘻嘻的說道：「我曉得我屢次來打攪老哥們，心上實在過意不去，難得相與一場，彼此又說得來。明天老哥們又要伺候大人到東洋去，目下就要分手，這一點點東西，算不得個意思，不過預備老哥們船上餓的時候點點饑罷了。」

管家曉得包裏是送的點心，才連忙站起來，說：「鄒太爺，這算得那一回的事，又要你老破費。況且你老光景又不大好，怎麼好意思收你的呢？」鄒太爺道：「自家兄弟，說那裏話來！只要老哥不把兄弟當外，賞臉收下，兄弟心上就舒服了。」管家聽了這話，知道他一定不肯收回去的，又想：「怎麼好白受他的！」只得重新讓他坐下，彼此扳談一回。鄒太爺心上要說求他到大人跟前吹噓的話，一時不便出口，然而明天他們就要動身，錯了這個機會，只有活活餓死，然而要說又不好意思。幸虧這位大爺也曉得他送東西一定是為說差使，然而他不先說，我不好迎上去，被人家看輕，說我只認得東西。

兩個人正在那裏轉念頭的時候，齊巧走進一個人來。管家趕忙站起，同那人咕唧了一回，那人仍舊走了進去。鄒太爺正苦沒有話說，幸虧認得這人，便搭訕著問道：「這位不是周老爺嗎？」管家說：「是。」鄒太爺道：「他明天一定也是跟著大人一塊到東洋去的了？」管家說：「你沒有瞧見報嗎？他是浙江巡撫奏調過的，等我們動身之後，他就要到杭州的。」鄒太爺道：「他不去，誰跟著大人去？這隨員當中不是少個人嗎？」說到這裏，合該鄒太爺要交好運，管家忽然恍然大悟道：「是呀！今天早上上頭還說過，周老爺不去，少個辦事的人。你等一等，我去替你探一探口氣，再託周老爺敲敲邊鼓。周老爺說上去的話，看來總有六七成好拿得穩。」鄒太爺聽了，不勝之喜，連忙又說了些：「老哥提拔，老哥栽培！倘若咱們弟兄們能在一塊兒做同事，那是再好沒有的了。」

管家進去找到周老爺，先把這話告訴了他，只說是自己的鄉親，託他務必周全一下子。周老爺道：「我們自己的事情，我總得替你竭力的說，但是時候太急促了些，明天就要動身，他早來兩天也好。」管家道：「來是這兩天天天往這裏跑，上海道那裏也替他遞過條子。」周老爺道：「大人已經替他遞過條子，叫他等兩天自然有眉目，何必一定要吃這一趟苦呢？」

管家道：「人在人情在。我們老爺又不是上海道的甚麼頂門上司，不過是隔省的一個同寅，況且人家是實缺，咱們又是候補。老實說罷：這種條子遞上一百張，當時面子帳收了下來，轉背誰還認得你，還不是騙小孩子的？」

周老爺一聽這話不錯，吃不住這位管家大爺追得凶，只得到王道台跟前，才說了幾句別的話，齊巧王道台先開口說道：「你不同我去，真正叫我不便當。有些事情他們都辦不下來，這叫我怎麼好呢！」周老爺回道：「卑職蒙大人栽培，原該應伺候大人到東洋竭力的報效，無奈浙江劉中丞已經奏調過，又叫朋友寫了信來催，不准多耽誤。卑職也叫做無法，只好將來再報效大人的了。大人這趟去，手底下少人伺候，卑職倒留心到一個人。」王道台回：「是誰？」周老爺忙回道：「就是天天來的那鄒典史。這人當差使，看來還在行。」王道台道：「這個人說來也好笑。他老人家從前在山東茌平處館，我齊巧出差到那裏，彼此認得之後，從此就相與起來了。後來他還找我替他弄過幾回事情。大約此人去世已有靠二十年光景了。當時他故了下來，同鄉裏出來替他打把式，我還幫過他二兩銀子，以後就沒有通過音信。這回來在上海，不知道怎麼被他打聽著，天天來纏不清爽。據他自己說，他自從丁憂服滿；出來到省，就分道在這裏當差。這許多年一個紅點子沒有輪到，也不知道他是怎麼熬的。」王道台說的時候，管家都站在底下聽。王道台說到這裏，便照著管家說：「不是你們說，這人的煙癮很大麼？」那個收他蜜棗、雲片糕的管家便說：「從前煙癮是不小，現在想要當差使，這兩天正在那裏戒煙哩。」王道台道：「吃了煙要戒是說說的，真的要戒，為甚麼不早戒？為甚麼要到這時候才戒？我雖然同他老人家認識，但是同他到外洋，不比在內地裏當差，弄得不好，不要被外國笑了去！」管家忙插口道：「鄒太爺在上海這許多年，出出進進，洋場上外國人也見過不少了。一切事情，就是沒有辦過，看也看熟了。」

王道台把臉一沉道：「要我放心，才好委他差使。我知道他能辦事不能辦事，你們倒曉得！」管家得了沒趣，趔趄著退了出來。王道台道：「好笑不好笑，用著他們幹起勁。」周老爺連忙打圓場，說：「他們也沒有別的，不過看他可憐，隨便求大人賞派個事情，叫他學習罷了。」王道台道：「老遠的帶他出門，我總有點不放心。製造局鄭某人那裏用的人多，昨天席面上他還說起，為著一樁甚麼事情，委員、司事要換掉二十多個，給他封信，等他再去碰碰，看看他的運氣罷。」周老爺見王道台已允寫信，不便再說別的。且喜王道台向來寫信都是他代筆，也無用客氣得，立刻走到桌子邊，拔起筆來就寫。寫完之後，給王道台看過，沒有話說，周老爺便拿出來交給管家。

先是管家碰了釘子出來，便氣憤憤的走到自己屋裏，正在那裏沒好氣。鄒太爺看見氣色不對，手裏揑著一把汗，心裏在那裏叫苦。後來停了一會子周老爺出來，拿信交給了他，說明原委。鄒太爺本來是不同周老爺拉攏的，到了此時，感激涕零，立刻走過來就替周老爺請安。從前已經打聽明白，周老爺是才過班的知縣，他就一口一聲的趕著喊「堂翁」，自己稱「卑職」，連說：「卑職蒙堂翁栽培，實在感激的了不得！」又同管家大爺咬耳朵，說他自己不敢冒昧，意思想「今天晚上求堂翁賞光，到雅敘園敘敘。」管家替他代達。周老爺說：「心領了罷，我今天實在不空。大人明天要動身，剛才陶子堯又有信來，託我替他去了事情，叫我怎麼忙得過來，只好改日再擾罷！」

鄒太爺見周老爺一定不肯去，只得搭訕著說道：「既然堂翁不賞臉，等稍停兩天卑職再來奉請。」周老爺說：「彼此相會的日子長著哩，何必一定要客氣。」當下鄒太爺又問管家借了一件方馬褂，到上頭叩謝了王道台。王道台不免勉勵了兩句，叫他好生當差。鄒太爺站著答應了幾聲「是」，退了下來。次日又到東洋碼頭上恭送，回來自往製造局投信不題。

且說周老爺昨天傍晚的時候接到陶子堯的信，約他到一品香小酌，說有要事奉商。周老爺因為沒工夫，本來是不去的，後來為著銀子已劃在莊上，須得當面交代一聲，較為妥當，所以抽了一個空到一品香來會陶子堯。原來陶子堯昨天同太太打饑荒〔註：發生麻煩。〕，從一品香溜了出來，一來也是賭氣，不回棧裏過夜；二來路上又碰著一個朋友，拉他到一家住家人家碰了一夜和。次日碰到十點鐘才完，打了一個盹，等到敲到四點鐘，踱回棧房。太太已經鬧到不像樣了，和尚亦拜過王道台回來了。陶子堯正在那裏埋怨他大舅子，不該應去拜王道台。他舅子不服氣的探掉帽子，光郎頭上出火。偏偏魏翩仞又來找他，把事情一齊推在仇五科身上，說他從前有兩張合同，想要叫他出兩分線。陶子堯發急道：「合同一張是假的，原是預備打官司的。大家好朋友，怎麼好訛起我來呢！」魏翩仞道：「等到出起首來，你好說是假的嗎？你既然筆跡落在外頭，總得想個法子收回來才好。」當時陶子堯急了，所以要請周老爺商議。太太起先因他一夜不回，好容易回來，正在那裏哭罵，後來見他被人家訛詐，畢竟夫妻無隔夜之仇，胳膊曲了往裏彎，到了此時也就不同他吵鬧了。

當下，陶子堯氣憤憤的，就邀了魏翩仞同他大舅子和尚，一同到了一品香。不多一會，周老爺接著他的信也來了。當時三個會著，閒談了幾句。周老爺先把銀子存在莊上的話交代明白。陶子堯便把周老爺拉到外面洋臺上，靠著欄杆，把底細統通告訴了他。周老爺道：「本來這件事，你子翁鬧的也太大了！」陶子堯道：「這些話不要去講他，只求你老哥替小弟想個法子，小弟情願把這裏頭好處同老哥平分，何必便宜他們呢？」周老爺聽了，心上一動，又說道：「他們兩個幫了子翁出了怎麼一把力，一個撈不到，看上去怕沒有如此容易了結呢！」陶子堯道：「老哥你看怎麼樣？」周老爺道：「做到那裏算那裏，也不能預定的。」當下入席點菜。和尚點的是麻菇湯、炒冬菇、素十景、素麵。當著人面前，一定要守佛門規矩，是斷斷不肯破戒的。其餘的人都是葷菜，不用細述。獨有周老爺只點了一樣湯，說是有事不能久坐。當時在席面上，周老爺只是肚皮裏打主意，一直沒有提起這事，把湯吃完，起身告辭。陶子堯又再三的叮囑，周老爺答應他，明天替他煩出一個人來料理此事。彼此分手而別。

這裏陶子堯又自己竭力的託魏翩仞。魏翩仞道：「不但五科那裏兩分合同是老哥的親筆跡，後來打的一分，一式兩張，一張五科拿去，一張是兄弟經手替你押在外頭，還有子翁寫的抵借銀子的押據。」陶子堯聽了這個，越發著急道：「這個統通都是假的！只是頭一張合同，辦二萬二千銀子的貨是真的。」魏翩仞道：「你別發急，我現在不問你要錢。大家都是好朋友，有福同享，有難同當。橫豎上頭發下來的錢總不止二萬二千，這種意外的錢，大家也就要靠著你子翁沾光兩個。」陶子翁見話鬆了些，因為自己已託了周老爺，也不多說，但託他：「見了五科哥，好歹替我善為說辭，說這裏頭我也沒有甚麼大好處，總算他照應我兄弟罷了。」魏翩仞也只好答應著。當下吃完，各自散去。

單說周老爺單名是一個因字，表字果甫，本是山東試用府經。這番跟了王道台出來，原說同到東洋去的，齊巧浙江巡撫劉中丞有文書奏調他。他從前在劉中丞家裏處過館，做過西席〔註：古時人家所聘教書先生或管帳本。〕，有此淵源，所以劉中丞就提拔他。他得了這個機會，心想府經總不過是個佐雜，怕的派不著好差使。幸喜他這人專會拉扯，所有這些匯票莊上都是他同鄉，人人同他要好。他這會就去同人家商量，想趁此機會捐過知縣班。果然一齊應允，也有二百的，也有一百的，也有五十的，居然集腋成裘，立刻到捐局裏填了部照出來。從此以後，場面愈闊，拉攏愈大，天天在外頭應酬，有幾個大點洋行裏的買辦，他統通認得了。有天臺面上無意之中，聽見人家講起，這訛詐陶子堯的仇五科，就是他新近結交的一個軍裝買辦的外甥。這買辦姓王名二調，同周老爺敘起來還有點親，因此格外要好。王二調的意思，無非因為他是浙江巡撫的紅人，竭力同他扯拉，好預備將來兜攬他的生意，並沒有別的意思。周老爺有此一個好朋友，陶子堯的事情，就好辦了。

且說他頭天晚上擾過陶子堯一品香回棧，足足忙了一夜。次日把王道台送了動身，他便一直找到王二調行裏，說起這件事情，託他為力。王二調立刻答應，並說：「我們這個外甥，他去年到這爿洋行裏做生意，是我娘舅做的保人，包管一說便妥。就是姓魏的也是熟人，不消多慮。」周老爺去後，王二調果然把他外甥叫了來，說：「大家都是面子上的人，不要拆人家的梢。」仇五科當將底細全盤告訴了娘舅。王二調道：「既然如此，也不犯著便宜姓陶的。但是一件，我已經答應了周某人，等我告訴他，隨便叫姓陶的拿出幾個來，過個場完事罷。」仇五科不好違拗娘舅的話，答應著告退回家，通知魏翩仞，專聽娘舅的調處，多少看起來不會落空罷了。魏翩仞跺腳說道：「這事情鬧糟了，怎麼好叫他老知道呢！」

當天晚上，王二調便到萬年春，請了周老爺來，叫他「去同陶子翁說，各式事情兄弟都替他抗了下來。但是這裏頭，五科、翩仞兩個人也著實替他出力，很化了些冤枉錢，費心轉致陶子翁，隨便補償他們點。兄弟吩咐過，多少不准爭論，所以特地請老兄來關照一聲。」周老爺聞言，感激不盡。回來就通知了陶子堯，商量仇、魏二人應送若干。陶子堯只肯每人一千。周老爺說：「至少分一半給他們，大家免得後論。」陶子堯捨不得。周老爺爭來爭去，每人送了二千，卻另外送了周老爺一千。周老爺意思賺少，問他多借一千，他又應酬了五百。周老爺拿了四千的銀票，仍去找了王二調，把這件事交割清楚。陶子堯出的假筆據，統通收了回來。只等機器一到，就可出貨，運往山東。當下仇五科，因為娘舅之命，不敢多說什麼，只有魏翩仞心上還不甘願，自己沒有法子想，便攛掇新嫂嫂，同她說：「陶子堯現在有錢了。他這人是沒有良心的，樂得去訛他一下子。」新嫂嫂便親自到棧房裏去找他。他索性是懼內的，一見新嫂嫂找到棧房裏，恐怕太太知道，一直讓新嫂嫂到底下人房間裏坐。新嫂嫂先同他講，仍照前議軋姘頭的話，看看話不投機，又講到拆姘頭的話。坐的時候長久了，陶子堯怕太太見怪，便催著她走。一時又想不到別人，便說：「有話你託魏老來說罷。」新嫂嫂正中下懷。後來他倆一直沒見面，兩頭都是魏翩仞一個人跑來跑去，替他們傳話，一跑跑了好多天。魏翩仞說：「新嫂嫂一口咬定要三千，如果不答應，明天親自到棧房來同你拚命！」陶子堯急了，央告魏翩仞，可能再少點。後來說來說去，講到兩千了事。魏翩仞拿了去，其實只給了新嫂嫂五百塊，陶子堯卻又謝他五百塊，共總意外得了二千。他的心也就死了。以後陶子堯等到機器到埠，是否攜同家眷前往山東交代，或者別生枝節，做書的人到了此時，不能不將他這一段公案先行結束，免得閱者生厭。

且說周老爺憑空得了一千五百塊洋錢，也算意外之財，拿了他便一直前往浙江。到省之後，照例稟見，劉中丞係屬舊交，當天見面之後，立刻下劄子委他幫辦文案，又兼洋務局的差使。周老爺次日上去謝委下來，又稟見司、道，遍拜同寅，一連忙了好多日方才忙完。大家曉得他與中丞有舊，莫不另眼相看。同時院上有一個辦文案的，姓戴名大理，是個一榜出身，候補知州。他在劉丞手裏當差，卻也非止一日，一向是言聽計從，院上這些老爺們，沒有一個蓋過他的，真正是天字第一號的紅人。周老爺雖是中丞的舊交，無奈戴大理總以老前輩自居，不把周老爺放在眼裏。周老爺曉得自己資格尚淺，諸事讓他三分，暫不同他計較。

有一天，出了一個甚麼知縣缺，劉中丞的意思想叫戴大理去署理，偶同藩司說起，說：「戴某人跟著兄弟辛苦了這許多時候，這個缺就調劑了他罷。」藩台諾諾稱是。此不過撫、藩二憲商量的話，究竟尚未奉有明文。當時卻有個站在跟前的巡捕老爺，他都聽在耳朵裏。等到會完了客，他便趕到文案處戴大理那裏送信報喜，說：「今天中丞當面同藩台說過，大約今晚牌就可以掛出來。」戴大理聽了，自然歡喜。一班同寅個個過來稱賀，周老爺也只好跟著大眾過來敷衍了一聲。

合當有事，是日中飯過後，劉中丞忽然傳見周老爺，說起：「文案上一向是戴某人最靠得住，無論甚麼公事，凡經他手，無不細心，從來沒有出過岔子。我為他辛苦了多年，意思想給他一個缺，等他出去撈兩個，以後的事須得你們諸位格外當心才好。」周老爺聽了，想了一想，說道：「回大人的話：大人說的戴牧，實實在在是個老公事。不要說別的，他已經五十多歲的人了，寫起奏摺來，無論幾千字，一直到底，不作興一個錯字，又快又好。卑職們幾個人，萬萬趕他不上。論起來這話不好說，為大局起見，這裏頭實實在在少他不得。現在湖南、廣東兩省，因為摺子有了錯字，或者抬頭差了，被上頭申飭下來。現在年底下事情又多，若把戴牧放了出去，卑職們縱然處處留心，恐怕出了一點岔子，耽誤大人的公事。是戴牧苦了這多時，今番恩出自上，調劑他一個缺，卑職們難道好說叫他不去到任。但是為公事起見，實實少他不得！」劉中丞一聽這話不錯：「周某人是我從前西席老夫子，他的話卻是可靠的。現在上頭挑剔又多，設或他去之後，出點岔子怎麼好呢。」想了一想，說道：「好在我給他這個缺的話，還沒有向他說過，不如把這缺委了別人，叫他忙過了冬天，等別人公事熟練些，明年再出甚麼好缺，給他一個也使得。」說完，便叫通知藩台：「某縣缺不委戴某人了，等著明天上院，當面商量，再委別人。」周老爺等話說完，退了下來。

這天晚上，正是文案上幾個朋友湊了公分，備了酒席，先替戴大理賀喜，周老爺也出了一分。剛才劉中丞同他所講的話，悶在肚裏，一聲不響，面子上跟著大眾一同敬酒稱賀，說說笑笑，好不熱鬧。此時戴大理一面孔的得意揚揚之色。喝過十幾鍾酒，他的酒量本來不大，已經些微有點醉意，便舉杯在手，對大眾說道：「我們同在一塊兒辦事的人，想不到倒是兄弟先撇了諸位出去。」大眾齊說：「這是中丞佩服老哥的大才，所以特地把這個缺留給老哥，好展布老哥的經濟。」戴大理道：「有什麼經濟！不過上憲格外垂愛，有心調劑我罷咧。」眾人道：「說不定指日年底甄別，還要拿老哥明保。」戴大理道：「那亦看罷咧，但願列位都像兄弟得了缺出去！」眾人道：「這個恩出自上，兄弟們資格尚淺，那裏比得上你老前輩呢。」周老爺也隨著大眾將他一味的恭維，肚裏卻著實好笑。一霎席散，其時已有三更多天。

戴大理回到自己家裏細問跟班：「藩台衙門的牌出來沒有？」戴大理以為雖是中丞吩咐，未必有如此之快，因此並不在意。過了一夜，到了第二天，等到十點鐘還沒有掛出牌來。戴大理不免有點疑惑起來。等到飯後，仍無消息。戴大理就同跟班說：「不要漂〔註：將要成功的事情而忽然失敗。〕了罷？」跟班不敢言語，此刻他的心上想想：「自己的憲眷是靠得住的，既然有了這個意思，是不會漂的。」又想：「不要被甚麼有大帽子的搶了去？然而浙江一省有的是缺，未必就看中我這一個。總而言之，那通信的巡捕他決計不會來騙我的。」一霎時猶如熱鍋上螞蟻一般，茶飯無心，坐立不定，好生難過，一直等到旁黑，跟班的又出去打聽，不多一刻，只見垂頭喪氣而回。戴大理忙問：「怎樣了？」跟班的又不敢瞞，只得回說：

「怎麼昨日巡捕老爺拿人開心，不是真的！」戴大理一聽這話不對，還要頂住跟班的問：「你不要看錯了別的缺罷？」跟班的道：「巡捕老爺來送信的時候，小的在跟前聽的明明白白的，怎麼會看錯呢。」戴大理道：「委的那個？」跟班道：「委的這個姓孔，聽說是營務處上的。」到了此時，戴大理一個到手的肥缺活活被人家奪了去，這一氣真非同不可，簡直氣出臌脹病來！便請了五天假，坐在公館裏，生氣不見客。

後來劉中丞因為一件公事想起他來，問他犯的甚麼病，著實的記掛，就派了前番報喜的那個巡捕到公館裏瞧他。那巡捕見了他，著實的將他寬慰，又說：「那日中丞說得明明白白，是委你老先生去的，怎的同周某人談的半天就變了卦。」戴大理忙問：「周某人說我甚麼？」巡捕道：「有句說句，他倒是極力保舉老先生的。」便把周老爺同劉中丞講的一番說話，統通告訴了戴大理。畢竟戴大理胸有丘壑，聽了此言，恍然大悟道：「是了，是了！我好好的一個缺，就葬送在他這幾句話上了！」又細問：「他同中丞說話是甚麼時候？」「何以那天晚上，酒席臺上一聲也不言語？這個人竟如此陰險，實在可惡得狠！」想罷，不由咬牙切齒的恨個不止：「一定要報復他一番，才顯得我的本事！」要知後事如何，且聽下回分解。

第十二回　設陷阱借刀殺人　割靴腰隔船吃醋

卻說戴大理向巡捕問過底細，曉得他的這個缺是斷送在周老爺手裏，因此將周老爺恨入骨髓。當時卻也不露詞色，向巡捕交代過公事，送過巡捕去後，他卻是直氣得一夜未睡。整整盤算了一夜，總得藉端報復他一次，方洩得心頭之恨。

且說他這五天假期裏頭，所有文案上幾個同事一齊來瞧他，安慰他。周老爺卻更比別人走的殷勤，每天早晚兩趟，口口聲聲的說：「自從老前輩這兩天不出來，一應公事，覺著很不順手，總望老前輩全愈之後，早點出門才好。」他同戴大理敷衍，戴大理也就同他敷衍。周老爺回到院上，有時劉中丞傳見，問起戴大理的病，周老爺便回中丞說：「戴牧並沒有甚麼病。聽說大人前頭要委他署事，後來又委了別人，他心上不高興，所以請假在家養病。卑職想此番不放他出去，原是大人看重他的意思，為的年下公事多，他總算這裏熟手，所以留他在裏頭多頓兩個月。卑職伺候上司也伺候過好幾位了，像大人這樣體恤人，曉得人家甘苦，只要有本事能報效，還怕後來沒有提拔嗎？戴牧卻看不透這個道理，反誤會了大人的一番美意，將來總是自己吃虧。」

劉中丞一聽這話，心上好生不悅，道：「我委他缺，又沒有當面同他講過，他若一直在我這裏當差，還怕將來沒有調劑？怎麼我要他多幫我幾個月就不能夠嗎？有病請假，沒病也請假，他還是拿把我，除了他我就沒有人辦事嗎？」周老爺聽了，並不言語。誰知劉中丞倒越想越氣。過了五天，戴大理假期已滿，上去稟見，劉中丞雖沒有見他，幸虧還沒有撤他的委。他仍舊逐日上院辦公事。畢竟他是老公事，劉中丞少不得他，所以雖然不歡喜他，然而有些公事還得同他商量。他一見憲眷比從前差了許多，曉得其中一定有人下井投石，說他的壞話。他也不動聲色，勤勤慎慎辦他的公事，一句話也不多說，一步路亦不多走。見了同事周老爺一班人，格外顯得殷勤，稱兄道弟，好不鬧熱，並且有時還稱周老爺為老夫子，說：「周老爺是中丞從前請的西賓，中丞尚且另眼看待，我等豈可怠慢於他。」周老爺一幫人見他如此隨和，大家也願意同他親近。周老爺沒有家眷，是住在院上的，他不時要到周老爺屋子裏坐坐談談天，還時常從公館裏做好幾件家常小菜，自己帶來給周老爺吃，說是小妾親手做的。如此者兩個多月，大家只見他好，不見他壞。偶然中丞提起，大夥兒一齊替他說好話，因此憲眷又漸漸的復轉來。況且他在院上當差已久，不要說外面人頭熟，就是裏頭的甚麼跟班、門上跑上房的，還有抱小少爺的奶媽子，統通都認得。戴大老爺自從在周老爺面上擺了一會老前輩，就碰了這們一個釘子，吃過這一轉虧，以後便事事留心。這是他閱歷有得，也是他聰明過人之處。

閒話休題。且說此時浙東嚴州一帶地方，時常有土匪作亂，抗官拒捕，打家劫舍，甚不安靜。浙江省城本有幾個營頭，一向是委一位候補道台做統領。現在這當統領的，姓胡號華若，是湖南人氏，同戴大理同鄉同年，因此他倆交情比別人更厚。卻說這班土匪正在桐廬一帶嘯聚，雖是烏合之眾，無奈官兵見了，不要說是打仗，只要望見土匪的影子，早已聞風而逃。官兵有兩種，一種是綠營，便是本城額設的營汛。太平時節，十額九空，都被營官、哨官、千爺、副爺之類，通同吃飽。遇見撫台下來大閱，他便臨期招募，暫時彌縫，只等撫台一走，依然是故態復萌。這番土匪作亂，雖也奉到省台密劄，叫他們竭力防禦，保守城池。無奈舊有的兵，大概是老羸疲弱，新招的隊，又多是土棍青皮，平時魚肉鄉愚，無惡不作，到這時候有了護符，更是任所欲為的了。至於那些營官、哨官、千爺、副爺，他的功名大都從鑽營奔競而來，除了接差、送差、吃大煙、抱孩子之外，更有何事能為。平日要捉個小賊尚且不能，更不用說身臨大敵了。一種是防營。從前打「粵匪」，打「撚匪」，甚麼淮軍、湘軍，卻也很立下功勞。等到事平之後，裁的裁，撤的撤，一省之內總還留得幾營，以為防守地方起見。當初裁撤的時候，原說留其精銳、汰其軟弱，所以這裏頭很有些打過前敵，殺過「長毛」的人。就是營、哨各官，也都是當時立過汗馬功勞，甚麼「黃馬褂」〔註：皇帝賞給有軍功的臣子的黃色外衣。〕、「巴圖魯」〔註：滿語，武勇之意，是皇帝賜給有軍功的臣子的稱號。〕、「提督軍門頭品頂戴」，一個個保至無可再保。事平之後，那裏有這許多缺應付他們，於是有此一個防營，就可安頓這一班人不少。又過了二十年，那些打過前敵，殺過「長毛」的人，早已老的老了，死的死了，又招了這些新的，還怕不與綠營一樣。這防營的統領幫帶，無論什麼人，只要有大帽子八行書，就可當得，真正打過仗，立過功的人，反都擱起來沒有飯吃。就有幾個上頭有照應，差使十幾年不動，到了這種世界，入了這種官場，他若不隨和，不通融，便叫他立腳不穩，而且暮氣已深，嗜好漸染，就是再叫他出去殺賊也殺不動了。至於那些謀挖這個差使的，無非為剋扣軍餉起見，其積弊更與綠營相等。這回所說的胡華若胡統領，正坐在這個毛病。

這時候嚴州一帶地方文武官員，雪片的文書到省告急。上司也曉得該處營泛兵力單弱，不足防禦，就委胡華若統帶六營防軍，前往剿捕。胡華若的這個統領，本是弄了京裏甚麼大帽子信得來的，胸中既無韜略，平時又無紀律。太平無事，尚可優遊自在，一旦有警，早已嚇得意亂心慌，等到上頭派了下來，更把他急的走頭無路。只因戴大理交情頂厚，未曾奉劄之前，偏偏又是戴大理頭一個趕來送信道喜，請安歸坐，便說：「蠢爾小丑，大兵一到，不難克日蕩平，指日報到捷音，便是超升不次。所以卑職前來叩喜。」胡華若道：「老同年休要取笑！你我彼此知己，更有何話不談。你想，我從前謀挖這個差使的時候，化的銀子你是曉得的，通共只當得半年，從前的虧空還沒彌補，就出了這個岔子，你說我心上是什麼滋味！況且這出兵打仗的事情，豈是你我所做得來的？錢倒沒有弄到，白白的把命送掉，卻是有點划算不來。至於立功得保舉的話，等別人去做罷，這種好處我是不敢妄想的了。」

戴大人道：「上頭委了下來，大人總得辛苦一趟。」胡華若道：「我不去！我這身子是吃不來苦的，倘若送了命，豈不是白填在裏頭！甚麼封蔭恤典，我是不貪圖的。等到劄子下來，我拚著這官不做，一定交還上頭，請他另委別人。」戴大理道：「這個倒不好退的。好在那裏是烏合之眾，沒有什麼大不了的事情。大人不過只想不擔這個沉重，其實卑職倒有一條主意：大人上院稟請一個人同去，各式事情只要委了他，無論辦好辦醜，都可不與大人相干。」胡華若忙問：「何人？」戴大理道：「就是同卑職在一塊辦文案的周某人。」胡華若道：「我也曉得這個人，聽說他做過中丞的西席的。」戴大理道：「正是為此，所以他在中丞跟前，言聽計從，竟沒有一人趕得上他。現在上頭委了大人到嚴州剿辦土匪，大人要說不去，以卑職愚見，那是萬萬使不得的，被上頭看了，倒像我們有心規避，恐怕差使辭不掉，還要叫上頭心上不舒服。」胡華若道：「依你老同年的意思怎麼樣？」戴大理道：「現在只等公事一下，大人就上院回中丞，稟請幾個得力隨員一同前去，頭一個就把周某人名字開上，上頭是沒有不答應的。周某人想在中丞跟前當紅差使，好意思說不去。等他前來稟見之時，大人就把一切剿捕事宜，竭力重託在他身上。將來設或事情辦得順手，大家有面子；倘若辦得不好，大人只須往周某人身上一推。中丞見是周某人辦的，就是要說甚麼，也不好說甚麼了。到這時候，大人再去求交卸，求上頭另委他人，上頭就是怪大人辦的不好，譬如有十分不是，到此亦減去七分了。大人明鑒，卑職這個條陳可否使得？」胡華若一聽他言，不禁恍然大悟。連忙滿臉的堆著笑，說道：「老同年此計甚妙，兄弟一定照辦。」

說到這裏，戴大理又請一個安，說道：「將來大人得勝回來，保案裏頭，務求大人在中丞跟前栽培幾句，替卑職插個名字在內。」胡華若道：「只個自然。但怕辦的不好回來，叫老同年打嘴。」戴大理尚未及回答，忽見一個差官來稟：「院上有要事立刻傳見。」戴大理只好起身相辭。胡華若立刻坐轎上院。走進官廳，手本剛才上去，裏頭已叫「請見」。當下劉中丞同他講的就是嚴州府的事情，叫他連夜前去剿辦土匪，並說：「那裏的事情十分緊急。老兄帶了六個營頭先去。如果不敷調遣，趕緊打個電報給兄弟，再調幾營來接應。今天因為事情太急，所以先請老兄來此一談，隨後補了公事送過來。」

胡華若連連答應，等中丞說完，接著回道：「職道的閱歷淺，恐怕辦不好，辜負大人的委任。況且手下辦事的人得力的也很少，現在想求大人賞派幾個人同去。」劉中丞道：「你要調誰，就叫誰去。」胡華若道：「大人這裏文案上的周令，職道曉得這人很有閱歷，從前在大營裏頓過，有了他去，職道各事就可靠託在他一人身上。」劉中丞道：「他吃的了嗎？」胡華若道：「這人職道很曉得的。」劉中丞道：「他能夠吃的了，最好。好在我這裏沒有甚麼大事情，就叫他跟了你去。還要誰？」胡華若又稟了一個候補同知，姓黃號仲皆，一個候補知縣，姓文號西山，連著周老爺一共是三個人。劉中丞統通答應，立刻就叫人傳三個人來見。

三個之中，周老爺是在院上當差的，一傳就到。見面之後，劉中丞告訴他緣故，要他同去剿辦土匪。周老爺聽了，不免自己謙讓了兩句。後見胡華若在旁極力的恭維，說了些「久仰大才，這回的事一定要借重」的話。周老爺一見如此抬舉他，又想倘若得勝回來，倒是升官的捷徑。想到這裏，早已心花都開，便不由自主的答應了下來。胡華若自然歡喜。不多一會子，那兩個也都來了。中丞面諭他們，沒有一個不去的。胡華若便先起身告辭，又叫他三位各人趕緊預備預備，今天夜裏就要動身，公事停刻補過來。三個人站起來答應著。劉中丞便送胡華若出來，一頭走，一頭問他：「三個人派什麼差使？」胡華若回道：「黃丞總辦糧台，文令人甚精細，可以隨營差遣，周令閱歷最深，想委他總理營務。」劉中丞聽了無話，送到二門，一呵腰進去了。那周、黃、文三個不等中丞送客趁空，溜了出來，在外頭候著替統領站了一個班。胡華若吩咐他們趕緊收拾行李，應領薪水，各付三個月，立刻叫人送到。三個人聽了這話，又一齊請安稟謝，送過胡華若上轎不題。

且說周老爺回到文案上，眾同寅是早已得信的了，大夥兒過來道喜，齊說：「上馬殺賊，乃是千載罕逢之機會。班生此去，何異登仙！指日紅旗報捷，甚麼司馬、黃堂，都是指顧間事。那時扶搖直上，便與弟輩分隔雲泥，真令人又羨又慕！」周老爺道：「此仍中丞的栽培，統領的抬舉，與各位老同寅的見愛。此去但能不負期望，僥倖成功，便是莫大幸事，何敢多存妄想。」眾人道：「說那裏話來！」正在那裏謙讓的時候，忽然戴大理走過來，拿他一把袖子，拖到隔壁一間堆公事的屋裏，說道：「我有一句話關照你。」周老爺道：「極蒙指教！但不知是甚麼事情？」戴大理道：「就是稟請你的那位胡統領，他這人同兄弟不但同鄉，而且同年，從前又同過事。雖說他已經過了道班，兄弟卻與他很熟，極知道他的脾氣。老哥現在跟了他去，所以兄弟特地關照一聲，所謂知無不言，方合了我們做朋友的道理。」周老爺道：「老前輩如有關照，實在感激得很？」戴大理道：「客氣。這位胡統領最是小膽，凡百事情，優柔寡斷。你在他手下辦事，只可以獨斷獨行，倘若都要請教過他再做，那是一百年也不會成功的。而且軍情一息萬變，不是可以捱時捱刻的事。你切記我的說話，到那時候該剿者剿，該撫者撫。他雖然是個統領，既然大權交代與你，你就得便宜行事，所謂『將在外，君命有所不受』。你能如此，他格外敬重你，說你能辦事；倘或事事讓他，他一定拿你看得半文不值。我同他頓在一塊兒這許多年，還有什麼不知道的。」

周老爺聽了他的言語，果真感激的了不得，而且是心上發出來的感激，並不是嘴裏空談。當下兩個人又談了一會別的。周老爺趕著回家，收拾行李。未到天黑，胡華若派人把公事送到，又送了三個月的薪水，因為出兵打仗，格外從豐，每月共總二百兩銀子，三個月是六百兩。周老爺開銷過來人，收拾好行李，一直挑到候潮門外江頭下船。那黃、文二位亦剛剛才到。又等了一會子，方見胡統領打著燈籠火把，一路蜂湧而來，到了船上，一同會著。胡華若吩咐立刻開船。船家回道：「現在夜裏不好走，就是開了船，也走不上多少路。不如等到下半夜月亮上來，潮水來的時候，趁著潮水的勢頭，一穿就是多遠，走的又快，夥計們又省力，豈不兩得其便？」船頭上的差官進來把這話回過，胡華若無甚說得，差官退了出去。

原來這錢塘江裏有一種大船，專門承值差使的，其名叫做「江山船」。這船上的女兒、媳婦，一個個都擦脂抹粉，插花帶朵。平時無事的時候，天天坐在船頭上，勾引那些王孫公子上船玩耍；一旦有了差使，他們都在艙裏伺候。他們船上有個口號，把這些女人叫作「招牌主」：無非說是一扇活招牌，可以招徠主顧的意思。這一種船是從來單裝差使，不裝貨的。還有一種可以裝得貨的，不過艙深些，至艙面上的規矩，仍同「江山船」一樣，其名亦叫「茭白船」。除此之外，只有兩頭通的「義烏船」。這「義烏船」也搭客人也裝貨，不過沒有女人伺候罷了。此時胡統領手下的兵丁坐的全是「炮划子」。因為他自己貪舒服，所以特地叫縣裏替他封了一隻「江山船」。縣裏要好，知道他還有隨員、師爺，一隻船不夠，又封了兩隻「茭白船」。當下胡統領坐的是「江山船」，周、黃、文三位隨員老爺，還有胡統領兩位老夫子，一共五個人，分坐了兩隻「茭白船」。有人說起這「江山船」名字又叫做「九姓漁船」。只因前朝朱洪武得了天下，把陳友諒一幫人的家小統通貶在船上，猶如官妓一般，所以現在船上的人還是陳友諒一幫人的子孫，別人是不能冒充的。

閒話休題。且說當日胡華若上了「江山船」，各隨員回避之後，便有船上的「招牌主」上來，孝敬了一碗燕菜。胡統領是久在江頭玩耍慣的，上船之後，橫豎用的是皇上家的錢，樂得任意開銷，一應規矩，應有盡有，倒也不必表他。卻說三位隨員，兩位幕賓，分坐了兩隻「茭白船」。五人之中，黃仲皆黃老爺是有家眷，一直在杭州的。一位老夫子姓王，表字仲循，是上了年紀的人，而且鴉片癮又來得大，一天吃到晚，一夜吃到天亮，還不過癮，那裏再有工夫去嫖呢。所以這兩個須提開，不必去算。下餘的三個人：第一個文西山文老爺是旗人，年紀又輕，臉蛋兒又標致，穿兩件衣裳，又乾淨，又俏麗。不要說女人見了歡喜，就是男人見了也捨他不得。因為他排行第七，大家都尊他為文七爺。還有一個老夫子，姓趙。他的號本來叫做補蓼，後來被人家叫渾了，竟變成「不了」兩字。年紀也只有二十來歲，拋撇了家小，離鄉背井，二千多里來就這個館，真真合了一句話，「三年不見女人面，見了水牛也覺得彎眉細眼。」這趙不了確實實在在有此情景。末了說到周老爺。他這人上回已經表過，業已知其大略。他的為人，卻合了新學家所說的「騎牆黨」一派：遇見正經人，他便正經；碰著了好玩的朋友，他便叫局吃酒，樣樣都來。外面極其圓通，所以人人都歡喜他。但有一件毛病，乃先天帶了來，一世也不會改的，是把銅錢看的太重，除掉送給女人之外，一錢不落虛空地。臨走的時候，胡華若送他三百銀子，他分文不曾帶上船，一齊託朋友替他放在外頭，預備將來收利錢用。他的意思，這回跟著出門打土匪，少不得胡統領總要派兩個營頭給他帶，有兵就有餉，有餉就好由我剋扣。倘或短了一千、八百，還可以向胡統領硬借。戴大理說他吃硬不吃軟，他們是熟人，說的話一定是不會錯的。

此刻單表文、趙二位，他倆齊巧頓在一隻船上。文七爺早已存心，未曾上船之前，已經吩咐水手，把他這隻船開的遠遠的，不要同統領的船緊靠隔壁。船上人會意，知道接到了大財神了。等到一上船，齊巧這船上有個「招牌主」叫做玉仙，是文七爺叫過局的，此刻碰見了熟人，格外要好。文七爺從統領船上回話回來，玉仙忙過來替他接帽子，解帶子，換衣服，脫靴子，連管家都不要用了。跟手玉仙又親自端著燕窩湯，叫文七爺就著她手裏喝湯。兩個人手拉手兒，一並排坐在炕沿上，趙不了見了眼熱，心上想：「到底這些勢利，見了做官的就巴結。」正在盤算的時候，不提防一個人，也拿了一個蓋碗往他面前一放，把他嚇了一跳，定睛看時，不是別人，卻是玉仙的妹妹，名字叫蘭仙的，亦端了一碗燕菜湯給他。你道為何？原來這船上的人起先看見他穿的樸素，不及文七爺穿的體面，還當他是底下人。後來文七爺的管家到後頭沖水說起來，船家才曉得他是總領大人的師爺，所以連忙補了碗燕窩湯。但是罐子裏的燕窩早都倒給文七爺了，剩得一點燕窩滓了。船家正在躊躇，沖水的二爺道：「沖上些開水，再加點白糖，不就結了嗎。」一言提醒了船家，如法泡製，叫蘭仙端了進去。趙不了一見，直把他喜的了不得。又幸虧他生平沒有吃過燕菜，如今吃得甜蜜蜜的，又加蘭仙朝著他擠眉弄眼，弄得他魂不附體，那裏還辨得出是燕菜是糖水。

列位看官：你可曉得文七爺的嫖是有錢的闊嫖。前頭書上說的陶子堯的嫖，是賺了錢才去嫖的，也要算得闊嫖。單是這位趙不了，他一個做朋友的人，此番跟了東家出門，不過賺上十兩八兩銀子的薪水，那裏來的錢能供他嫖呢。所以他這嫖，只好算是窮嫖。把話說清，列位看官便知這篇文字不是重複文章了。

閒話休題。且說趙不了當時把碗糖湯吃完，一口也不剩。吃完之後，也不睡覺，便同蘭仙兩個人盡著在艙裏胡吵。此時文七爺卻同玉仙靜悄悄的在耳房裏，一點聲息也聽不見。一直等到下半夜，齊說潮水來了。船上的夥計一齊站在船頭上候著。只聽老遠的同鑼鼓聲音一般，由遠而近，聲音亦漸漸的大了，及至到了跟前，竟像千軍萬馬一樣，一沖沖了過來。一個回身，把船頭頓了兩頓。夥計們用篙把船頭一撥就轉，趁著潮水，一穿多遠，已經離開江頭十幾里了。其時大眾都被潮水驚醒。不多一刻，天已大亮，船家照例行船。文七爺已經起來的了，看看天色尚早，依舊到耳房裏去睡，玉仙仍舊跟著進去伺候。起先還聽見文七爺同玉仙說話的聲音，後來也不聽見了。趙不了自從同蘭仙鬼混了半夜，等到開船之後，蘭仙卻被船家叫到後稍頭去睡覺，一直不曾出來。中艙只剩得趙不了一個，舉目無親，好不淒涼可慘。一回想到玉仙待文七爺的情形，一回又想到蘭仙的模樣兒，真正心上好像有十五個吊桶一般，七上八下。

到了次日停船之後，文七爺照例替玉仙擺了一桌八大八小的飯，請的客便是兩船上幾個同事，只是沒有請統領。王、黃二位沒有叫陪花〔註：花，美女；陪花，陪酒女郎一類。〕，周老爺也想不叫。文七爺說：「你不帶局，太冷清了。」周老爺無法，便帶了他坐船上一個小「招牌主」，名字叫招弟的。趙不了不用說，剛才入座，蘭仙已經跟在身後坐下了。文七爺還嫌冷清，又偷偷的叫人把統領船上的兩個「招牌主」一齊叫了來，坐在身旁。等到大碗小碗一齊上齊，通桌的陪花，從主人起，五啊六啊，每人豁了一個通關。把拳豁完，便是玉仙抱著琵琶，唱了一支「先帝爺」。文七爺自己點鼓板。玉仙唱完，蘭仙接著唱了一支小調。一面唱，一面同趙不了做眉眼。趙不了不時回頭去看他，又被人家看出來，一齊喝采。文七爺吵著要趙不了替他擺飯。趙不了算算自己腰包裏的錢，只夠擺酒，不夠擺飯，便一口咬定不肯擺飯。蘭仙拗他不過，只得替他交代了一台酒。

文七爺曉得趙不了還要翻檯，便催著上飯。吃過之後，撤去殘席。黃、王二位要過船過癮，趙不了不放，說：「我是難得擺酒的，怎麼二位就不賞臉？」王、黃二位無奈，只得就在這邊船上過癮。「江山船」上的規矩，擺飯是八塊洋錢，便飯六塊，擺酒只要四塊。趙不了搭連袋裏只剩得三塊洋錢，八個角子，還有十幾個銅錢。趁空向他同事王仲循借了三個角子，一共十一個角子，又同文七爺管家掉到一塊大洋錢。錢換停當，席面已經擺好了。趙不了坐了主位，好不興頭。黃、王二位還是不叫陪花。周老爺依舊叫的是招弟。因為招弟年紀只有十一歲，一上船時，船家老闆奶奶就同周老爺說過：「只要老爺肯照顧，多少請老爺賞賜，斷乎不敢計較。」所以周老爺打了這個算盤，認定主意，一直叫他。文七爺是不用說，自家一個玉仙，還有統領船上的兩個「招牌主」，一共三個。文七爺擺飯的時候，聽說統領大人正在船上打磕銃〔註：坐著小睡。〕，所以敢把他船上的「招牌主」叫了來。起先原關照過的，等到統領一醒，叫他們來知會，姊妹兩個分一個過去伺候大人，免得大人寂寞。誰知胡統領這個磕銃竟打了三個鐘頭，方才睡醒。這邊文七爺連吃兩台，酒落歡腸，不知不覺寬飲了幾杯，竟其大有醉意。等到統領船上的人前來關照說「大人已醒」，叫他姊妹們過去一個，誰知被文七爺扣牢不放。

原來統領船上的「招牌主」是姊妹兩個：姊姊叫龍珠，現在十八歲；妹妹叫鳳珠，現在十六歲。他二人長的一個是沉魚落雁之容，一個是閉月羞花之貌，真正數一數二的人才。凡有官場來往，都指定要他家的船。其實胡統領同龍珠的交情，也非尋常泛泛可比。首縣大老爺會走心境，所以在江頭就替他封了這隻船。胡統領上船之後，要茶要水，全是龍珠一人承值，龍珠偶然有事，便是鳳珠替代。因為鳳珠也是十六歲的人了，胡統領早存了個得隴望蜀的心思，想慢慢施展他一箭雙鵰的手段。所以姊妹兩個，都是他心坎上的人，除掉打盹之外，總得有一個常在跟前。

這回一覺醒來，不見他姊妹的影子，叫了兩聲，也沒人答應。一個人起來坐了一回，又背著手踱來踱去，走了兩趟，心內好不耐煩。側著耳朵一聽，恍惚老遠的有豁拳的聲音。又聽了一聽，有個大嗓在那裏唱京調，唱的是「烏龍院」，剛唱到「我為你蓋了烏龍院，我為你化了許多銀」兩句，一時辨不出誰的聲音。又側耳一聽，忽然一陣笑聲，卻是龍珠，不是別人。胡統領滿腹狐疑，到底是誰在那裏唱呢？又聽那船上唱道：「舉手掄拳將爾打。」唱完此句，大眾一齊喝采，這裏頭卻明明白白夾著趙不了的聲音。胡統領至此方才大悟，剛才唱的不是別人，一定文七爺，不由怒從心上起，火向耳邊生，把桌子上一隻茶碗，豁郎一聲，向地下摔了個粉碎。又停了半晌，還沒有人過來。原來這邊大船上的人，什麼老闆、夥計，連著大人的跟班、差官，一齊都趕到那邊船上去瞧熱鬧，這邊卻未剩得一人。胡統領此時大發雷霆，真按捺不住了，順手取過一張椅子，從船窗洞裏丟了出來。幸虧隔壁船上聽見響動，趕出來一看，才曉得統領動氣。他們船幫裏，本是互相關照的，趕忙跑到文七爺船上，如此這般，說了一遍。大家都嚇昏了。趙不了平時畏東家如虎，一聽此信，忙著叫撤臺面。無奈文七爺多吃了幾杯，便嚷著說：「我是不受他節制的。他們當統領的好玩，難道我們當隨員的不好玩麼。」一面說，一面伸著兩隻手把龍珠姊妹兩個的衣裳按住。後來被龍珠說了多少好話，把鳳珠留下，才算放他。文七爺還發脾氣，說龍珠是統領心上的人，「你們這些爛婊子，只知道巴結大人，把我們不放在眼裏！」

龍珠也不敢回嘴，急忙忙趕回自己船上。只見統領大人面孔已發青了。一個船老闆，三四個夥計，跪在地下磕響頭。胡統領罵了船家，又問：「這裏是那一縣該管？」吩咐差官：「拿片子，把這些混帳王八蛋一齊送到縣裏去！」此時龍珠過來，巴結又不好，分辯又不好。他們在文七爺船上做的事，及文七爺醉後之言，又全被統領聽在耳朵裏，所以又是氣，又是醋，並在一處，一發而不可收拾。後來幸虧一個伶俐差官見此事沒有收場，於是心生一計，跑了進來，幫著統領把船家踢了幾腳，嘴裏說道：「有話到縣裏講去，大人沒有工夫同你們嚕嗦。」說著，便把一干人帶到船頭上，好讓龍珠一個人在艙裏伺候大人，慢慢的替大人消氣。起先胡統領板著面孔不去理他，禁不住龍珠媚言柔語，大人也就軟了下來。大人躺在煙鋪上吃煙，龍珠在一旁燒煙。統領便問起他來：「怎麼在那船上同文老爺要好，一直不過來？想是討厭我老鬍子不如文老爺長得標致？既然如此，我也不要你裝煙了。」龍珠聞言，忙忙的分辯道：「他們船上的『招牌主』叫我去玩，所以誤了大人的差使，並沒有看見姓文的影子。」胡統領道：「你不要賴。都被我聽見了，還想賴呢。」一面同龍珠說話，又勾起剛才吃醋的心，把文老爺恨如切骨，還說：「是甚麼時候，當的甚麼差使，他們竟其一味的吃酒作樂，這還了得！」只因這一番，胡統領同文老爺竟因龍珠生出無數的風波來，連周老爺、趙不了統通有分在內。要知端的，且聽續編分解。

第十三回　聽申飭隨員忍氣　受委屈妓女輕生

上回書所說的胡統領，因為爭奪「江山船」妓女龍珠，同隨員文老爺吃醋。當下胡統領足足問了龍珠半夜的話，盤來盤去，問他同文老爺認得了幾年，有無深交。龍珠一口咬定：非但吃酒叫局的事從來沒有，並且連文老爺是個胖子、瘦子，高個、矮個，全然不知，全然不曉。胡統領見她賴得淨光，格外動了疑心，不但怪文老爺不該割我上司的靴腰子，並怪龍珠不該不念我往日之情，私底下同別人要好。「不要說別的，就是拿官而論，我是道台，他是知縣，他要爬到我的分上，只怕也就煩難。可恨這賤人不識高低，只揀著好臉蛋兒的去趕著巴結。」一面想，一面把他恨的牙癢癢。又想：「這件事須得明天發落一番，要他們曉得這些老爺是不中用的，總不能挑過我的頭去。」主意打定，這夜竟不要龍珠伺候，逼她出去，獨自一個冷冷清清的躺下，卻是翻來覆去，一直不曾合眼。龍珠見大人動了真氣，不要她伺候，恐怕船上老鴇婆曉得之後要打她罵她，急的在中艙坐著哭：既不敢到大人耳艙裏去，又不敢到後梢頭睡。有時想到自己的苦處，不由自言自語的說道：「這碗飯真正不是人吃的！寧可剃掉頭髮當姑子，不然，跳下河去尋個死，也不吃這碗飯了！」到了五更頭，船家照例一早起來開船。恍惚聽得大人起來，自己倒茶吃。龍珠趕著進艙伺候。胡統領不要她動手，自己喝了半杯茶，重新躺下。龍珠坐左床前一張小凳子上，胡統領既不理她，她也不敢去睡。

一等等到九點多鐘，到了一個甚麼鎮市上，船家攏船上岸買菜。那兩船上的隨員老爺都起來了。文老爺昨日雖然吃醉，因被管家喚醒，也只好掙扎起來，隨了大眾過來請安。想起昨夜的事情，自己也覺得臉上很難為情。走進統領中艙一看，幸喜統領大人還未升帳，已經聽得咳嗽之聲，知道離著起身已不遠了。等了一刻，管家進去打洗臉水，拿漱口盂子、牙刷、牙粉，拿了這樣，又缺那樣。龍珠也忙著張羅，但沒聽見統領同龍珠說話的聲音。統領有個毛病，清晨起來，一定要出一個早恭的，急嗓子喊了一聲「來」，三四個管家一齊趕了進去。又接著聽見吩咐了一句「拿馬桶」，只見一個黑蒼蒼的臉，當慣這差使的一個二爺，奔到後艙，拎了馬子到耳艙裏去。別的管家一齊退出，龍珠也跟了出來。人家都認得這拎馬桶的二爺，是每逢大人出門，他一定要穿著外套，騎著馬，雄赳赳氣昂昂，跟在轎子後頭的，大人回了公館，他便卸了裝，把腳一蹺，坐在門房裏。有些小老爺們來稟見，人家見了他，二太爺長，二太爺短，他還愛理不理的。此時卻在這裏替大人拎馬桶：真正人不可以貌相了。

且說龍珠走進中艙之後，別人還不關心，只有文七爺的眼尖，頭一個先望見。陡見龍珠兩隻眼睛哭的腫腫的，不覺心上畢拍一跳，想不出甚麼道理來。還疑心昨天自己在臺面上衝撞了她，給了她沒臉，叫她受了委屈：「此乃是我醉後之事，她也不好同我作仇，就哭到這步田地？又論不定她把我罵她的話竟來哭訴了統領，所以剛才統領的聲氣不大好聽，但是龍珠這人何等聰明，何至於呆到如此？她究竟為了甚麼事情，哭得眼睛都腫了？真正令人難解。」意思想趕上前去問她，「周、黃二位同寅是不要緊，倘若被統領聽見了，豈不要格外疑心？卻也作怪，可恨這丫頭自從耳房裏出來，非但不同我答腔，眼皮也不朝我望一望，其中必有緣故。」正想到這裏，又聽得耳艙裏統領又喊得一聲「來」。只見前頭那個拎慣馬桶的二爺，推門進去，霎時右手拎著馬桶出來，卻拿左手掩著鼻子。大家都看著好笑，又聽得統領罵一個小跟班的，說他也偷懶不進來裝水煙。小跟班的道：「不是一上船，老爺就吩咐過的嗎，不奉呼喚，不許進艙，小的怎麼敢進來！」統領道：「放你媽的狗臭大驢屁！我不叫你，你就不該應進來伺候嗎？好個大膽的王八蛋，你仗著誰的勢，敢同我來鬥嘴？我曉得你們這些沒良心的混帳王八羔子，我好意帶了你們出來，就要作怪，背了我好去吃酒作樂，嫖女人，唱曲子。那樁事情能瞞得過我？你們當我老爺糊塗。老爺並不糊塗，也沒有睡覺，我樣樣事情都知道，還來朦我呢。無此番出來，是替皇上家打土匪的，並不是出來玩的。你們不要發昏！」統領這番罵跟班的話，別人聽了都不在意，文七爺聽了倒著實有點難過，心想：「統領罵的是那一個？很像指的是自己，難道昨夜的事情發作了嗎？」一個人肚裏尋思，一陣陣臉上紅出來，止不住心上十五個吊桶，七上八落。等了一會子，聽見裏面水煙袋響。小跟班的裝完了煙，噘著嘴走到外艙，見了各位老爺，面子上落不下去，只聽他嘰哩咕嚕的說道：「皇上家要你這樣的官來打土匪，還不是來替皇上家造百姓的。這樣龍珠，那樣龍珠，得了龍珠，還想著我們嗎？」一頭說，一頭走到後艙去了。大家都聽了好笑。

隨後方見龍珠進去，幫著替大人換衣裳，打腰折，紮扮停當，咳嗽一聲，大人踱了出來。眾人上前請安相見。胡統領見面之下，甚麼「天氣很好」，「船走的不慢」，隨口敷衍了兩句，一句正經話亦沒有。倒是周老爺國事關心，問了一聲：「大人得嚴州的資訊沒有？」統領聽了一驚，回說：「沒有。老哥可聽見有甚麼緊信？」周老爺道：「的確的消息也沒有，不過他們船幫裏傳來的話。」胡統領戰戰兢兢的道：「阿彌陀佛！總要望他好才好！」周老爺道：「聽說土匪雖有，並不怎麼十二分利害，而且槍炮不靈，只等大兵一到，就可指日平定的。」胡統領頓時又揚揚得意道：「本來這些吆麼小丑，算不得什麼，連土匪都打不下，還算得人嗎？但是兄弟有一句過慮的話：兄弟在省裏的時候，常常聽見中丞說起，浙東的吏治，比起那浙西來更其不如。『這句話怎麼講呢？只因浙東有了「江山船」，所有的官員大半被這船上女人迷住，所以辦起公事來格外糊塗。照著大清律例，狎妓飲酒就該革職，叫兄弟一時也參不了許多。總得諸位老兄替兄弟當點心，隨時勸戒勸戒他們。倘若鬧點事情出來，或者辦錯了公事，那時候白簡無情，豈不枉送了前程，還要惹人家笑話？』中丞的話如此說法，但是兄弟不能不把這話轉述一番。」說完，不住的拿眼睛瞧文老爺。只見文老爺坐在那裏，臉上紅一陣，白一陣，很覺得局促不安。就是黃老爺、周老爺，曉得統領這話不是說的自己，但是昨天都同在臺面上，不免總有點虛心，靜悄悄的一聲也不敢言語。胡統領停了一會，見大家都沒有話說，只好端茶送客。他三位走到船頭上，一字兒站齊，等統領走出艙門，朝他們把腰一呵，仍舊縮了進去，然後三個人自回本船。

三人之中，別人猶可，只有文七爺見了統領，聽了隔壁閒話，知道統領是指桑罵槐，已經受了一肚皮的氣。剛才統領出來，又一直沒有睬他，因此更把他氣的了不得。回到自己船上沒有地方出氣，齊巧一個貼身的小二爺，一向是寸步不離的，這會子因見主人到大船上稟見統領，約摸一時不得回來，他就跟了船家到岸上玩耍去了。誰知文七爺回來，叫他不到，生氣罵船家。幸虧玉仙出來張羅了半天，方才把氣平下。一霎小二爺回來了，文七爺不免把他叫上來教訓幾句。偏偏這小二爺不服教訓，噘著張嘴，在中艙裏嘰哩咕嚕的說閒話，齊巧又被文七爺聽見。本來不動氣的了，因此又動了氣，罵小二爺道：「我老爺到省才幾年，倒抓過五回印把子，甚麼好缺都做過，甚麼好差都當過，就是參了官不准我做，也未必就會把我餓死。現在看了上司的臉嘴還不算，還要看奴才的臉嘴！我老爺也太好說話了！」罵著，就立刻逼他打鋪蓋，叫他搭船回省去。別位二爺齊來勸這小二爺道：「老爺待你是與我們不同的，你怎麼好撇了他走呢？我們帶你到老爺跟前下個禮，服個軟，把氣一平，就無話說了。」小二爺道：「他要我，他自然要來找我的，我不去！」說著，躲在後梢頭去了。這裏文七爺動了半天的氣，好容易又被玉仙勸住。

如是曉行夜泊，已非一日。有天傍晚，剛正靠定了船，問了問，到嚴州只有幾十里路了。下來的人都說：「沒有甚麼土匪。有天半夜裏，不曉得那裏來的強盜，明火執仗，一連搶了兩家當鋪，一家錢莊，因此閉了城門，挨家搜捕。」其實閉了一天一夜的城，一個小毛賊也沒有捉到，倒生出無數謠言。官府愈覺害怕，他們謠言愈覺造得凶。還說甚麼「這回搶當鋪、錢莊的人，並不是甚麼尋常小強盜，是城外一座山裏的大王出來借糧的，所以只搶東西不傷人。這大王現在有了糧草，不久就要起事了。」地方文武官聽了這個誑報，居然信以為真，雪片文書到省告急。所以省裏大憲特地派了防營統領胡大人，率領大小三軍，隨帶員弁前來勦捕。

從杭州到嚴州，不過只有兩天多路，倒被這些「江山船」、「茭白船」，一走走了五六天還沒有到。雖說是水淺沙漲，行走煩難，究竟這兩程還有潮水，無論如何，總不會耽擱至如許之久。其中恰有一個緣故：只因這幾隻船上的「招牌主」，一個個都抓住了好戶頭，多在路上走一天，多擺台把酒，他們就多尋兩個錢；倘若早到地頭一天，少在船上住一夜，他們就少賺兩個錢。如今頭一個胡統領就不用說，龍珠本是舊交，雖不便公然擺酒，他早同王師爺等說過：「等我們得勝回來，原坐這隻船進省。那時候必須脫略一切，免去儀注，與諸公痛飲一番。」這幾天龍珠身上，明的雖沒有，暗底下早已五六百用去了。第二個文七爺，比統領還闊：他這趟出來，卻是從家裏帶錢來用，並不是剋扣軍餉。一賞玉仙就是一對金鐲子；一開開箱子，就是四匹衣料；連著趙不了趙師爺的新相好蘭仙，趙不了還沒有給他什麼，文七爺看了他姊妹分上，也順手給了他兩件。這種闊老，怎麼叫人不巴結呢。第三個是蘭仙同趙不了要好。雖然趙不了拿不出甚麼，總得想他兩個；做妓女的人，好歹總沒有脫空的。第四個周老爺，他這船上一位王師爺，一位黃老爺，都是絕慾多年的，剩得個周老爺。碰著吃酒，他卻總帶招弟，一直不曾跳過槽。小雖小，也是生意。還有大人跟前的幾位大爺、二爺同著營官老爺，晚上停了船，同到後梢頭坐坐，呼兩筒鴉片煙，還要摸索摸索。大爺、二爺白叨了光，營官老爺有回把不免破費幾塊。他們有這些生意，就是有水可以走快，也決計不走快了。往往白天走了七十里，晚上一定要退回三十里。所以兩天多的路程，走了六天還不曾走到。

單說趙不了自從上船蘭仙送燕菜給他吃過之後，兩個人就從此要好起來。趙不了又擺了一台酒，替他做了一了面子，又把褲腰帶上常常掛著的，祖傳下來的一塊漢玉件頭解了下來，送給蘭仙。蘭仙嫌他像塊石頭似的，不要，趙不了只得自己拿回，仍舊拴在褲腰帶上。一時面子上落不下，就說：「現在路上沒有好東西給你。將來回省之後，一定打付金鐲子送你，幾百塊錢算不了甚麼。」「江山船」上的女人眼眶子淺，聽了他話，當他是真正好戶頭了，就是一天不曉得蘭仙給了他些什麼利益，害得他越發五體投地，竟把蘭仙當作了生平第一個知己，就是他自己的家小還要打第二。蘭仙問他要五十塊洋錢，他自己沒有，這幾天看見文七爺用的錢像水淌，曉得他有錢，想問他借，怕他見笑。後來被蘭仙催不過了，只好硬硬頭皮，老老臉皮，同文七爺商量。不料文七爺一口答應，立刻開開枕箱，取出一封一百洋錢，分了一半給他。趙不了看著眼熱，心上懊悔，說道：「早知如此，應該向他借一百，也是一借，如今只有五十，統通被蘭仙拿了去，我還是沒有。」一面想的時候，文七爺早把那剩下的五十塊洋錢包好，仍舊鎖入枕箱去了。趙不了不好再說別的，謝了一聲，兩隻手捧了出來。不到一刻工夫，已經到了蘭仙手裏了。

這日飯後，太陽還很高的，船家已經攏了船，問了問，到嚴州只有十里了。問他「為甚麼不走」，回道：「大船上統領吩咐過：『明天交立冬節，是要取個吉利的。』所以吩咐今日停船。明天飯後，等到未正二刻，交過了節氣，然後動身，一直頂碼頭。」別人聽了還可，只有一個趙不了喜歡的了不得。因為在船上同蘭仙熱鬧慣了，一時一刻也拆不開，恐怕早到碼頭一天，他二人早分離一天。如今得了這個信，先趕進艙來告訴文七爺。文七爺知道他腰包裏有了五十塊洋錢了，便敲他吃酒。趙不了愣了一楞。蘭仙已經替他交代下去了，還說：「明天上了岸，大人們一齊要高升了，一杯送行酒是萬不可少的。」

文七爺自從那天聽了統領的說話，一直也沒有再到統領坐的船上稟安，心上想：「橫豎事已如此，也不想他甚麼好處，我且樂我的再說。」跟手又吩咐玉仙：「今天晚上趙師爺的酒吃過之後，再替我預備一桌飯。」玉仙答應著。他又去約了那船上的王、黃、周三位，索性又把炮船上的統帶，什麼趙大人、魯總爺，又約了兩位，連自己同著趙不了，一共是七位，整整一桌。當下王、黃二位答應說來，只有周老爺忽然膽小起來，說：「恐怕統領曉得說話。」趙、魯二位也再三推辭。文七爺道：「這裏頭的事情，難道你們諸位還不曉得？統領那天生氣，並不是為著我擺酒生氣，為的是我帶了龍珠的局，割了他靴腰子，所以生氣。我今天不叫龍珠的局，那就一定沒事的了。況且統領還說過到了嚴州，打退了土匪，還要自己擺酒同大家痛飲一番。這是你們諸公親耳聽見的。他做大人的好擺得酒，怎麼能夠禁止我們呢。又況且嚴州並沒有甚麼土匪，這趟還怕不是白走。我們也不望甚麼保舉，他也不好說我們什麼不是。等擺好臺面，叫船家把船開遠些，叫他聽不見就是了。」

原來這幾天統領船上，王、黃二位只顧抽鴉片煙，沒有工夫過去。文七爺因為碰了釘子，也不好意思過去。趙不了雖然東家帶了他來，有時候寫封把信，當當雜差才叫著他，平時東家並不拿他放在眼裏，他也怕見東家的面。這幾天被蘭仙纏昏了，自己又懷著鬼胎，所以東家不叫他，他也樂得退後，不敢上前。這個空擋裏，只有一個周老爺，一天三四趟往統領坐船上跑。他本是中丞的紅人，統領自然同他客氣。偏偏又得到嚴州資訊，曉得沒有甚麼土匪，統領自然高興，他也幫著高興，雖然他臨走的時候，戴大理交代過他，說：「統領的為人，吃硬不吃軟。」及至見過幾面，才曉得統領並不是這樣的人，戴大理的話有點不確，須得見機行事，幸虧沒有造次。連日統領見了他，著實灌米湯，他亦順水推船，一天到晚，製造了無數的高帽子給統領戴，說甚麼：「嚴州一帶全是個山，本是盜賊出沒之所，土匪亦是一年到頭有的，如今是被統領的威名震壓住了，嚇得他們一個也不敢出來。將來到了嚴州，少不得懲辦幾個，給他們一個利害，叫他們下次不敢再反。回來再在四鄉八鎮，各處搜尋一回，然後稟報肅清，也好叫上頭曉得這一趟辛苦不是輕容易的，將來一定還好開個保案，提拔提拔卑職們。」

胡統領道：「不是你老哥說，我正想先把嚴州沒有土匪的消息連夜稟報上頭，好叫上頭放心。」周老爺道：「使不得！使不得！如此一辦，叫上頭把事情看輕，將來用多了錢也不好報銷，保舉也沒有了。如今稟上去，越說得凶越好。」胡統領一聽此言，恍然大悟，連說：「老哥指教的極是，兄弟一準照辦。——」當下就關照龍珠，另外叫他多備幾樣菜，留周老爺在這邊船上吃晚飯。周老爺有了這個好處，所以文七爺請他，執定不肯奉擾。文七爺見請他不到，也只好隨他。等到上火之後，船家果然把他們兩隻坐船撐到對岸停泊。其時，周老爺早已跳在統領大船上去了。

趙不了臺面擺好，數了數人頭，就是不見周老爺，忙著要叫人去找。文七爺道：「現在他做了統領的紅人兒了，統領一時一刻不能離開他。他眼睛裏那裏有我們，我們也不必去仰攀他了。」趙不了道：「不請他，恐怕他在東家跟前要說我們甚麼。」王師爺道：「周某人同你往日無仇，他為什麼要擠你？這倒可以無慮的。」趙不了只得罷手，不過心上總有點疑疑惑惑，覺著總不舒服。一台酒敷衍吃完，拳也沒有豁，酒也沒有多吃。幸虧一個文七爺興高采烈，一台吃完，忙吩咐擺他那一台。又去請趙大人、魯總爺，一個個坐了小划子都來了。趙大人並且把他的一個相好名字叫愛珠的帶了來。文七爺見了非常之喜，連說：「到底趙大人脾氣爽快。——」又催著替魯總爺帶局。魯總爺沒有相好，文七爺就把周老弟叫的招弟的一個姊妹，名字叫翠林的薦給他。一時賓主六人，團團入座。文七爺因為剛才在趙不了臺面上沒有吃得痛快，連命拿大碗來。王、黃二位是不大吃酒的，趙不了量也有限。幸虧炮船上統帶趙大人是行伍出身，天生海量：年輕的時候，一晚上一個人能𣪍吃三大罈子的紹興酒，吐了再吃，吃了再吐，從不作興討饒的。如今上了年紀，酒興比前大減，然而還有五六十斤的酒量。就以現在而論，文七爺還不是他的對手。但是文七爺亦是個好漢，人家喝一碗，他一定也要陪一碗，人家喝十碗，他一定也要陪十碗。喝酒喝的吐血，如今又得了痰喘的病，他是要喝。見了酒沒命的喝，見了女人，那酒更是沒命的喝。先是搶三，三拳一碗，後來還嫌不爽快，改了一拳一碗。趙大人吃酒吃的火上來了，把小帽子、皮袍子一齊脫掉。文七爺也光穿著一件棗兒紅的小緊身，映著雪白的白臉蛋，格外好看。王、黃二位吃了一半，到後艙裏躺下抽煙，趙不了趁空便同蘭仙胡纏。

臺面上只剩得一個魯總爺。這魯總爺，是江南徐州府人氏，本是個鹽梟投誠過來的，兩隻眼睛烏溜溜，東也張張，西也望望，忽而坐下，忽而站起，沒有一霎安穩，好像有什麼心事似的。幸虧大家並不留意。後來大家吃稀飯，讓他吃，他一定不吃，說是「酒吃多了，頭裏暈得慌，要緊回去睡覺。」文七爺還同他辯道：「你何嘗吃什麼酒？」魯總爺道：「兄弟只有三杯酒量，吃到第四杯，頭裏就要發暈的。」眾人見他如此說，只好隨他先走，吩咐船上搭好扶手，眼望他上了划子。文、趙二位，依舊進艙對壘。

趙大人趕著趙不了叫老宗台：「只顧同相好說話，不理我們，應該罰三大碗。」趙不了再三討饒，只吃得一杯，蘭仙搶過去吃了一大半，只剩得一點點酒腳，才遞給趙師爺吃過。文、趙二位又喝了幾碗。文七爺有點撐不住了，方才罷手。趙大人也有點東倒西歪，眾人架著，趔趔趄趄，跳上划子，回到自己炮船上睡覺。黃、王二位也回本船。周老爺從大船上回來睡著了。這裏文七爺的酒越發湧了出來，不能再坐，連玉仙來同他說話，替他寬馬褂，倒茶替他潤嘴，他一概不知道，扶到床上，倒頭便睡。玉仙自到後面歇息。趙不了自有蘭仙相陪，不必提他。卻說玉仙這夜不時起來聽信，怕的是七爺酒醒，要湯要水，沒人伺候。誰曉得他老這一覺，一直睏了一夜零半天，約摸有一點鐘，統領船上鬧著未時已過，要開船了，他這裏才慢慢的醒來。玉仙先送上一碗燕窩湯，呷了一口，然後披衣起身下床，洗臉刷牙，吃早飯，一頭吃著，船已開動。

文七爺伸手往自己袍子袋裏一摸，誰知一個金錶不見了。當時以為不在袋裏，一定在床上，就叫玉仙：「到床上把我的錶拿來。」誰知玉仙到床上找了半天，竟找不到；後來連枕頭底下，褥子底下，統通翻到，竟沒有一點點影子花。文七爺還在外頭嚷，問她：「怎麼拿不來。」後來玉仙回報了沒有，文七爺親自到耳艙裏來尋，也找不到。自己疑心，或者昨天酒醉的時候鎖在枕箱裏也未可知，連忙拿出鑰匙，想去開枕箱，誰知枕箱並沒有鎖。文七爺一看大驚，再仔細一看，銅鼻子也斷了，一定鎖被人家裂掉無疑了。趕忙打開一看，一封整百的洋錢，還有給趙不了剩下的五十塊洋錢，還有一隻金鑲藤鐲，金子雖不多，也有八錢金子在上頭，都不見了。還有一個翡翟搬指、兩個鼻煙壺，都是文七爺心愛之物，連著衣袋裏的一隻打璜金錶、一條金鏈條，統通不見。文七爺脾氣是毛躁的，立刻嚷了起來，說：「船上有了賊了，還了得！」玉仙嚇得面無人色。後艙裏人一齊哄到前艙裏來。船老闆道：「我們的船，在這江裏上上下下一年總得走上幾十趟，只要東西在船上，一個繡花針也不會少的。總是忘記擱在那裏了，求老爺再叫他們仔仔細細找一找。」文七爺道：「一個艙裏都找遍了，那裏有個影兒。」船老闆不相信，親自到耳艙裏看了一遍，又掀開地板找了一會，統通沒有，連稱奇怪。

文七爺疑心船上夥計不老實，船老闆道：「我這些夥計，都是有根腳的，偷偷摸摸的事情是從來沒有的。」文七爺發火道：「難道我冤枉你們不成！既然東西在你們船上失落掉的，就得問你要。」船老闆不敢多言，船頭上一個夥計說道：「昨天喝酒的時候，人多手雜，保得住誰是賊，誰不是賊？」文七爺一聽這話，越發生氣，一跳跳得三丈高，罵道：「喝酒的人都是我的朋友，你們想賴我的朋友做賊嗎？況且昨天晚上，除掉客人，就是叫的局，一個局來了，總有兩三個烏龜王八跟了來，一齊頓在船頭上，推開耳艙門伸手摸了去，論不定就是這般烏龜偷的。如今倒怪起我的客人來了，真是混帳王八蛋！等等到了嚴州，一齊送到縣裏去打著問他。」船老闆見文七爺動了真火，立刻到船頭上知會夥計，叫他不要多嘴。又回到艙裏，叫玉仙倒茶給文老爺喝。文七爺也不理她。此時船在江中行走，別船上的人不能過來，只有本船上的，人人詫異，個個稱奇。趙不了也幫著找了半天，那裏有點影子。大家總疑心是船上夥計偷的，決非他人。

文七爺統計所失：一個搬指〔註：裝飾品，用象牙、翡翠等製成。〕頂值錢，是九百兩銀子買的；兩個鼻煙壺，四百兩一個；打璜金錶連著金鏈條，值二百多塊；一隻金鑲藤鐲，不過四十塊；其餘現洋是有數的了。一面算，一面託趙不了替他開了一張失單。霎時間船抵碼頭，便有本城文武大小官員前來迎接。文七爺是隨員，只得穿了衣帽，到統領船上請安稟見，怕的是有甚麼差遣。這個檔裏，見了嚴州府首縣建德縣知縣莊大老爺，他們本是同寅，又是熟人，便把船上失竊的事告訴了他，隨手又把一張失單遞了過去。莊大老爺立刻吩咐出來，把這船上的老闆、夥計統通鎖起，帶回衙門審訊；其餘幾隻船上，責成船老闆不准放走一個夥計，將來回明統領，一齊要帶到城裏對質的。果然現任縣太爺一呼百諾，令出如山，只吩咐得一句，便有一個門上，帶了好幾個衙役，拿著鐵鏈子，把這船上的老闆、夥計一齊鎖了帶上岸去了。

且說統領船上把各官傳了幾位上來，盤問土匪情形。一個府裏，一個營裏，都是預先商量就的，見了統領，一齊稟稱，起先土匪如何猖獗，人心如何驚慌，「後來被卑府們協辦擒拿，早把他們嚇跑，現在是一律肅清的了」。他二人的意思原想借此可以冒功，誰知胡統領聽了周老爺上的計策，意思同他一樣。船到碼頭時候，胡統領還捏著一把汗，生怕路上聽來的資訊不確，到了嚴州被土匪把他宰了，及至聽了府裏、營裏的言語，膽子立刻壯起來，便說：「這些伏莽為患已久，現在他們打聽得大兵前來，所以暫時解散，等到兄弟去後，依舊是出來攪擾。

兩位老兄雖說已經肅清，據兄弟看來，後患方長，不可不慮。且等明天兄弟上岸察看情形，再作計較。」當下又說了些閒話，端茶送客，眾官別去。不在話下。

單說文七爺船上的老闆、夥計被縣裏鎖了去，嚇得一船的女人哭哭啼啼，跪著向文老爺討情，文老爺不理，又替趙師爺磕頭，趙師爺也作不得主。後來文七爺被玉仙纏不過，只好答應他。且等縣裏問過一堂再去說情。未到天黑，縣裏的辦差門上進來回文七爺的話，說道：「已經替大老爺同師爺另外封了一隻船，就請今天搬過去。這隻船是賊船，我們敝上要重重的辦他們一辦。」文七爺道：「很好。」船上的女人，聽說老爺要過船，更沒有依靠了，一齊跪在艙板上不起來。玉仙拉著文七爺，蘭仙拉著趙師爺，更是哭個不了。文七爺沒法，只好安慰玉仙道：「我決不難為你的。」玉仙沒法，只好讓文七爺過船，行李剛搬得一半，縣裏莊大老爺派的捕快也就來了。先到船上請示失去的搬指、煙壺是什麼樣子，聽說有一百五十塊現洋錢，有無圖書。文七爺說：「洋錢全是鼎記拿來的，一律是本莊圖章。」齊巧身邊還有一塊，就拿出來給他們看，好拿著比樣子去找。捕快說：「城裏大小當鋪都找過，沒有，想來還不曾出手。洋錢論不定要先出擋。昨天喝酒的那些老爺們共是幾位？小的們不敢疑心到老爺，怕的是帶來的管家手腳不好。雖不敢明查他們，也得暗裏留心，就是拿住之後，不替他們聲張出來，也有個水落石出。至於這幾隻船上的夥計，將來稟過大人，一齊要好好的搜一搜。」文七爺見這捕快說話在行，就統通告訴了他，還著實誇讚他幾句，說他能辦事。

等到文七爺、趙師爺才把船過停當，捕快就進了中艙坐下，勒令別家船上的夥計把船替他撐開碼頭，靠在一爿茶館底下。捕快向這茶館裏一招手，又上來好幾個，是他同夥的人，一齊到了中艙，就叫船家的女人幫著把艙板掀開，大約看了一遍，沒有。又到後艙。起先玉仙姊妹是一直在前艙的，一個個哭的同淚人一般，也不像什麼美人了。誰知蘭仙看見一帶人往後頭去，她也趕到後頭去。被一個捕快把她一攔道：「小姑娘，你別往這裏瞎跑！」蘭仙道：「我們女人有些東西不好給你們男人看的，我得收拾收拾。」捕快道：「慢著，不好看的東西也要看看的了。」一面說，一面夥計們已在後艙翻的不成樣兒了。後首不知怎樣，在蘭仙床上搜出一封洋錢，立刻打開來一看，一對圖章，絲毫不錯。捕快道：「贓在這裏了！」眾人聽了一驚。蘭仙急攘攘的說道：「這是趙師爺交給我，託我替他買東西的。」捕快道：「趙師爺沒人託了，會託到你！這話只好騙三歲孩子。」蘭仙道：「如果不相信，好去請了趙師爺來對的。」捕快道：「真贓實據，你還要賴！」一面說，一伸手就是一個巴掌。船上的女人，統通認是蘭仙做賊，一個個都嚇昏了。原來趙不了從文七爺手裏借了五十塊洋錢給了蘭仙，蘭仙卻瞞住她娘，不曾被她知道，等到抄了出來，所以她娘也摸不著頭腦。蘭仙又不是親生女兒，是買來做媳婦的，一時氣頭上，也不分青紅皂白，趕過來狠拿的幫著把蘭仙一頓的打，嘴裏還罵道：「不要臉的小娼婦！偷人家的錢，帶累別人！不等上堂老爺打你，我先要了你的命！」捕快道：「有了洋錢，別的東西就好找了。」忙著翻了一大陣，卻是一毫影子沒有。又趕過來問蘭仙。其時蘭仙已被她娘打的不成樣子了。捕快連忙喝阻道：「她今犯了官罪，有老爺管她，你須管她不到了。你自己的人作賊，連你自家都有罪，還有面孔打人呢！」老闆奶奶被捕快埋怨了一頓，一聲也不敢響。捕快催問蘭仙別的東西。蘭仙只是哭，沒有話。大眾格外疑心。她娘也催著她說道：「多偷只有一個罪，少偷亦只有一個罪。小祖宗！你快招認罷，省得再害別人了！」蘭仙還是哭，沒有話。捕快道：「她不說，亦不要她說了，且把她帶到城裏再講。」於是拖了就走。那捕快還拉著老闆奶奶同著一塊兒去。老闆奶奶嚇的索索抖，不敢去，又被他們罵了兩句，只好跟著同去。一頭走，一頭罵蘭仙。蘭仙此時被眾人拖了就走。上岸之後，在茶館裏略坐片刻，一同押著進城。可憐她小腳難行，走三步，捱一步，捕役還不時的催，恨的她娘一路拿巴掌打她。好容易捱到衙門口，在二門外頭臺階上坐了一會。捕快進去稟報，傳話出來：「老爺此刻就要上府，晚上統領大人還要傳去問話，吩咐把船上兩個女人先交官媒〔註：舊時衙署中擔任媒妁等事的婦女。〕看管，明天再審。」眾人聽了，便去傳到官媒婆，把兩個女人交給她，官媒婆領了就走，一走走到她家。

這時候她娘兒兩個頭上的金簪子、銀耳挖子，統通被差上拿去，說是賊贓，要交給老爺的。娘兒倆也不敢作聲。到了官媒那裏，頭上的首飾已經一絲一毫都沒有了。官媒還不死心，又拿她二人細細的一搜，蘭仙手上還有一付鍍金銀鐲子，也被她探了下來，說是明天要交案的。其時初冬天氣，她娘兒們都穿著大厚棉襖，官媒婆一定說是偷來的賊贓，要她脫了下來。她二人不敢不遵。每人只穿兩件布衫，凍的索索的抖。凡初到官媒婆那裏的人，總得服她的規矩，先餓上兩天，再捱上幾頓打，晚上不准睡；沒有把你吊起來，還算是便宜你的。至於做賊的女犯，他們相待更是與眾不同：白天把你拴在床腿上，叫你看馬桶，聞臭氣，等到晚上，還要把你捆在一扇板門上，要動不能動，擱在一間空屋子裏，明天再放你出來。可憐蘭仙雖然落在船上，做了這賣笑生涯，一樣玉食錦衣，那裏受過這樣的苦楚。只因她生性好強，又極有情義，趙不了給她錢的時候，曾對她說過：「不要同你媽說起是我送的，怕傳在統領耳朵裏去。」所以她牢記在心。等到捕役搜到之後，她一時情急，只說得一句是「趙師爺託我買東西的」。後來被他們拉了上岸，早已知道此去沒有活路，與其零碎受苦，何如自己尋個下場。就是不死，這碗船上的飯也不是好吃的。所以聽說要將她拖上岸去，她早已萌了死志，順手把炕上煙盤裏的一個煙盒拿在手中。等到官媒婆搜的時候，要藏沒處藏，就往嘴裏一送，熬熬苦，吞了下去，趁空把匣子丟掉。一時官媒搜過，她便對她娘說道：「媽！你亦不必埋怨我，亦不必想我，這個苦，我是受不來的。早也是一死，晚也是一死，倒不如早死乾淨。我死之後，你老人家到堂上，只要一口咬定請趙師爺對審，我的寃就可以伸，你老人家也不至於受苦了。」她娘此時又氣又嚇，又凍又餓，早已糊裏糊塗，她媳婦說的話始終未曾聽得一句。等到上燈，官媒因她二人是賊，便將板門抬了進來，如法炮製，鎖入空房。誰知次日一早推門，這一嚇非同小可！欲知後事如何，且聽下回分解。

第十四回　剿土匪魚龍曼衍　開保案雞犬飛升

卻說蘭仙既死之後，次早官媒推門進去一看，這一嚇非同小可，立刻張皇起來。老闆奶奶見媳婦已死，搶地呼天，哭個不了，官媒到此卻也奈何她不得。又因她年紀已老，料想不會逃走，也就不把她拴在床腿上了。奉官看守的女犯，一旦自盡，何敢隱瞞，只好拚著不要命，立時稟報縣太爺知曉。

莊大老爺一聽人命關天，雖然有點驚慌，幸虧他是老州縣出身，心上有的是主意，便立時升堂，把死者的婆婆帶了上來，問過幾句。老婆子只是哭求伸冤，老爺不理他，特地把捕快叫了上去，問他：「蘭仙做賊，是誰證見？」捕快回稱：「是她婆婆的證見。」老爺喝道：「她同她婆婆還有不是一氣的？怎麼說她是證見呢？」捕快回道：「文大老爺的洋錢，塊塊上頭都有鼎記圖章；小的在這死的蘭仙床上搜到了一封，一看圖章正對，她媽也不知這洋錢是那裏來的，還打著問她。大老爺不相信，問這船上的老婆子可是不是。」老爺便問老闆奶奶道：「你媳婦這洋錢是那裏來的？」老婆子回：「不知。」老爺道：「我亦曉得你不知情，倘若知情，豈不是你也同她統通一氣，都做了賊嗎？」老婆子道：「我的青天大老爺！我實情不知道！」老爺道：「捕快搜的時候，你看見沒有，還是在死的蘭仙床上搜著的呢？還是在你同你別的女兒床上搜著的呢？」老婆子一聽這話，恐怕又拖累到自己連著玉仙，連忙哭訴道：「實實在在是蘭仙偷的，是在她床上翻著的。」老爺道：「可是你親眼所見？」婆子道：「是我親眼所見。」老爺道：「這是你死的媳婦不好。我老爺比鏡子還亮，你放心罷，我決不連累你的。」老婆子道：「真真青天大老爺！」老爺這裏又把官媒婆傳了上去，把驚堂木一拍，罵了聲：「好個混帳王八蛋！我老爺把重要賊犯交你看管，你膽敢將她凌虐至死！到我這裏，諒你也無可抵賴。我今天將你活活打死，好替蘭仙償命！」說罷，便吩咐差役將她衣服剝去，拿藤條來，替我著實的抽。兩邊衙役答應一聲，立刻走過七八個似狼如虎的人，伸手將媒婆衣服剝去，只剩得一件布衫，跪在地下，瑟瑟抖個不了。老爺又喊一聲「打」，便有一個人提著頭髮，兩個人一邊一個，架著她的兩隻膀子，一個拎著一根指頭粗的藤條，一五一十，一下下都打在媒婆身上。五十一換班，打的媒婆「啊呀皇天」的亂叫，不住的喊「大老爺開恩」。老爺也不理她，看看一口氣打了整整五百下，方才住手。老爺又問船上老婆子道：「你的媳婦可是官媒婆弄死她的不是？如果是她弄死的，我今天立刻就弄死她，好替你媳婦償命。」老婆子跪在一旁，看見老爺打人，早已嚇昏的了，雖有吩咐下來，她卻一句不曾聽見，只是在地下發楞。老爺又指著船上老婆子同官媒說：「你的死活在她嘴裏，她要你活就活，她叫你死就死。我老爺只能公斷。」官媒一聽這話，便哭著求老婆子道：「老奶奶！頭上有天！你媳婦可是自己尋的死，並不與我甚麼相干。現在老爺打死我，這要你老人家說一句良心話，你媳婦是我弄死的不是？果若是我弄死的，我死而無怨。我的老奶奶！我的命現在吊在你嘴裏，你要冤枉死我，我做了鬼也不同你干休！」

老婆子心上本來是恨官媒婆的，今見老爺已經打了她一頓，「倘若我再說了些甚麼，老爺一定要將她打死，這條人命豈不是我害的。別的不怕，倘若冤魂不散，與我纏繞起來，那可不是玩的！現在這一頓打已經夠她受用的了，況且蘭仙又實實在在不是她弄死的，我又何必一定要她的命呢？」想罷，便回老爺道：「大老爺，我們蘭仙是自己死的，不與她相干，求老爺饒了她罷！」老爺聽了這話，便道：「既然是你替她求情，我老爺今天就饒她一條狗命。」官媒又在堂上替老婆子磕頭，謝過老奶奶。老爺又對老婆子道：「昨天船上的事情，我也知道是蘭仙一個人做的，與你並不相干，我本來今天想放你的。既然如此，你趕緊下去，具張結上來，好領你媳婦屍首去盛殮。」老婆子巴不得這一聲，老爺開恩放她，立刻下去具結，無非是「媳婦羞忿自盡，並無凌虐情事」等話頭。寫好之後，送上老爺過目。又拿下去，叫老婆子畫了十字。諸事停當，老爺又把船上的一般男人，甚麼老闆、夥計，通同提了上去，告訴他們：

「現在文大老爺少的東西，查明白了，是蘭仙偷的，藏在床上，是她婆婆親眼為證，看著捕快搜出來的。現在蘭仙已經畏罪自盡，千個罪並成一個罪，等她死的一個人承當了去。餘下少的東西，我去替你們求求文大老爺，請他不必追究，可以開脫你們。」眾人聽了，自然感激不盡。老爺便命仍把一干人還押，等稟過本府大人，請鄰封驗過屍首回來，再行取保釋放。眾人叩謝下去。老爺便立刻上府，將情稟知本府，請派鄰封相驗。他們堂屬本來接洽，自然幫著了事，那裏還有挑剔之理。鄰封相驗，是照例文章，無庸細述。

莊大老爺又趕到船上向文七爺叨情：「失落的東西該價若干，由兄弟送過來。現在做賊的人已經畏罪自盡，免其拖累家屬。」文七爺忙問：「東西是那個偷的？」莊大老爺回說：「是本船上的『招牌主』蘭仙偷的。」文七爺聽了，好生詫異。本來還想盤問，因為莊大老爺是要好朋友，知道他是借此開脫自己的干係，同寅面上不好為難，只得應允，還說：「東西失已失了，做賊的人已經死了，那有叫老哥賠的道理。」莊大老爺道：「老同寅面上，怎敢說賠，但是老哥也等著錢用，兄弟是知道的，停會就送過來。」文七爺見他如此，也不好說別的。當時又說了幾句閒話，彼此別過。走到船頭上，莊大老爺又同文七爺咬個耳朵，託他在統領面前善言一聲。文七爺也答應。莊大老爺回去之後，當晚先送了三百銀子給文七爺。次日鄰封驗過屍，屍親具過結，沒有話說，莊大老爺將一干人釋放。這班人倒反感頌縣太爺不置：一條人命大事，輕輕被他瞞過，這便是老州縣的手段。

閒話休題。且說當莊大老爺同文七爺講話之時，都被趙不了聽去。先聽見蘭仙做賊，已吃一驚，後來聽話她畏罪自盡，這一嚇更非同小可！想起兩個人要好的情意，止不住撲簌簌掉下淚來。然而還當她果真是賊，卻想不到是自己五十塊洋錢將她害了。當夜一宵沒生合眼。後來打聽到船上人俱已釋放，蘭仙已經掩埋。他常常寫四六信寫慣的，便抽空做了一篇祭文，偷著到岸上空地方望空拜奠了一番。回得船來，又是一夜不睡，替蘭仙做了一篇小傳，還謅了幾首七言四句的詩。自己想著：「將來刻在文稿裏，叫她留名萬載，也算以報知己了。」幸虧這兩天，文七爺公事忙，時時刻刻被統領差遣出去，所以由他一個盡著去幹，也沒人來管他。

單說胡統領自從船靠碼頭，本城文武稟見之後，他聽了周老爺的計策，便一心一意想無中生有，以小化大。次日一早排齊隊伍，先獨自一個坐了綠呢大轎，進城回拜了文武官員。首縣替他在城裏備了一個公館。他心上實在捨不得龍珠，面子上只說：「船上辦事很便，不消老哥費心。」所以預備的那個公館，他竟不到。是日就在府衙門裏吃的中飯。一面吃飯，一面同府裏、營裏說道：「據兄弟看來，土匪一定是聽見大兵來了，所以一齊逃走，大約總在這四面山坳子裏，等到大兵一去，依舊要出來為非作歹。斬草不除根，來春又發芽。兄弟此來，決計不能夠養癰貽患，定要去絕根株。今天晚上，就請貴營把人馬調齊，駐紮城外，兄弟自有辦法。」營官諾諾連聲，不敢違拗。本府意思還想冒功，遂又稟道：「土匪初起的時候，本甚猖獗；後來卑府會同營裏同他們打了兩仗，都已殺敗，四處逃生，現在是一個賊的影子也沒有了。大人可以不必過慮。」胡統領道：「貴府退賊之功，兄弟亦早有所聞。但兄弟總恐怕不能斬盡殺絕，將來一發而不可收拾，不但上憲跟前兄弟無以交代，就連著老哥們也不好看，好像我們敷衍了事，不肯出力似的。」本府聽了此話，面上一紅。一霎吃完飯，胡統領回船。營官回去傳令，不到天黑，早已傳齊三軍人馬，打著旗，掌著號，一班副爺們，一個個騎著馬，掛著刀，賽如迎喜神一般，到了城外，擇到一個空地方把營紮下。本營參將到船上稟過統領。此時統領真同做了大元帥一樣：自己坐船在當中，兩邊兩隻，便是三個隨員，兩位老夫子的坐船。此外還有家人們的船、差官們的船、伙食船、行李船、轎子船。又有縣裏預備的吹手船：一天吃三頓，吹打三次。統領出門回來，還要升炮。到了晚上，一更二更，頂到放天明炮，船上擂鼓，親兵掌號，嗚都都，嗚都都，吹的真正好聽。放過炮之後，還要細吹細打一次，都是照例的規矩。吹手船之外，便是統領帶來的兵船，有陸軍，有水師，水師坐的都是炮划子，桅杆上都扯著白鑲邊的紅旗子，寫著某營、某哨。旗子當中寫的便是本船統帶的姓。船頭上，船尾巴上，統通插著五色旗子，也有畫八卦的，也有畫一條龍的，五顏六色，映在水裏，著實耀眼。

胡統領等到吃過晚飯，便同軍師周老爺商量發兵之事。當下周老爺過來，附著胡統領的耳朵，如此如此，這般這般，說了一遍。胡統領稱謝不迭，趕緊躺下抽煙，抽了二十多筒，他的癮也過足了，一翻身在炕上爬起，傳令發兵。這個時候差不多已有三更多天了，岸上的參將、守備、千總、把總，船上的營頭、哨官，都靜悄悄的候著。胡統領走到中艙一坐，差官們雁翅般的排列著，兩邊明晃晃的點著一對手照，一邊架上插著子丑寅卯辰巳午未申酉戌亥十二支令箭，還有黃綢做的小旗子。胡統領拔了一支令箭，傳參將上來，叫他帶五百人作為先鋒，一路上逢山開道，遇水疊橋。參將答應一聲「得令」。又傳守備上來，叫他也帶五百人，作為接應。一個千總，一個把總，各帶三百人，作為衛隊。一干人都答應一聲「得令」，拿了令箭站在一旁。

看官須知道：武營裏的規矩，碰著開仗，頂多出個七成隊，有時還只出得個三成隊、四成隊的，從沒有出過十成隊的。今番胡統領明知道地面上一個土匪都沒有，樂是闊他一闊，出個十成隊，叫人家看著熱鬧熱鬧。按下不提。他還不知道從那裏找得一張地理圖，畫得極其工細，燈光之下，瞧了半天瞧不清楚，虧得小跟班遞上老花眼鏡來戴著，歪了頭瞧了半天，按著周老爺的話，打什麼地方進兵，打什麼地方退兵，什麼地方可以安營紮寨，什麼地方可以埋伏，指手畫腳的講了一遍。參將、守備、千總、把總諾諾連聲，嘴裏都說「遵大人吩咐」。說時遲，那時快，岸上兩個號筒手早已掌起號來，「出隊，出隊」的吹個不了。這些兵勇們打大旗的，抗洋槍的，抗刀叉的，這種刀叉名字叫作「南陽技業」。抗苗子〔註：指長矛。〕的，裝著白蠟杆，足足有八尺多長。抗馬刀的，馬刀上都捆著紅布。滾籐牌的，穿的老虎衣。一面燈球火把，照耀如同白晝，單等參將、守備、千總、把總下來，指明方向，他們就可分頭進發。

這個時候，偏偏有個都司叫作柏銅士的，蹌蹌踉踉上來回道：「剛才大人所說的進兵的地方，標下的船曾經搖過，廚子上去買菜，標下上去出恭，四面兒瞧過一瞧，一點動靜都沒有。」胡統領正在興頭上，突然被他阻住，不覺心中發火，大聲喝道：「我正在這裏指授進兵的方略，膽敢搖唇鼓舌，煽惑軍心！本該將你斬首，姑念用人之際，從寬發落。」一面喝：「拖下去！跟我結實的打！」只見四個親兵，如狼似虎，早把柏都司按下，舉起軍棍，一聲吆喝，那軍棍就從柏都司身上落下來。看看打到二百，胡統領還不叫住手，棍子又來的結實，柏都司實實熬不得了。於是一眾官員，自參將起，至外委止，一齊朝著胡統領跪下求情，艙裏容不下，連著岸上跪的都是人。胡統領還拿腔做勢，申飭了一大頓，方命把柏都司放起，將眾官斥退。

大隊人馬，都已分派齊全。又傳下令來：「五更造飯，天明起馬。」胡統領自己在後押住隊伍，督率前進。所有的隨員，除兩位老夫子及黃同知留守大船外，周、文二位一概隨同前去。吩咐已畢，其時已有四更多天，胡統領又急急的横在鋪上呼了二十四筒鴉片煙，把癮過足，又傳早點心。這個空檔裏頭，周老爺、文七爺一班人便也回到自己船上，料理一切。

且說本營參將奉了將令，點齊人馬，正待起身，手下有個老將前來稟道：「統領叫大人打前敵，現在土匪一個影子都沒有，到底去幹什麼事呢？」一句話把參將提醒，意思想上船請統領的示；見了剛才柏都司捱打的情形，恐防又碰在統領氣頭上，討個沒趣：因此要去又不敢去。虧得這個老將聰明，便說：「統領跟前不好請示，好在幾位隨員老爺已經下來，大人何不到他們船上問一聲兒？」參將正在沒得主意，一聞此言大喜，立刻叫伴當〔註：僕從。〕拿了名片，趕到隨員船上，因與文七爺相熟，指名拜文大老爺。文七爺見了名片，就說：「立時就要動身，那裏還有工夫會客。」周老爺道：「你別管，姑且先叫他進來。你沒工夫，等我陪他。」便命手下「快請」。參將進得艙中，朝著諸位一一打恭。歸坐之後，周老爺劈口問他：「半夜惠顧，有何賜教？」參將湊近一步，將來意陳明：「請教統領大人是何用意？此地實實在在一個土匪沒有，如今帶了大兵前去，到底幹嗎呢？」

周老他聽了這話，笑而不答。參將一定要請教。周老爺道：「此事須問統領方知，兄弟同老哥一樣，大家都是奉令差遣，別事一概不知。」參將急了，細想這事一定要問文七爺。文七爺因為這幾天一直沒有好生睡覺，剛才從統領船上站班回來，意思想橫在床上打個盹就起身，不料參將纏不清爽，一定要見他。他身無奈，只得起來相陪。參將便把他拉在一旁，同他細說，問他怎樣辦法可以不叫統領生氣。文七爺的脾氣一向是馬馬虎虎的，一句話便把他問住。周老爺見文七爺回答不出，忽然心生一計，仍舊自己出來同他講，說這件事須問統領的跟班曹二爺才曉得。參將道：「那裏去找他呢？」周公爺道：「容易。」立刻叫他自己管家：「到大人船上看曹二爺空不空，倘若無事，請他過來一趟。」

一霎曹二爺來了，站在船頭上不肯進來。周老爺趕出去同他咕唧了一回，又轉身進來同參將說，無非說他們這趟跟著統領出門，怎樣吃苦，總想你老哥栽培他們的意思。參將一聽明白，知道這事情非錢不應，立刻答應了一百銀子；還說：「兄弟的缺是著名的苦缺，列位是知道的。這一點點不成個意思，不過請諸位吃杯茶罷。」周老爺又趕到船頭上同曹二爺說，曹二爺嫌少，一定要五百。周老爺艙裏艙外跑了好幾趟，好容易講明白三百銀子：明天回來先付一百兩，下餘的二百，在大人動身之前一齊付清。又恐怕口說無憑，因為文七爺同他相好，周老爺一定要拉文七爺擔保。文七爺見周老爺向參將要錢，心上已經不高興，後來又見他跑出跑進，做出多少鬼串，愈覺瞧他不起。周老爺還不覺得，鄭重其事的把統領的意思無非是虛張聲勢，將來可以開保的緣故，統通告訴了參將。參將到此，方才恍然大悟。立刻起身相辭，捨舟登岸，料理出隊的事情。

說時遲，那時快，一霎時分撥停當，統領船上傳令起身，便見參將身騎戰馬，督率大隊，按照統領所指的地圖，滔滔而去。等到大隊人馬都已動身，其時太陽已經落地，統領船上方傳伺候。胡統領坐的仍舊是綠呢大轎，轎子跟前一把紅傘，一軋齊十六名親兵，掮著的雪亮的刀叉，左右護衛。再前頭便是在船上替他拎馬桶的那個二爺，戴著五品功牌，拖著藍翎，腰裏插著一枝令箭，騎在馬上，好不威武。再前頭，全是中軍隊伍，只見五顏六色的旗子，迎風招展，挖雲鑲邊的號褂，映日爭輝。虧得周老爺是打大營出身，文七爺是在旗，他二人都還能夠騎馬，不曾再坐縣裏的轎子。

自從動身之後，胡統領一直在轎子裏打瞌銃，並沒有別的事情。漸漸離城已遠，偶然走到一個村莊，他一定總要自己下轎踏勘一回，有無土匪蹤跡。鄉下人眼眶子淺，那裏見過這種場面，膽大的藏在屋後頭，等他們走過再出來，膽小的一見這些人馬，早已嚇得東跳西走，十室九空。起先走過幾個村莊，胡統領因不見人的蹤影，疑心他們都是土匪，大兵一到，一齊逃走，定要拿火燒他們的房子。這話才傳出去，便有無數兵丁跳到人家屋裏四處搜尋，有些孩子、女人都從床後頭拖了出來。胡統領定要將他們正法。幸虧周老爺明白，連忙勸阻。胡統領吩咐帶在轎子後頭，回城審問口供再辦。正在說話之間，前面莊子裏頭已經起了火了。不到一刻，前面先鋒大隊都得了信，一齊縱容兵丁搜掠搶劫起來，甚至洗滅村莊，姦淫婦女，無所不至。胡統領再要傳令下去阻止他們，已經來不及了。當下統率大隊走到鄉下，東南西北，四鄉八鎮，整整兜了一個大圈子。胡統領因見沒有一個人出來同他抵敵，自以為得了勝仗，奏凱班師。將到城門的時候，傳令軍士們一律擺齊隊伍，鳴金擊鼓，穿城而過。當他轎子離城還有十里路的光景，府、縣俱已得了捷報，一概出城迎接。此時胡統領滿臉精神，自以為曾九帥克復南京也不過同我一樣。見了府、縣各官，他老亦只得下轎，走到接官亭裏，把自己戰功敘述兩句。本府意思想請統領大人到本府大堂，擺宴慶功。胡統領意思一定要回到船上，本府拗他不過，只得跟他又兜了一個大圈子，仍送他到城外下船。所有的隊伍統通擺齊在岸灘上，足足擺了好幾里路的遠，統領轎子一到，一齊跪倒在地，吶喊作威。少停升炮作樂，把統領送到船上，下轎進艙。接連著文武大小官員，前來請安稟見。統領送客之後，一面過癮，一面吩咐打電報給撫台：先把土匪猖獗情形，略述數語；後面便報一律肅清，好為將來開保地步。電報發過，他老的煙癮亦已過足，先在岸灘上席棚底下擺設香案，自己當先穿著行裝，率領隨征將弁望闕叩頭謝恩已畢，然後回船受賀。諸事停當，先傳令：「每棚兵丁賞羊一腔、豬一頭、酒兩罈、饅頭一百個。」各兵丁由哨官帶領著在岸上叩頭謝賞。一面船上吩咐擺席，一切早由首縣辦差家人辦理停當。一溜十二隻「江山船」，整整擺了十二桌整飯，仍舊是統領坐船居中，隨員及老夫子的船夾在兩旁，餘外全是首縣辦的。其時已有初更時分，船頭上艙裏頭，點的燈燭輝煌，照耀如同白晝。「江山船」的窗戶是可以掛起來的，十二隻船統通可以望見，燈紅酒綠，甚是好看。一聲擺席，一個知府，一個參將，一齊換了吉服進艙，替統領定席。吹手船上吹打細樂。胡統領見各官進來，不免謙讓了一回，口稱：「今日之事，我們仰託著朝廷洪福，得以成此大功，極應該脫略儀注，上下快樂一宵。況且這船又是兄弟的坐船，諸位是客，兄弟是主，只有兄弟敬諸位的酒，那有反勞諸位的道理。」知府道：「今日是替大人慶功，理應大人首座，卑府們陪坐。」胡統領一定不肯。又要諸位寬章〔註：寬衣〕，諸位只好遵命。於是又請了兩位老夫子過來。原定五個人一席，胡統領又叫請周老爺，說一切調度都是他一人之功，一定要他坐首位。周老爺見本府在座，不敢僭越，仍舊坐了第五位。餘下黃、文二位隨員亦在隔壁船上坐定。一霎時十二隻船都已坐滿，不必細述。

單說當中一隻船上，六個人剛剛坐定，胡統領已急不可耐，頭一個開口就說：「我們今日非往常可比，須大家盡興一樂。」府裏、營裏只答應「是，是」。統領眼睛望好了趙不了，知道他年輕好玩，意思想要他開端，齊巧碰著他一肚皮的心事。他此刻身子雖然陪著東家吃酒，一心想到蘭仙，又想到蘭仙死的冤枉，心上好不淒慘，肚皮裏尋思：「倘若此時蘭仙尚在，如今陪了東家一塊吃酒，是走了明路的，何等快活，何等有趣！偏偏她又死了！」想到這裏，不禁掉下淚來，又怕人看見，只好裝做眼睛被灰迷住了，不住的把手去揉，幸而未被眾人看破。當下胡統領張羅了半天，無人答腔，覺著很沒意思。還虧周老爺聰明，看出苗頭，暗地裏把黃老夫子拉了一把，為他年紀大些，臉皮厚些，人家講不出的話他都講得出，所以要他先開口。他果然會意，正待發言，齊巧龍珠在中艙門口招呼夥計們上菜，黃老夫子便趁勢說道：「龍珠姑娘彈的一手好琵琶，錢塘江裏沒有比得過她的。」胡統領道：「不錯，不錯，你老夫子是愛聽琵琶的。」黃老夫子道：「好琵琶人人愛聽。今天不比往常，極應該脫略形跡，煩龍珠姑娘多彈兩套，替統領大人多消幾杯酒。」胡統領道：「今日是與民同樂。兄弟頭一個破例，叫龍珠上來彈兩套給諸位大人、師爺下酒。」龍珠巴不得一聲，趕忙走過來坐下，跟手鳳珠亦跟了進來。胡統領一定要在席人統通叫局。本府、參將各人叫了各人相好。周老爺仍舊叫了小把戲招弟，黃老夫子不叫局，胡統領倒也不勉強他一定要叫。末了臨到趙不了，胡統領道：「今天是先生放學生，准你開心一次，你叫那個？」趙不了回說：「沒有。」胡統領一定要他叫。他一定不叫。胡統領心上很怪他：「背地裏作樂，當面假撇清，這種不配抬舉的，不該應叫他上臺盤。」心上如此想，面色就很不好看。那裏曉得他一腔心事，滿腹牢騷，他正在那裏難過，那裏還有心腸再叫別人呢。當下胡統領便不去睬他，忙著招呼隔壁船上文七爺等統通叫局。此時蘭仙已死，玉仙無事，仍舊做他的生意，文七爺於是仍把他叫了來。趙不了隔著窗戶看見了玉仙，想起他妹妹，他心上更是說不出的難過。一霎時局都叫齊，豁過了拳，龍珠便抱著琵琶，過來請示彈甚麼調頭。本府大人在行，說道：「今天是統領大人得勝回來，應該彈兩套吉利曲子。」眾人齊說一聲「是」。本府便點一套「將軍令」，一套「卸甲封王」。胡統領果然非常之喜。一霎時琵琶彈完，本府、參將一齊離座前來敬酒，齊說：「大人卸甲之後，指日就要高升，這杯喜酒是一定要吃的。」胡統領道：「要喜大家喜，兄弟回來就要把今天出力的人員，稟請中丞結結實實保舉一次，幾位老兄忙了這許多天，都是應該得保的。」本府、參將聽到此言，又一齊離位請安，謝大人的栽培。

這裏只圖說的高興，不提防右首文七爺船上首縣莊大老爺正在那裏吃酒，看見大船上本府、參將一個個離座替統領把盞，莊大老爺也想討好，便約會了在桌的幾個人，正待過船敬統領的酒。一隻腳才跨出艙門，忽見衙門裏一個二爺，氣吁吁的，跑的滿頭是汗，跨上跳板，告訴他主人說道：「老爺不好了！」莊大老爺一聽大驚，忙問：「姨太太怎麼樣了？」那二爺道：「不是姨太太的事。西北鄉裏來了多多少少的男人、女人，有的頭已打破，渾身是血，還有女人扛了上來，要求老爺伸冤。」莊大老爺道：「甚麼事情，難道又被土匪打劫了不成？」二爺道：「並不是土匪，是統領大人帶下來的兵勇，也不知那一位老爺帶的，把人家的人也殺了，東西也搶了，女人也強姦了，房子也燒完了，所以他們趕來告狀。」莊大老爺一聽這話，很覺為難。剛巧這兩天姨太太已經達月，所以一見二爺趕來，還當是姨太太養孩子出了甚麼岔子，後來聽說不是，才把一條心放下。但是鄉下來了這許多人，怎麼發付？統領正在高興頭上，也不便去回。到底他是老州縣，見多識廣，早有成竹在胸，便問二爺道：「究竟來了多少人？」二爺道：「看上去好像有四五十個。」莊大老爺道：「你先回去傳我的話：他們的冤枉我統通知道，等我回過統領大人，一定替他們伸冤，叫他們不要囉嗦。」

二爺去後，莊大老爺才同文七爺等跨到統領船上，挨排敬酒。胡統領還說了許多灌米湯的話。莊大老爺答應著，又謝過統領，仍回到隔壁船上，卻把二爺來說的話，一句未向統領說起。等到席散，在席的官員一個個過來謝酒，千、把、外委們一齊站在船頭上擺齊了請安，兩位老夫子只作了一個揖。胡統領送罷各官，轉回艙內，便見貼身曹二爺走上來，把鄉下人來城告狀的話說了一遍。胡統領道：「怕他什麼！如果事情要緊，首縣又不是木頭，為什麼剛才臺面上一聲不言語？要你們大驚小怪！」曹二爺碰了釘子，不敢作聲，趔趄著退了出去。此時周老爺已回本船，胡統領又叫人把他請了過來，告訴他剛才曹二爺的話。周老爺心中明白，聽了著實擔心，不敢言語。

胡統領又要同他商量開保案的事，誰是「尋常」，誰是「異常」，誰該「隨折」，誰歸「大案」，斟酌定了，好稟給中丞知道。當下周老爺自然謙讓了一回，說道：「這個恩出自上，卑職何敢參預。」胡統領道：「你老哥自然是異常，一定要求中丞隨折奏保存，這是不用說的了，其餘的呢？」周老爺見統領如此器重，趕忙謝栽培之恩，不便過於推辭，肚皮裏略為想了一想，便保舉了本府、參將、首縣、黃丞、文令、趙管帶、魯幫帶，統通是異常勞績。胡統領看了別人的名字還可，獨獨提到文七爺，他心上總還有點不舒服，便說：「自己帶來的人一概是異常，未免有招物議。我想文令年紀還輕，不大老練，等他得個尋常罷。本地文武沒有出甚麼大力，何必也要異常？」周老爺同文七爺交情本來不甚厚，聽了統領的話，只答應了一聲「是」。後來見統領又要把當地文武抹去，他便獻策道：「大人明鑒：這件事情是瞞不過他們的。他們倒比不得文令可以隨隨便便，總求大人格外賞他們個體面，堵堵他們的嘴。這是卑職顧全大局的意思。」胡統領一聽這話不錯，便說：「老哥所見極是，兄弟照辦。有這幾個隨折的，也盡夠了。隨折不比別的，似乎不宜過多。倘若我們開上去被中丞駁了下來，倒弄得沒有意思，所以要斟酌盡善。」周老爺連忙答應幾聲「是」。又接著說道：「別人呢，卑職也不敢濫保，但是同來的兩位老夫子，辛苦了一趟，齊巧碰著這個機會，也好趁便等他們弄個功名。這裏頭應該怎樣，但憑大人作主，卑職也不敢妄言。此外還有大人跟前幾個得力的管家，卑職問過他們，功牌、獎劄，也統通得過的了。此番或者外委、千、把，求大人賞他們一個功名，也不枉大人提拔他們一番的盛意。」胡統領道：「老夫子呢，再談。至於我這些當差的，就是有保舉，也只好隨著大案一塊兒出去。兄弟現在要緊過癮，就請老哥今天住在兄弟這邊船上，替兄弟把應保的人員，照剛才的話，先起一個稿，等明天我們再斟酌。」說完之後，龍珠便上前替統領燒煙。

周老爺退到中艙，取出筆硯，獨自坐在燈下擬稿。一頭寫，一頭肚裏尋思，自己還有一個兄弟，一個內弟，兄弟已經捐有縣丞底子，內弟連底子都沒有，意思想趁這個檔口弄個保舉，諒來統領一定答應的。只要他答應，雖說內弟沒有功名，就是連忙去上兌，倒填年月，填張實收出來，也還容易。正在尋思，龍珠因見統領在煙鋪上睡著了，便輕輕的走到中艙，看見周老爺正在那裏寫字呢，龍珠趁便倒了碗茶給他。周老爺一見龍珠，曉得她是統領心上人，連忙站起來說了聲：「勞動姑娘，怎麼當得起呢！」龍珠付之一笑，便問周老爺還不睡覺，在這裏寫甚麼。周老爺便趁勢自己擺闊，說道：「我寫的是各位大人、老爺的功名，他們的功名都要在我手裏經過。」龍珠便問：「為什麼要在你手裏經過？」周老爺道：「今天統領到這裏打土匪，他們這些官跟著一塊出征打仗，現在土匪都殺完了，所以一齊要保舉他們一下子。」龍珠道：「什麼叫土匪？」周老爺道：「同從前『長毛』一樣。」龍珠道：「我們在路上不是聽見船上人說，並沒有甚麼『長毛』嗎？」周老爺道：「怎麼沒有，一齊藏在山洞子裏，如果不去滅了他們，將來我們走後，一定就要出來殺人放火的。」龍珠聽了，信以為真。又問道：「府大人、縣裏老爺不統通都是官嗎？還要升到去？」周老爺道：「縣裏升府裏，府裏升道台，升了道台就同統領一樣。」龍珠道：「剛才我聽見你同大人說甚麼曹二爺也要做官。他做甚麼官？」周老爺道：「這些人也沒有甚麼大官給他們做，不過一家給他們一個副爺罷了。」龍珠道：「你不要看輕副爺，小雖小，到底是皇上家的官，勢力是大的。我們在江頭的時候，有天晚上，候潮門外的盧副爺上船來擺酒，一個錢不開銷還罷了，又說是嫌菜不好，一定要拿片子拿我爸爸往城裏送。後來我們一船的人都跪著向他磕頭求情，又叫我妹妹鳳珠陪了他兩天，才算消了氣：真正是做官的利害！」

周老爺道：「統領大人常常說鳳珠還是個清的，照你的話，不是也有點靠不住嗎？」龍珠道：「我們吃了這碗飯，老實說，那有什麼清的！我十五歲上跟著我娘到過上海一趟，人家都叫我清倌人。我肚裏好笑。我想我們的清倌人也同你們老爺們一樣。」周老爺聽了詫異道：「怎麼說我們做官的同你們清倌人一樣？你也太糟蹋我們做官的了！」龍珠道：「周老爺不要動氣，我的話還沒有說完，你聽我說：只因去年八月裏，江山縣錢大老爺在江頭雇了我們的船，同了太太去上任。聽說這錢大老爺在杭州等缺等了二十幾年，窮的了不得，連甚麼都當了，好容易才熬到去上任。他一共一個太太，兩個少爺，倒有九個小姐。大少爺已經三十多歲，還沒有娶媳婦。從杭州動身的時候，一家門的行李不上五擔，箱子都很輕的。到了今年八月裏，預先寫信叫我們的船上來接他回杭州。等到上船那一天，紅皮衣箱一多就多了五十幾隻，別的還不算。上任的時候，太太戴的是鍍金簪子，等到走，連奶小少爺的奶媽，一個個都是金耳墜子了，錢大老爺走的那一天，還有人送了他好幾把萬民傘，大家一齊說老爺是清官，不要錢，所以人家才肯送他這些東西，我肚皮裏好笑：老爺不要錢，這些箱子是那裏來的呢？來是甚麼樣子，走是甚麼樣子，能夠瞞得過我嗎？做官的人得了錢，自己還要說是清官，同我們吃了這碗飯，一定要說清倌人，豈不是一樣的嗎？周老爺，我是拿錢大老爺做個比方，不是說的你，你老人家千萬不要動氣！」周老爺聽了她的話，氣的一句話也說不出，倒反朝著她笑。歇了半天，才說得一句：「你比方的不錯。」龍珠又問道：「周老爺，這些人的功名都要在你手裏經過，我有一件事情拜託你。我想我吃了這碗飯，也不曾有甚麼好處到我的爸爸。我想求求你老人家替我爸爸寫個名字在裏頭，只想同曹二爺一樣也就好了。將來我爸爸做了副爺，到了江頭，城門上的盧副爺再到我們船上，我也不怕他了。」周老爺聽了此言，不覺好笑，一回又皺皺眉頭。龍珠又釘著問他：「到底行不行？」一定要周老爺答應。周老爺拿嘴朝著耳艙裏努，意思想叫她同統領去說。龍珠尚未答話，只聽得耳艙裏胡統領一連咳嗽了幾聲，龍珠立刻趕著進去。欲麼後事如何，且聽下回分解。

第十五回　老吏斷獄著著爭先　捕快查贓頭頭是道

話說龍珠走進耳艙，看見胡統領已醒，連忙倒了一碗茶。胡統領喝過之後，龍珠又拿了一支煙袋，坐在床沿上替他裝煙。一面裝煙，一面閒談，就講到保舉一事。龍珠撒嬌撒癡，一定要大人保她爸爸做副爺。胡統領恐怕人家說閒話，不肯答應，禁不住龍珠一再軟求，統領弄得沒法，便指引她叫她去求周老爺。龍珠道：「周老爺不答應，才叫我來找你的。」胡統領道：「剛才他不答應，包管你再去找他，他一定答應。」龍珠道：「我不管，我見了周老爺，我只說你叫我說的。」胡統領把臉一沉道：「你別瞎鬧！」說完這句，他老人家仍舊睡下。

龍珠恐怕耽誤她爸爸的功名大事，仍舊走到外艙找周老爺，誰知這個檔口，一個中艙人都擠滿的了：有幾個是船上的哨官、幫帶，其餘的便是統領的跟班、廚子，一齊在那裏圍著周老爺講話。因為統領睡了覺，不敢高聲，都湊上去同周老爺咬耳朵，只見周老爺有的點點頭，有的搖搖頭，也不知說些甚麼。又見廚子給周老爺打千。等到這些人退去，船頭上又站了不少的人。周老爺搖手，叫他們不要進來，怕驚了統領的駕。他們雖然不敢進來，卻是不肯散去。周老爺叫把艙門關上，龍珠方又上來求他。周老爺也懂得這裏頭的機關，樂得在統領面上討好，便應允了。等到稿子擬好，天已大亮了。船上的烏龜格外巴結，特地熬了一鍋稀飯，備了四碟小菜，請他到後梢頭去吃。龍珠又到前艙裏，聽了聽統領正在好睡的時候，便回來同周老爺說道：「大人一時還不會醒。周老爺你整整辛苦了兩天兩夜，就在這船上歇歇，打個盹罷。」周老爺道：「我真的熬不住了！」說完此句，果然就在船老闆的床上躺下了。龍珠替他拿被蓋好。老闆說天冷得很，自己又從櫃子裏取出一條毯子，給他蓋上。周老爺連忙客氣，還說：「你如今保舉了官了，我們就是同寅了，怎麼好勞動你呢？」老闆道：「老爺說那裏話來！小人不是託著你老人家的福，那裏來的官做呢。」周老爺到底辛苦了兩天兩夜，實在撐不住，一上床就朦朧睡去。等到一覺睏醒，已經是一點鐘了。趕緊起身，洗了一把臉，就拿擬的稿子送給胡統領瞧。胡統領正躺在被窩裏過癮，一手接過稿子，一面嘴裏說：「費心得很！」等到過足了癮，打開稿子一看，頭一張便是辦剿土匪，一律肅清的詳細稟稿；連著稟請隨折奏保的幾個銜名；其餘的只開了幾張橫單，等到善後辦好再稟上去，此時不過先把大概應保人員斟酌出一個底子，以便隨後增添。胡統領看過無話，便命先將稟帖繕發，又叫把周老爺的名字擺在頭一個。周老爺答應著，出來照辦不題。

且說建德縣知縣莊大老爺自在統領船上赴宴之後，辭別進城。一到衙前，果見人頭擁擠。剛才進得大門，便有無數鄉民跪在轎旁，叩求伸冤。莊大老爺一見這個樣子，立刻下轎，親自去攙扶為首的兩個耆民。不等他們開口，自己先說：「這些兵勇實在可惡得很！我已經稟過統領，一定要正法幾個，把人頭號令在你們莊子上，才好替你們出這口氣。」莊大老爺一頭走，一頭說，走到大堂，隨即坐下。此時通班衙役兩旁站齊，大堂上燈籠火把照耀如同白晝。莊大老爺坐定之後，告狀的一班鄉民，把個大堂跪的實實足足。莊大老爺皺著眉頭，哭喪著臉，向底下說道：「我想你們這些百姓真可憐呀！本縣是一縣的父母，你們都是本縣的子民：天下做兒子的受了人家欺負，那做父母的心上焉有不痛之理！今日之事，不要說你們來到這裏哀求我替你們伸冤，就是你們不來，本縣亦是一定要辦人的。」莊大老爺的話還未說完，堂下跪的一班人一齊都叫：「青天大老爺，真正是小人們的父母！曉得眾子民的苦處！你老吩咐的話，都是眾子民心上的話，真正是青天老爺！也不用小人們再說別的了。」莊大老爺聽到這裏，曉得這事容易了結，便說：「你們先下去商量商量，誰人被殺，誰家被搶，誰家婦女被人強姦，誰家房子被火燒掉，細細的補個狀子上來。明日一早，本縣好據你們的狀子到船上問統領要人，立刻正法，當面辦給你們看。」眾鄉民又一齊叩頭謝大老爺的恩典，一齊下來，歌功頌德不置。莊大老爺退堂之後，不做別的，立刻擬就一道招告的告示，連夜寫好發貼。告示上寫的是：「統領軍令森嚴。此番帶兵剿辦土匪，原為除暴安良起見。深恐不法勇丁，騷擾百姓，所以面諭本縣：倘有前項情事，證據確鑿，准其到縣指控。審明之後，即以軍法從事，決不寬貸。」各等語。等到告示發出，莊大老爺方才回到上房打了一個盹。次日一早，先上府稟明此事。府大人聽了甚是躊躇，想了一回，叫他先到城外面回統領。其時統領正在好睡的時候，管家又不敢喊他。莊大老爺在官廳裏，一直等到一點半鐘，肚裏餓的難過，意思想轉回衙門，吃過飯再來。偏偏又有人來說，統領已經睡醒，只好等著傳見。一等等到兩點多鐘，船上傳話下來，吩咐說「請」。莊大老爺上船見了統領，先行禮謝過昨天的酒，然後歸坐，慢慢的談到公事。莊大老爺便把昨天晚上的事，稟陳了一遍，又說：「昨天晚上卑職在船上，就得到這個資訊，恐怕不確，所以沒有敢回。」胡統領一聽他言，方想起昨日家人曹升來說的話並不是假，心上甚不快活，半天沒有言語。莊大老爺見統領為難，樂得趁勢賣好，便說：「這件事情卑職已有辦法，包管鄉下人告不出。大人這裏也不用辦一個人，自然可以無事。」胡統領忙問：「有何辦法？」莊大老爺便如此如此，這般這般，說了一遍。起先統領只是拉長著耳朵聽他講話，後來漸漸的面有喜色，臨到末了，不禁大笑起來，連說：「甚好，甚好！老哥如此費心，兄弟感激得很！」說完之後，又告訴他：「老哥的銜名已經稟請中丞隨折奏獎。」莊大老爺立刻又請安謝過保舉，然後辭別。

坐轎回到衙中，傳齊三班〔註：指州、縣官署裡的皂、壯、快三班，擔負捕盜、警衛之責。〕衙役，立刻就要升堂理事。又叫人知會城守營，擺齊隊伍，前來助威。諸事停當，然後莊大老爺升坐公案，把一干人提到案前審問。莊大老爺一見這班人，仍舊做出一副愁眉苦臉的情形，對這些人說道：「本縣想這些兵勇真正可惡！一定今天要正法兩個，好替你們伸冤。所有被害的人家，本縣已經稟明統領，一概捐廉從豐撫恤。你們的狀紙想都已寫好的了，先拿來我看，好拿錢分給你們。」眾人一聽，又有錢給他們，又替他們伸冤，真正是個青天大老爺，又連連磕頭稱頌不迭。於是齊把那狀子呈上。莊大老爺看過之後，便吩咐左右道：「照這狀子上，趙大房子燒掉，又打死一個小工，頂頂吃虧，應該撫恤銀五十兩。」立刻堂上發下一錠大元寶。趙大拿著歡喜，眾人望著眼熱。下餘錢二、孫三、李四、周五、吳六、鄭七、王八，也有三四十兩的，也有十兩、八兩的。

莊大老爺見幾個頂吃虧的都已敷衍完畢，便指著一個人說道：「你說你的老婆、女兒被人強姦，這件事情頂大，審問明白，立刻當面拿人殺給你看。但是一樣：這件事情人命關天，究竟那一個強姦你的老婆，那一個強姦你的女兒，你須認明，不可亂指。你老婆、女兒帶來了沒有？」這人道：「昨天就同了來的。」莊大老爺道：「很好。你老婆不用說，等到把你女兒驗過，我就立刻辦人。」那人聽了無話，莊大老爺道：「從來打官司頂要緊的是證見，有了證見，就可辦人。你們的狀子已在這裏，誰是證見，快去想來。不但這個須得證見，趙大的小工被兵打死，究竟是誰的兇手，亦要查個明白；房子被燒，亦得有人放火。你們快快查出人頭，我老爺立刻等著辦呢。」眾人聽了，面面相覷，一句對答不上。老爺便說：「你們暫且下去，想想再來，或者一時忘記也論不定。」眾人退下，七嘴八舌，議了半天，畢竟未曾說出一個人來。那個女兒被人家強姦的，聽說要驗，尤其不肯。因此鬧了半天，竟其不能重新上堂稟覆。

且說莊大老爺所擬的招告告示貼出之後，四鄉八鎮得了這個風聲，那些被害人家誰不想來告狀，半日之間，衙前聚了好幾百人，為首的還是兩個武秀才，鬧烘烘的一齊要見本官。莊大老爺得信之後，知道人多難以理喻，便吩咐開了中門，請這兩位武秀才內庭相見。起先這兩個武秀才仗著人多，都是雄赳赳，氣昂昂，好像有萬夫不當之勇，及至聽到一聲「請」，又見本府衣冠迎接出來，大堂兩邊，自外至內，重重疊疊，站立著無數營兵、衙役，到了此時，不覺威風矮了一半。眾人見他兩位尚且如此，大家也無甚說得。跟了進來，一齊站在大堂院子裏，不敢多說一句話。莊大老爺把兩個武秀才迎了進去。他兩個見了父母官，不敢不下跪磕頭，起來又作了一個揖。莊大老爺奉他兩位炕上一邊一個坐下，茶房又奉上茶來，弄得他二人坐立不安，手足無措，不知如何是好，想要說話，不知從那裏說起。那個坐首座的，不覺索索的抖了起來。莊大老爺不等他開口，依舊做出他那副老手段來，咬牙切齒，罵這些兵丁傷天害理，又唉聲嘆氣，替百姓呼冤。兩個武秀才聽了，直覺他倆心上要說的話，都被大老爺替他們說了出來，除掉諾諾稱是之外，更無一句可以說得。主大老爺立刻逼著：「快快出去查明受害的百姓，趕緊指出真凶實犯，本縣立刻就要辦人！」兩個武秀才坐在上面實在難過，巴不得一聲，馬上辭別下來。莊大老爺仍舊送到二門。他倆會到眾人，正在商議辦法；又會見剛才過堂下來的一班人，彼此見面，提及前事，亦因不能指出人名，不能回覆。正在為難的時候，裏頭知縣又掛出一扇牌來。眾人擁上去看，無非又是催促他們趕緊查齊人證，以便從嚴懲辦的一派話語。眾人看了，真正滿肚皮冤枉，卻是尋不著對頭。而且人命關天，非同兒戲；倘若冤枉了人，做了鬼要來討命，那卻更不是玩的，因此又議了半天，仍舊是一無頭緒。

一霎時又聽得裏面傳呼伺候老爺升坐，要提先來的一班人審問。眾人無奈，只得仍到堂上跪下。莊大老爺便換了一副嚴厲之色，催問他們：「查出人頭沒有？有無證見？」眾人你看看我，我看看你，仍然是無辭以對。莊大老爺便發話道：「本縣愛民如子，有意要替你們伸冤，怎麼倒來欺瞞本縣？這還了得！現在你們的狀子都在本縣手裏，已經稟過統領。統領問本縣要證見，本縣就得問你們要人。你們還不出人來，非但退回剛才發給你們的撫恤銀子，還要辦你們反告的罪。你們想想：殺人放火，強姦婦女，是個什麼罪名！你們有幾個腦袋？已經有冤沒處伸，如今還經得起再添這們一個罪名嗎？本縣看你們實在可憐得很，怎麼不弄明白就來告狀？」眾人一齊磕頭，沒有話說。莊大老爺只是逼著他們快說，叫他們趕緊指出人頭，無奈眾人只是說不出。莊大老爺發狠道：「你們到底怎樣？若照這個樣子，叫本縣怎麼回覆統領呢！現在只有一條路，要你們指出人頭，立時三刻正法；除了這一條，就得辦你們誣告。」眾人聽得如此說，一齊跪在地下求饒。莊大老爺見他們害怕，越發得計。一回說，要解他們到統領船上去，一回又說，既然沒有憑據，剛才的銀子都不該領，要他們一齊退出來。眾人不肯，只是哭哭啼啼的在地下磕頭。莊大老爺道：「我想你們這些人，可憐呢果然可憐，然而又可恨之極！既要伸冤，為甚麼不指出真凶實犯，等我辦給你看？現在弄得有冤沒處伸，還落一個誣告的罪名！幸而本縣曉得你們的苦處，若是換了別人，你們今天闖的這個亂子可不小！現在你們想怎麼樣？說了出來，本縣替你作主。」眾人道：「小的們還有甚麼說得！小的是大老爺的子民，只要大老爺痛顧小的們一點，就是小人們重生父母了。」莊大老爺聽了，也不言語，皺了一回眉頭，方說道：「這事叫我也為難。現在放你們容易，但是統領跟前我要為你們受不是的。」眾人只是磕頭無話。

莊大老爺又問：「房子燒掉，小工殺掉，東西搶掉，可是真的？」眾人道：「是真。」又問：「強姦婦女可是真的？」那個老婆、女兒被兵強姦的人，只是淌眼淚，不敢回答。莊大老爺道：「現在我只有一個法子，給你們開一條生路，非但不辦反告的罪，還可以安安穩穩得幾兩撫恤銀子。」眾人一聽大老爺如此開恩，又一齊磕頭。莊大老爺道：「這些事情本縣知道全是兵勇做的，但是沒有憑據怎麼可以辦人？現在要替你們開脫罪名，除非把這些事情一齊推在土匪身上，你們一家換一張呈子，只說如何受土匪糟蹋，來求本縣替你們伸冤的話。再各人具一張領紙〔註：指收條。〕，寫明領到本縣撫恤銀子若干兩，本縣就拿著你們這個到統領跟前替你們求情。倘若求得下來，是你們的造化，求不不來，亦是沒法的事。」眾人說：「大老爺替我們去求統領大人，是沒有不准的。」莊大老爺道：「那亦看罷了。但是一樁：你們遭了土匪的害，統領替你們打平了土匪，你們做百姓的也總得有點道理。」眾人還當是統領要錢，一齊哭著說道：「小人們遭了土匪，一家家破人亡，那裏還有錢孝敬統領大人！求大老爺開恩！」莊大老爺道：「統領大人那裏稀罕你們的錢！臨走的時候孝敬幾把萬民傘，不就結了嗎？一個人能出幾文錢？」眾人聽了，又一齊叩頭，謝過大老爺的恩典，下去改換呈子，並補領狀。

頭一幫人發落已畢，再發落後頭一幫人。後頭一幫人也是沒有真憑實據的，看見前頭的樣子早已膽寒。莊大老爺本來也想當堂發落的，因見人多，恐怕滋事，仍舊退堂，叫人把兩位為首的武秀才叫了進來；又叫這兩個秀才轉邀了十幾個耆民，一齊到大廳相見。兩個秀才見過官的了，幾個耆民見了官都瑟瑟的抖。莊大老爺安慰他們，讓他們坐了講話。當下先對兩個武秀才說道：「今天簡直把本縣氣死！可恨這些人，既要伸冤，又指不出真憑實據。不問張三、李四，你想本縣能夠亂殺嗎？就是本縣肯幫著他們，替他伸冤，怕上頭也不答應，非但不答應，一定還要本縣拿人，辦他們的誣告。你說冤不冤！本縣實在可憐他們，所以才替他們想出一個法子，非但不辦罪，而且每人反可落幾兩撫恤銀子。我亦總算對得住你們建德的百姓了。」兩個秀才齊道：「蒙老父台這樣，真正是愛民如子。」眾耆民亦不住的稱頌青天大老爺。

莊大老爺方才言歸正傳，問兩個秀才道：「你二位身入黌門，是懂得皇上家法度的。今番來到這裏，一定拿到了真凶實犯，非但替你們鄉鄰伸冤，還可替本縣出出這口氣。」兩個秀才脹紅了面，一句回答不出，坐在那裏著實局促不安。莊大老爺又向幾個耆民說道：「你們幾位都是上了歲數的人，俗語說道，『嘴上無毛，辦事不牢』，像你諸位一定是靠得住，不會冤枉人的了？」豈知幾個耆民，在鄉下時，雖然眾人見了他們惟命是聽，及至他們見了官，亦變成了沒嘴葫蘆。莊大老爺說一句，他們答應一句。及至問他究竟，依然是面面相覷，默無聲息。莊大老爺詫異道：「怎麼諸位一聲不響呢？本縣是個性急的人，只要諸位說出人頭，本縣恨不得立時立刻辦人。」眾人依然無語。莊大老爺故意躊躇了半天，又問了好幾遍，見他們始終不說，莊大老爺才把臉一板道：「這是甚麼事情，也可以鬧著玩的？他人猶可，你二位是有功名的人，誣告一個罪、硬出頭一個罪、聚眾一個罪、吵鬧衙門一個罪。知法犯法，這還了得！」兩個秀才聽到這裏，早已嚇死了，連忙拍落托跪在地下：「求老父台高抬貴手！武生們是不識字的，不懂得道理。此番回去，一定安分用功；倘有不好事情傳在老父台耳朵裏，兩樁罪一塊兒辦。」說著，又迭連繃冬繃冬的磕響頭，連著幾個耆民也都跪下了，齊說：「情願叫來的人都回去，求大老爺別動氣！」

莊大老爺看了，肚皮裏著實好笑，卻忍住不笑，忙用手扶起兩個秀才，叫眾人一齊歸坐。又拿腔做勢，扳談了好半天，准把幾個耆民開釋無事；兩位秀才暫時留在城裏，聽候統領的示下，眾人感激不盡，卻把兩個秀才活活嚇死！莊大老爺又會賣好，向眾人說道：「你們出去先傳諭眾百姓，叫他們各自回家。不日本縣親自下鄉踏勘，果然受了糟蹋，還要撫恤他們。」眾人聽了越發感激。兩個秀才卻嚇的面色都發了白了，不覺又一同跪下叩頭求饒。莊大老爺只是頭朝上仰著天，一手拈著鬍鬚，慢慢的說道：「誣告大事，本縣擔不起這個沉重。」眾人見大老爺如此說法，以為這事不妙，連忙又一齊跪下，磕頭如搗蒜一般。莊大老爺道：「你們眾位是無知愚民，情有可恕，他二人身入黌門，那有不知王法的道理。本縣並不難為於他，把他送到學裏，交待老師，且等本縣見過學憲〔註：即學台，憲是對長官的尊稱。〕再作道理。」兩個秀才一聽要稟學憲，更嚇等魄散魂飛，恐斥革功名，失了飯碗，因此更哀求不已，眾人又再四環求。莊大老爺一想，架子已經擺足，樂得順水推船，便對幾個耆民道：「百姓的苦處，本縣一概知道，早晚自有撫恤。他們做秀才的人，亟應謹守臥碑，安分守己，現在事不干己，膽敢硬來出頭。他在本縣面前尚且如此，若在鄉下，更不知如何魚肉小民了。所以本縣也要留他在這裏，訪問訪問平時有無劣跡再辦。現在既然是你們一再替他求情，本縣就給你們個面子，暫時交你們帶去。以後本縣要人，必須隨時交到，倘若不交，惟你們是問。但不知你們可能替他做個保人不能？」眾人齊說：「願代具保。」莊大老爺聽了無話。兩個秀才同了眾人又一齊謝過，方才起來。

代書早已伺候現成，立刻就在廂房裏把保狀先寫好。又補了兩個公呈：一個是稟告土匪作亂，環求請兵剿捕；一個是感頌統領督兵剿匪，除暴安良，帶述百姓們的苦處，順便稟求賑撫的話頭。起先幾個鄉下人還不肯如此寫，齊說：「我們大老爺是好的，很體恤我們子民。統領的兵一個個無法無天，我們的苦頭也吃夠了，實在說不出一個『好』字。」莊大老爺又私底下叫人開導他們道：「你們眾人呈子上不把統領恭維好，這撫恤銀子他如何肯發？你們既然沒有憑據，伸不出冤，何如每人先拿他幾個現的呢？你不如此寫，老爺到統領跟前也不好替你們說話。若把老爺弄毛了，他一動氣，要頂真辦起來，你們吃得住嗎？」眾人聽了方才無話，只得忍氣吞聲，由著代書寫了出來，又一個個打了手印，然後送莊大老爺過目。莊大老爺見兩幫人俱已無話，然後一併釋放他們回去。

一天大事，瓦解冰銷，心上好不自在，立刻袖了稟詞、結狀，出城來見統領。統領問知端的，不勝感激，便說：「應該賑撫多少銀子，老兄只管稟請，兄弟立刻核放。這個將來可以報銷的。」當時就留他吃飯。一頭吃著飯，問他：「到任有幾年了？」莊大老爺回稱：「兩年多了。」又問：「老兄做了這許多年實缺，總該應多兩個？」莊大老爺回道：「卑職前頭的空子太大了，人口又多，雖然蒙上憲栽培，做了二十三年實缺，非但不能剩錢，而且還有三萬多銀子的虧空。不過有個缺照在那裏，拖得動罷了。」胡統領道：「做了二十三年實缺尚且不能剩錢，這就難了！」莊大老爺道：「有些錢卑職又不肯要，所以有幾個缺，人家好賺一萬的，到了卑職手裏只好打個七折。而且皓職應酬又大，有些事情，該墊的，該化的，卑職多先墊的墊了，化的化了，將來人家還不還，一概置之腦後，所以空子就越弄越大了。」胡統領道：「我這回事極承老哥費心，斷不好再叫你墊錢，總共發了多少撫恤銀子，你儘管到我這裏來領。倘你若要用，或者多支一萬、八千都使得，將來總是這一筆報銷罷了。」莊大老爺道：「蒙大人體恤，卑職感激得很！撫恤鄉下人不過三兩吊銀子，卑職情願報效。至於大人這裏，卑職已經受恩深重，額外的賞賜斷不敢領。既蒙大人栽培，卑職自己年紀已不小了，也不能做甚麼事情，卑職有兩個兒子，一個兄弟，一個女婿，將來大案裏頭倘蒙大人賞個保舉，叫他們小孩子們日後有個進身，總是大人所賜。」說畢，請了一個安。胡統領一面還禮，一面說道：「這事容易得很，立刻叫他開履歷。」莊大老爺回稱：「明天開好再呈上來。」

列位看官須知：胡統領身為統兵大員，不能約束兵丁，以致騷害百姓，倘被百姓告發，他的罪名可就不小。現在被莊大老爺施了小小手段，鄉下人非但不來告狀，不求伸冤，而且還要稱頌統領的好處，具了甘結，從此冤沉海底，鐵案如山，就使包老爺復生，亦翻不過來。這便是老州縣作用，胡統領怎麼能夠不感激！在他的意思，原想借著撫恤為名，叫莊大老爺多支一萬、八千，橫豎是皇上家的國帑，用了不心疼的，樂得借此補報莊大老爺的情。誰知莊大老爺這筆款項情願報效，只代子弟們求幾個保舉，更是惠而不費之事。將來造起報銷來，還可同莊大老爺說通，叫他出張印領，仍可任意開支，收入自己私囊，所以愈覺歡喜，立時滿口答應。又問他如要隨折，一個名字尚可安放。莊大老爺重新請安謝過。想想兩個兒子，二少爺是姨太太養的，未免心上偏愛些。今年雖只有十二歲，幸虧捐官的時候多報了幾年年紀，細算起來，照官照〔註：也叫部照，捐官的執照。〕上已有十七歲了，當下便把他保了上去。統領應允，又說了些別的閒話，方才辭別回城。

剛剛走進衙門下轎，只見門上拿著帖子來回，說是：「船上魯總爺派了兩個兵押著一個伴當到此，請老爺審辦，說是伴當做賊，偷了總爺二十塊洋錢。」莊大老爺道：「我今天忙了一天，那裏還有工夫管這些小事情。但是魯總爺的面子，又不好回頭他，且收下押起來再講。」二爺答應了一聲「是」，出來吩咐過，拿一張回片交給來人。因為送來的人是要當賊辦的，所以就交代給捕快看管。

原來魯總爺這個伴當姓王名長貴，是淮安府山陽縣人，同魯總爺還沾點親。總爺做了炮船上的幫帶，照應親戚，就把他提拔做了伴當，吃了一份口糧。只因這王長貴生性好賭，在炮船上空閒下來就同水手、兵丁們要錢。無奈他賭運不佳，輸的當光賣絕，只剩得一條褲子，一件長衫沒有進當。現在十月天氣，在河底下北風吹著，凍得索索的抖，他還是不改脾氣，依然見了賭就沒有命。他總爺雖是當了幫帶，究竟進項有限，手底下不甚寬餘。自從到了嚴州以後，忽然闊綽起來，腰包裏時常叮鈴噹啷的洋錢聲響，今天買這個，明天買那個。有天晚上，還要偷到「江山船」上擺台把整飯，請請朋友。王長貴就疑心他：「怎麼到了嚴州，忽然就有了錢了？」留心觀看，才見他時常在隨身一隻小衣箱裏頭去拿洋錢。合當有事：一天總爺不在船上，王長貴同水手們推牌九，又賭輸了錢。人家逼著他討，他一時拿不出，很被贏他的人糟蹋了兩句。他不肯失這一口氣，便趁眾人上岸玩耍的時候，他託名肚子疼，不能上岸，情願睡在艙裏看船，讓別人出去玩耍。別人自然願意。他等人去之後，便悄悄的想法把鎖開了，又怕被人看見，胡亂用手摸了半天，摸到這封洋錢，順手往懷裏一揣，連忙把鎖鎖好。等到眾人回來，忙將賭帳兩元二角還清。一船的人都是粗人，只要欠帳還清，誰還問他這錢是那裏來的。然而他自己心上明白：「停刻總爺回來，查了出來，豈不要問？」想了半天：「橫豎身邊還有十七塊多錢，不如請個假回省住上兩天，就是將來查出來，也不至於疑心到我身上了。只要探聽將來沒甚話說，我過了兩天仍舊好來。」主意打定，等了一會，總爺回船，他便上來告假，說是他娘病在杭州，想要連夜搭船回省探母，總爺應允。好在他無甚行李，身上除掉幾張當票之外，便是方才新偷的十七塊多錢，所以走的甚是爽快。這種人軍營裏是看慣了的，自來自去，隨隨便便，倒也並不在意。卻不湊巧，這天晚上魯總爺又有甚麼用頭，開開箱子拿洋錢，找不著這二十塊錢的一封，登時發了毛暴，滿船的搜查起來，搜了一回沒有，才想到王長貴身上，馬上派了人四下裏去尋，尋了半天，居然在一爿煙館裏尋著，還沒有動身呢。當下簇擁到船上，誰料一搜便已搜著，恨的魯總爺了不得，伸手打了他五六個嘴巴，立時立刻派人送到莊大老爺那裏請辦，所以才會到衙門裏來的。

當下捕快拿他一帶帶到下處。從來賊見捕快，猶如老鼠見貓一般，捕快問他，不敢不說實話，先把怎樣輸錢，怎麼偷錢，自始至終說了一遍。雖說他是總爺的伴當，到了此時竟其不徇情面，捕快頭兒卻是拿他當賊看待。一到下處，便喝令叫他自己脫去衣服。幸虧沒有甚麼穿著，脫去長衫，只剩得一衫一褲。捕快又叫他除去帽子，脫去鞋襪，不提防豁琅一響，有兩塊幾角錢落地。捕快看了奇怪，連說：「怎麼你身上還有洋錢？——」王長貴道：「頭兒明鑒。」捕快伸手一個巴掌，罵道：「誰是你的頭兒？頭兒是你亂叫得的？」王長貴立刻改口，稱他老爺，方才無話。捕快問道：「你偷總爺的錢不是已經被他搜了去嗎？怎麼你身邊還有？這是那裏偷來的？」王長貴道：

「這亦是總爺的洋錢。」捕快道：「你到底偷了他多少？」王長貴道：「一共拿他二十塊錢，還了兩塊二角錢的賭帳，下餘十七塊八角。我告假之後，到了煙館裏數了數，把十五塊包了一包，揣在腰裏，這兩塊八角，正想付過煙帳，上待買一件棉馬褂，想不到他們眾人就找了來，把我一找，找到船上，我這兩塊多錢還捏在手裏。我一見總老爺臉色不對，就順手往襪子筒裏一放，所以沒有被他們搜去。不瞞老爺說：總爺還是我的姑表哥哥哩。他的錢我就用他兩個，大家親戚，也不好說我是賊。他忘記他從前窮的時候了，空在省裏，一點事情沒有，東也借錢，西也借當，我媽的褂子也被他當了，至今沒有贖出來。如今做了總爺，算他運氣好，就這一趟差使就弄了不少的錢。有福同享，有難同當，我用他這兩文，要拿咱當賊辦，真正豈有此理！」

捕快聽到這裏，忽然意有所觸，便說：「你們總爺是幾時得的差使？」王長貴道：「是今年五月裏才得的。」捕快道：「他這差使一年有多少錢？你一個月賺幾塊錢？」王長貴道：「我只吃一分口糧，那裏會有多少錢。就是我們總爺也是寅吃卯糧，先缺後空。太平的時候，聽說還過得去，現在有了軍務，就是要賺也就有限了。」捕快道：「他的差使既然不好，那裏還有錢供你偷呢？」王長貴道：「就是這個奇怪。沒有來的時候，一直鬧著說差使不好，一到這裏，他老就闊起來了。而且他的錢是在下鄉巡哨的前頭有的，如果在下鄉的後頭，一定要說他是打劫來的了。」捕快一面聽他講，便把那兩塊大洋錢重新取出來一看，無奈圖章已經糊塗，不能辨認，就問：「你那兩塊二角錢是輸給那一個的？」王長貴道：「輸給本船上拿舵的老大，姓徐名字叫得勝，是他贏的。」

捕快聽說，心上已經了了，便把王長貴交代夥計看管，自己走進衙門，找到稿案上二爺，託他去回本官，先把王長貴的話，一五一十，述了一遍；自己方說，「據小的看起來，上回文大老爺少的那一注洋錢，雖說是死的婊子偷的，後來蒙大老爺恩典，並不追比。但是死的婊子床上只翻出來五十塊，那死的婊子還說是那位師爺託她買東西的，小的不相信，就把她鎖了來。現在婊子死了，沒有對證。但是文大老爺一共失竊一百五十塊錢，還有別的東西。縱然有了五十，到底還有一百，連別的東西沒有下落。雖說大老爺不向小的們要賊要贓，小的當的甚麼差使，有的破案，總得破案。今番船上總爺送來的那個賊，已由小的仔細問過，據他說，他總爺這個錢來路很不明白。如今這人身上還藏著兩塊兒角錢，可惜圖章不大清楚，辨認不出。小的想求大老爺把魯總爺在這賊身上搜出來的十五塊錢要了來查對查對。這賊還有兩元二角錢輸給本船掌舵的徐得勝，小的意思，亦想求大老爺拿片子把這徐得勝要了來，看看圖書對不對。小的是如此想，求大老爺明鑒。」

莊大老爺道：「上回的事，我不來比〔註：限定差役在規定日期內完成某種任務。〕你們就是了。現在魯總爺為著他伴當做賊，送到我這裏來託我辦，輕則打兩板子開釋，重則押上幾個月，遞解回籍，前頭的事還去翻騰他做甚麼！」捕快道：「小的當的甚麼差使，總得弄弄明白。就是查了出來，顧了總爺的面子，不去說穿就是了。」說來說去，莊大老爺只答應拿片子要徐得勝到案質訊，不再去追問別的。等到把人傳到，捕快先問他：「王某人還你的那兩塊洋錢尚在身邊不在？」誰料徐得勝恐怕老爺辦他賭錢，不敢說實話。禁不住捕快連嚇帶騙，好容易說了出來，還說：「洋錢已經化去一半了，只有一塊在身邊。」捕快記得前頭鼎記的圖書，叫他取了出來一看，果然不錯。捕快非常之喜，立刻就託二爺上去稟知莊大老爺。莊大老爺道：「這件案子早已結好的了，他又不是死的婊子什麼親人，要他來翻甚麼案！」

捕快討了沒趣下來，心上悶悶。回家吃了幾杯燒酒，心上尋思：「出了竊案，一準要問我們當捕快的；捉不著人，我們屁股賠在裏頭遭殃。現在是戴頂子的老爺也入了我們的行了。不料我們大老爺先護在裏頭，連問也不叫我問一聲兒，可見他們官官相護，這才是『只准州官放火，不行百姓點燈』，古人說的話是再不得錯的。我倒有點不相信，一定要問個明白。」

想罷，換了一身衣服，回到衙門，從門房裏偷到一張本官的片子，把他自己薦到魯總爺船上，就說是本官聽見船上少了一個伴當，恐怕缺人使喚，所以把他薦了來，總爺是斷乎不會疑心的。「只要他肯收留，將來總有法子好想。現在洋錢上的圖章已對，看上去已十有八九。但鼎記圖章並非文大老爺一個人獨有的，必須拿到別的東西方能作準。」主意打定，立刻瞞了本官，依計而行。走到船上，見了總爺，說明來意。魯總爺因為是莊大老爺的面子，不好回頭，暫時留用。當差異常敏捷，總爺甚是喜他，他還不時抽空回到城裏，承值他公事。

過了兩天，莊大老爺過堂，順便提王長貴到堂，打了二百板子，遞解回籍。那個掌舵的本來無事，捕快說他「擅受賊贓，而且在船賭博，決非安分之人。縱不責打，不如一併遞解回籍，免得在外滋事。」莊大老爺聽了他話，照樣判斷，回覆了魯總爺。雖然多辦一個人，他卻並不在意。捕快的意思，是恐怕這掌舵的回到船上，識破他的機關，所以加了他一個小小罪名，將他趕去，這都是老公事的作用。要知以後如何，且聽下回分解。

第十六回　瞞賊贓知縣吃情　駁保案同寅報怨

卻說建德縣捕快頭兒，自從薦在船上充當一名伴當，又自己改了名字，叫做高升。從來做官的人沒有不巴結升官的，所以他就取了這個名字。果然合了魯總爺之意，甚是歡喜。但是胡統領雖然平定了土匪，仍舊駐紮此地，辦理善後事宜，究竟沒有什麼大事情，多則一月，少則半月，只等上頭公事下來叫他回省，他就得動身。魯總爺自然也跟了同去。高升是新來的人，縱然辦事勤能，主人歡喜，然未必就肯以腹心相待。捕快心內好不躊躇。卻喜這魯老爺是粗鹵一流，並有個脾氣，是最喜歡戴炭簍子，只要人家拿他一派臭恭維，就是牛頭不對馬嘴，他亦快樂。高升是何等樣人，上船一天，就被他看出苗頭，因此就拿個主人一頂頂到天上去：主人想喝茶，只要把舌頭舐兩舐嘴唇皮，他的茶已經倒上來了；主人想吃煙，只要打兩個呵欠，他已經點了燈，並打好兩袋煙，裝好伺候下了。諸如此類，總不要主人說話，他都樣樣想到，樣樣做到。試問這種當差的，主人怎麼不歡喜呢？

一等等了三天。這天晚上，高升正在艙內替總爺打煙。總爺同他閒談，問起：「莊大老爺衙門裏有多少人？你從前跟誰的？他怎麼拿你薦給我呢？」高升見問，即景生情，便一一答道：「莊大老爺的人口，叫多不多：一個二老爺管理帳房，是頂有錢的。兩個少爺，大的是太太養的，小的是姨太太養的。一個小姐，是前頭大太太養的，去年出的閣；姑爺就招在衙門裏，小的本來是伺候二老爺的；因為同姨太太的老媽拌了嘴，姨太太在老爺跟前說了話，因此老爺不叫二老爺用小的。小的伺候二老爺已經六七年了，並沒有一點錯處，二老爺心上過不去，所以同老爺說了，薦小的來伺候總爺的。」魯總爺道：「用熟了一個人，走掉了是很不便的。」高升道：「正是這句話，做家人的伺候熟了一個主人，也不願意時常換新鮮。所以二老爺說過，倘若小的找不到好地方，過上一兩月，等老爺消消氣，仍舊叫小的進去。現在小的伺候了總爺，有了安身之處，也就不想別的了。」魯總爺道：「二老爺管帳房，他一年能有幾個錢？」高升道：「少則一二千，多則三四千。」魯總爺道：「據你說來，他管上十年帳房，手裏不要有兩三萬嗎？」高升道：「進帳是好，只可惜那來的多，去的多，不會剩錢。」魯總爺道：「這是甚麼緣故？」高升道：「我們這位二老爺頂歡喜的是買翡翠玉器。一個翡翠搬指三百兩，他老人家還說『價錢便宜無好貨』。只要東西好，他卻肯花錢。又最喜的是買鐘錶，金錶、銀錶、坐鐘、掛鐘，一共值八千多兩銀子。你只要有錶賣給他，就是舊貨攤不要的，他亦收了去。他自己又會修錶，修好了永世不會壞的，所以他要這個。若不是為這兩樁，他一年到頭，老大要多兩個錢哩。」魯總爺聽了他話，不覺心上一動，仍舊按下。高升亦不再提。打完了煙，睡覺歇息，一夜無話。

到了次日，高升叫他夥計拿了五件細毛的衣服到船上來兜賣。價錢很公道，估了估足值四百多塊錢，賣主只討二百兩銀子。魯總爺一還價，一百六十塊錢，後來添到二百十塊買成。魯總爺箱子裏只剩了五十幾塊錢，因錢不夠，同高升商量，先付他五十塊，其餘等月底關了餉來補還他。那人答應，把東西留下，但是五天之內，必須算錢，等不到月底。魯總爺一想，橫豎有別的東西可以抵錢，看來斷不止此數，於是答應他五天來取錢。五十塊錢由高升點給他。高升留心觀看，又與文大老爺失去的洋錢圖書一樣。當下也不作聲，交付來人而去。這天魯總爺買著便宜貨，心上非常之喜，顛來倒去看了幾遍，連說便宜。高升道：「這個人我認得他的。他家裏從前很有錢，有的是東西。一百錢的東西，時常十個、二十個錢就賣了。如今被他嘗著了甜頭，包管他明天還要來。等他明天再來的時候，大大的殺殺他的價錢，買他些便宜東西。」魯總爺道：「要買便宜貨，要有現錢方好。」高升道：「他認得我，不要緊，剛才不是小的同他熟識，他肯把衣服留下，拿了五十塊錢就走嗎？」

魯總爺不語，心上思量。過了一會子，躺下吃煙，趁著高升替他燒煙的時候，就同他商量道：「我有一件事情要託你去辦。」高升忙問：「有什麼事情差小的去辦？」魯總爺道：「不是你說的，你們莊二老爺歡喜買翡翠玉器，還有甚麼洋貨鐘錶嗎？」高升道：「是。可惜沒有這些東西；如果有在這裏，我拿了去包管一定成功。只要東西好，而且可以賣他大價錢。」魯總爺聽了，非常之喜，低聲向他說道：「這些東西現在我有。」高升道：「總爺既有這些東西，何不早說？」魯總爺道：「你來了能有幾天？我以前何曾曉得你們二老爺喜歡這個？」高升道：「有了這個，包管拿去就換了錢來。」魯總爺道：「但是我的東西好，不曉得他識貨不識貨。」高升道：「跟二老爺時候久了，這些東西天天在眼裏經過，雖不全懂，也還曉得一二。」魯總爺道：「如此更好了。我於這上頭也有限。這些東西是個親戚託我替他銷的，且拿出來替他估估價錢，免得吃虧。」

一頭說，一頭便取出鑰匙，開了箱子，搬出那幾件東西來：一個搬指，一個金錶。魯總爺開箱子的時候，像怕眾人看見似的，先把眾人一齊差了出去，只把高升留下。等到東西取出，高升拿到手裏一看，恰恰與文大老爺失單上開的一樣。他看了又是喜，又是氣；喜的是真贓實犯，果不出我之所料；氣的是這班不長進的老爺，幹此下作營生，偏會偷偷摸摸。現在東西已經被我拿到，意思就要想聲張起來。後來一想：「本官前頭如何吩咐，設或鬧的不得下臺，大家的面子不好，不如且隱忍起來，等到回過本官再作道理。」當下不動聲色。等魯總爺把東西拿齊，仍舊把箱子鎖好。只見他拿個搬指套在大拇指頭上，對著高升說道：「這個綠玉的顏色倒很好看，同這隻金錶，你估估看，能值多少錢？」高升肚裏好笑，笑他不認得翡翠，當作綠玉。又把錶擎在手裏，轉動錶把，旋緊了砝條，又撳住關捩〔註：機關。

〕，當當的敲了幾下。魯總爺聽見金錶會打得有響聲，心上覺得詫異，肚裏尋思：「怎麼金錶會打得響呢？不要是個小鐘罷？」高升拿東西翻來覆去看了兩遍，因問總爺：「要個甚麼價？」魯總爺道：「你說罷。」高升道：「據小的看起來，一個搬指要他一千五。」魯總爺道：「一千五百塊？」高升道：「一千五百兩。」魯總爺把舌頭一伸道：「要的太多了！不要嚇退他不敢買，弄得生意不成功，就是少些也不妨，好歹由你去做。這個錶呢？」高升道：「這個錶是大西洋來的，在這裏總得賣他三百塊。」魯總爺道：「不要亦嫌多罷？」高升道：「多甚麼！小的此刻拿了去，包管總有一樣成功。」魯總爺聽了他言，心上雖非常之喜，然而總不免畢卜畢卜的亂跳。把兩件東西鄭重其事的交代了高升。

高升接過，用手巾包好，揣在懷裏。又伺候總爺過足了癮，然後辭別上岸，先尋到文七爺船上，託管家艙裏去回說：「縣裏上回派來查東西的捕快，有話要面稟大老爺。」文七爺吩咐叫他進來。捕快進艙，先替文七爺請過安，垂手站立一旁。文七爺就問：「東西查著了沒有？」捕快道：「回大老爺的話：小的自蒙本縣大老爺派了這件差使，日夜在心，城裏城外統通查到，一點影子都沒有。好容易今天才查到。」文七爺一聽大喜，忙問：「東西在那裏尋著的？」捕快暫時不肯說出，但回得一聲是：「在船上拿到的。請大老爺看過是與不是，小的再回去稟知本縣大老爺。」一面說，一面將東西取出，送到文七爺手裏。文七爺道：「別的尚在其次，就是這個搬指是我心愛之物。你看這個綠有多好！如今化上三二千塊錢沒有地方去買。你居然能替我查到，這個本事不小！停刻我同你們莊大老爺說過，還要酬你的勞。這個賊現在那裏？」捕快道：「這個賊就在這裏。贓雖拿到，然而這個賊小的不敢拿，等回過本官，還要回過統領，才好去拿他。」文七爺道：「想是這個賊本事很大，你吃他不了？」捕快但笑不言。文七爺將東西看了一遍，仍舊拿手巾包好。捕快接了過來，又回道：「小的此刻就要進城到本縣大老爺前去報信，明天再來回大老爺的話。」文七爺點點頭兒。

捕快辭別進城，稟知門稿，轉稟本官。莊大老爺一聽是魯總爺做賊，甚為詫異，便說：「真贓實犯，難為他查著。但是這事情怎麼辦呢？」當時先把捕快傳了進去，問他怎麼查到的。捕快據實供了一遍，又說：「原贓已送到文大老爺那裏看過，的的確確是原物。現在請大老爺的示，怎麼想個法子辦人？」莊大老爺聽了無話，滿腹躊躇，便問：「你同文大老爺說出偷的人頭沒有？」捕快道：「小的沒有稟過大老爺，所以沒把人頭說給文大老爺知道。」莊大老爺道：「好好好，幸虧你沒有說給他。毀了一個魯總爺事小，為的是統領面子上不好看，而且也不好去回。倘若被他說兩聲『我帶來的人都是賊』，請問你還是辦的好，還是不辦的好？依我意思，先把文大老爺請了過來，拿話告訴了他，大家商量一個辦法。你先下去，回來我同文大老爺說過，自然有賞的。至於那個姓魯的，也不能如此便宜，且給他點心事擔擔。就是東西拿了出來，難道一百五十塊錢就給他白用嗎？」捕快諾諾稱是，又謝過大老爺的恩典，方才退了下去。

這裏莊大老爺便差人拿片子到城外去請文大老爺，說是東西查到，請他進城談談。不多一會，文七爺果然坐著轎子進城。才跨下轎，便對莊大老爺說道：「你們建德縣的捕役本事真大，我的東西居然查到。」莊大老爺道：「你老棣台的東西，敢查不到嗎？」一頭說，一頭坐下。文七爺道：「老把兄，你又取笑了。東西有了，我得還你的錢。」莊大老爺道：「我的錢，老棣台儘管用，還說甚麼還不還。」文七爺道：「我的東西有了，自然要還你的錢。」莊大老爺道：「你的東西雖然有了，但是那一百五十塊錢還無著落。」文七爺道：「這兩件有了，我已心滿意足了。百把塊錢算不了事，注著破財，譬如多吃十來台花酒，就有在裏頭了。倒是這個捕快本事真好，我想賞他一百銀子，回來就送過來。現在賊在那裏？據捕快說起來，東西雖然有了，然而人不好辦。這是什麼緣故？我們總得辦人才好。」莊大老爺道：「正是為此，所以要請你老弟過來談談。現在這做賊的人，你猜那個？」文七爺道：「那天那位趙不了趙師爺，的的確確在我手裏借去五十塊錢，送他相好蘭仙。後來都說是蘭仙作賊，就此冤枉死了！那兩天我的事情很忙，所以沒理會到這上頭，等到事過之後，我才知道。這位趙老夫子，可憐他愛莫能助，整整哭了三天三夜。現在有了真贓，就有實犯，等到把賊拿到，也好替死者明冤。」莊大老爺道：「老弟，那死的婊子也顧他不得了，如今我們且說話的。」文七爺道：「人命官司，救生不救死，這是我們做州縣官的秘訣。但是這件事情既不是人命官司，怎麼說到這個？到底是甚麼人做賊？你快說了罷！」

莊大老爺到此，方把捕快如何改扮，魯某人如何託他銷東西，因之破案，並自己的意思，說了一遍。又說：「如今愚兄的意思，不要他們聲張出來。姓魯的交情有限，為的是統領面子上不好看。」文七爺一聽說是魯某人做賊，嘴裏連連說道：

「他會做賊？——我是一輩子也想不到的了！實在看他不出！」莊大老爺道：「當過撚子的人，你知道他是甚麼出身？你當他做了官就換了人，其實這裏頭的人，人面獸心的多得很哩！」文七爺聽了無話，歇了半晌，方說道：「老哥叫他們不要聲張，這主意很是。一來關於統領面子，二來我們同寅也不好看。我只要東西尋著就是了，少了百把塊錢也不必追他了。但是老哥要叫了他來說破這件事情。兄弟同他是同事，當著面難為情，等兄弟走了，你去叫他。」莊大老爺道：「不把他弄了來，叫他擔點心事，亦未免太便宜他了。」文七爺道：「正是。」當下又說了些別的，方才告辭出城。這裏莊大老爺果然等他去後，才差人拿片子請魯總爺進城。

且說魯總爺，自從高升拿著東西上岸，約摸已有三個時辰，不見回來，心上正是疑惑。忽見建德縣差人拿片子來請他進城。說是有話面談，究竟賊人心虛，不覺嚇了一跳，忽然想到：「文某人東西失竊，曾在縣裏報過，現有失單。不該自不檢點，聽憑高升一面之言，將東西送到他兄弟那裏。設或被他們看出，如何是好！」想到這裏，心上一似滾油煎的，直往上沖，急的搔頭抓耳，走頭無路。既而一想：「文老七少掉的洋錢，大眾都說是蘭仙偷的。如今蘭仙已死，當了災去，沒有對證，案子已了，人家未必再疑心到我身上。東西送去，人家只顧辯論好醜，或者不至於理會到這上頭，也論不定。」想到這裏，心上似乎一鬆，又想：「我同縣裏，卻同他見過幾面。他請我吃飯，我亦擾過他。彼此總算認得，或者有別的事情，也未可知。」一面想，一面換了衣服，坐了首縣替統領二爺辦差的小轎，一路心上盤算。

進了城門，到得縣衙，轎子歇在大堂底下。一個兵把名帖投了進去，半天不見出來。他在轎子裏急的了不得，又叫一個兵進去探信。誰知只有進的人，不見出來的人，這真把他急死了！自想：「早知如此，極應該託病不來。如今懊悔已遲！」於是自己下轎，踱進宅門，探聽光景。誰知劈面遇見一人。你道這人是誰？卻是建德縣的門政大爺。魯總爺不認得他，他卻認得魯總爺。見面之後，便說：「總爺來了。我們敝上現在有要緊公事同師爺商量，請總爺先在外頭坐一會再進去。」一面說，一面便在前頭引路。魯總爺摸不著頭腦，只得跟了就走。一走走到門房裏坐下，那位大爺就進去了。虧得魯總爺門房是坐慣的，倒也並不在意。誰知等了好半天，不見有人來請，心中疑惑不定。又等了一會，只見那個門政大爺從裏頭出來，吩咐：「傳伺候，老爺坐堂。」魯總爺愈覺驚疑。停了一刻，又見催問：「城外文大老爺的爺們，還有船上死的婊子的屍親，來了沒來？」底下回稱：「已經催去了。」魯總爺聽了，直嚇得汗流滿體！只聽門政大爺又說：「老爺傳捕快上去問話，叫他把那查著的翡翠搬指、打璜金錶一齊帶上來。」話言未了，隨在玻璃窗內看見一個人，頭戴紅纓帽子，走了進去。起先魯總爺聽見裏頭要搬指、金錶，已經魂不附體，及至看見進來的這一個人，不覺魂飛天外，頭暈眼花，四肢氣力毫無，咕咚一聲，就坐在一張凳子上，心上恍恍惚惚，也不知是醉是夢，又不知世界上到底有我這個人沒有。你道為何？只因這個進來的戴紅纓帽子的捕快，不是別人，正是他自己託銷東西的高升。到此方悟：他們串通一氣，冒充伴當，騙出贓物，自不小心，落了他們的圈套。回想轉來，直覺無地自容，恨無地縫可以鑽入。

坐了半天，剛正有點明白，門政大爺也進來了。只見他陪著笑臉說道：「敝上公事未完，又有堂事，倒教總爺老等了！」說完了話，卻朝著他笑。魯總爺呆呆的望著他，也不知說甚麼方好。想了半天，才說得一句：「你們老爺坐堂，為件甚麼事？」門政大爺道：「總爺是做官的人，還有甚麼不明白的，我那裏曉得？」說完了，又朝著他笑。魯總爺到此，知道事情已破，有點熬不住，只得苦了他那副老臉，從凳子一站就起，跟手爬在地下，綳冬綳冬的亂磕頭，嘴裏不住的說道：「大爺救我！大爺救我！」那門政大爺本來是朝著他笑的，不提防他忽然跪下磕頭，還是回磕的好，還是扶他起來的好？一時不得主意，忙了手腳，只得也跪在地下，雙手去扶他，嘴裏說：「我是什麼人，怎麼當得起總爺下跪！快快請起，有話好講。」

魯總爺只是不肯起，一定要他答應。

兩人正在相持的時候，忽然又有一個人手掀簾子進來。一進門，便哈哈大笑道：「這是那一回子的事，在這裏下跪！」那一個門政大爺一見這人，趕忙起來站在一旁，垂手侍立。魯總爺抬頭一望，見是莊大老爺，真羞得滿臉通紅，亦站了起來，低頭不語。莊大老爺道：「你來了這半天，他們為我有公事，亦沒有進來回，倒叫你老兄好等。」一面說，一面把魯總爺拉了就走。誰知魯總爺的兩條腿猶如棉花一般，一步捱不上三寸。莊大老爺便叫跟班的攙著他走。一攙攙到花廳上，分賓坐下。先同他說了半天的閒話，魯總爺方才漸漸的醒轉來，但是除掉諾諾稱是之外，其他的話一句也說不出。又歇了半天，心上轉念頭，要探探莊大老爺的口氣。無奈莊大老爺總不提及此事，但一味的敷衍。魯總爺急了，想來想去，別無法想，只得仍舊跪下，口稱：「兄弟該死！求你老爺高抬貴手！」莊大老爺假作不知，忙問：「什麼事情要行此大禮？快請起來！」魯總爺道：「你老爺不答應，兄弟就跪在這裏，一世不起來！」莊大老爺道：「到底什麼事情？我竟其一點也不明白。」魯總爺道：「你老爺差了捕快來私訪我的，你老人家還有什麼不曉得。」莊大老爺道：「這更奇了。我何曾叫捕快來私訪你？你老爺有什麼事怕捕快？你越說我越糊塗了！」魯總爺只是跪在地下，不肯起來。莊大老爺只是催他起來，催他快說。魯總爺道：

「醜媳婦總得要見公婆的，索性我自己招罷。這事情原是我一時不好，不該拿文某人的東西。如今東西呢，已經在你老人家這裏了：我自己知道錯處，只求你老爺替我留臉，我情願拿東西還他。一輩子供你老爺的長生祿位，也不敢忘記了你！」說罷，又連連磕頭。

莊大老爺聽到這裏，便也直立不動，等他磕完了頭，故意板著面孔，說道：「我當是誰做賊，船上人是沒有怎麼大的膽子，原來就是你閣下。你閣下也不至於偷偷摸摸。自從姓文的失了東西，統領以為是他帶來的人，一定要我辦賊；我辦賊不到，統領跟前不知受了多少申飭。姓文的又時時刻刻來問我要錢。我弄得沒有法子想，私底下已經送過他五百兩，他還嫌少。現在既然是你閣下拿的，這話更好說了。你是統領帶來的人，同姓文的又是同事，他們沒有不照顧你的。我只要把你送到統領跟前，卸了我的干係。我們都是熟人，我又何必同你為難呢。你快快起來，我們一齊出城。」魯總爺聽了這話，真正急得要死，只是跪著哭，不肯起來。莊大老爺道：「這樁事說起來我也不相信。你閣下還怕少了錢用，要幹這營生？現在是被他們捕快拿著的。我肯照應你，替你瞞起來不說破，他們一般小人，為你這樁事情，每人至少也捱過二三千板子，現在真贓實犯，倒被我不聲不響的放掉，我於他們臉上怎麼交代得過？如此下去，以後還要辦案不要辦案？你也是做官的人，應該曉得兄弟的苦處。」

魯總爺見莊大老爺不肯答應，急得兩淚交流，口稱：「家裏還有八十三歲的老娘，曉得我做了賊，丟掉官是小事，他老人家一定要氣死的，豈不是罪上加罪！現在沒有別的好說，總求你大老爺格外施恩。我將來為牛為馬，做你了兒子孫子也來報答你的。」莊大老爺見他說得可憐，心上想：「這半天也夠他受用的了。有娘無娘，不必信他，從來犯了罪的人都是如此說法。因為還有公事，倘若耽擱下去，外面張揚起來，反不好辦；不如趁此收篷，算他運氣好，便宜他這遭就是了。」想了半天，便長歎一聲道：「唉！既有今日，悔不當初。我本來不要難為你的，但是文某人少的錢總得補上，我已經替你送過他五百兩銀子。還有捕快，他們辛苦了一番，不能不賞他幾個錢，至少一百兩。難道這個錢真果要姓文的出嗎？」魯總爺道：「實實在在只拿他一百五十塊錢，那裏得五百兩。」莊大老爺道：「這個我也不知道，你去同他當面辨個明白也好。」魯總爺道：「承你老爺恩典，我還有甚麼辨頭。只求寬限幾個月，等我關了餉來拔還就是了。」莊大老爺又歎一口氣道：「說來說去，總是呈上家的錢晦氣，你欠人家的錢，一定要關了餉來拔還，這幾個月的兵吃甚麼？不是我說句得罪你的話：你們這些做武官的，直結兒沒有一個好東在裏頭！一旦國家有事，怎麼不一敗塗地呢！我好人做到底，也不管你這些閒事。但是我付出的五百兩，口說無憑，須得寫張字給我。文七爺跟前我去替你抗，說得下，說不下，碰你運氣。這賞捕快的一百兩你今天要拿來的，叫他們多少賺兩個，也好堵堵他們的嘴，免得替你在外頭聲張。」魯總爺為這一百銀子雖是為難，聽了莊大老爺的話，不得不唯唯遵命。又重新叩頭謝過恩典。莊大老爺叫簽稿替他起了一張稿子，叫他親自照寫。只見他捧筆在手，比千斤石還重，半天寫不上三個字，急得滿頭是汗。莊大老爺等的不耐煩，叫簽稿代寫，叫他畫了十字。莊大老爺收起，就叫簽稿送他出去。

魯總爺謝了又謝，跟著簽稿出來，又朝著簽稿作揖。一出宅門，瞥面遇見捕快，趕上來叫了一聲「總爺」，又笑著說道：「高升是來伺候總爺的。總爺還是坐轎回去，還是騎馬回去？」這一聲，更把他羞的了不得，趕忙又替捕快作揖，說：「諸位老兄休得取笑了！」捕快又道：「總爺可到小的家裏坐一回去？」總爺道：「不消費心了。停刻我就叫人送來。還有那天的皮貨，一塊兒拿過來。」一面說，一面朝諸人拱拱手，匆匆忙忙上轎而去。莊大老爺便寫一封信，隨著起出來的贓送給文七爺，告訴他辦法。文七爺自是歡喜。因為魯總爺是同寅，也就和平了事。當賞捕快一百兩銀子，就交來人帶回。又另外賞了來人四塊洋錢。莊大老爺接到回信，又叫捕快到船上叩謝過文大老爺。魯總爺回船之後，東拼西湊，除掉號褂、旗子典當裏不要，其他之物，連船上的帳篷，通同進了典當，好容易湊了六十塊錢。自己送到縣衙，苦苦的向門政大爺哀求，託他轉稟莊大老爺，請把六十塊錢先收下，其餘約期再付。莊大老爺聽說，也只好一笑置之。魯總爺又叫跟來的人把皮統子送還了捕快。又當面約捕快吃飯，過天在那裏敘敘，說：「我們那裏不拉個朋友。」捕快道：「我的總爺，只求你老人家照顧俺，不要出難題目給俺做，本官面前少捱兩頓板子，就有在裏頭了！甚麼請酒，請飯，倒不消多費的。」魯總爺一聽這話，明明是奚落他的，臉上不覺一紅。彼此無話而別。

自此以後，魯總爺總躲著不敢見文七爺的面，倒是文七爺寬洪大量，等到沒有人的時候，把他叫了來，反把好話安慰他。當下魯總爺雖不免感激涕零，但是轉背之後，心上總覺得同他有點心病似的，此乃晚近人情之薄，不足為奇。按下不表。且說浙江巡撫劉中丞，自從委派胡統領帶了隨員，統率水陸各軍，前往嚴州剿辦土匪，一心生怕土匪造反，事情越弄越大，叫他不安於位，終日愁眉不展，自怨自艾。心想：「怎麼我的運氣不好，到了任就出亂子！」不時電信來報，今日派的兵到了那裏，計算日子，某日可到嚴州。胡統領未到嚴州的頭一天，又有急電打來：「訪得匪勢猖狂，不易措手。」他老聽了格外愁悶。隨後忽聽得說，大兵一到嚴州，把土匪都嚇跑了。他老還不相信，後來接到胡統領具報出師搜剿土匪日期電報，方把一塊石頭放下。過了一天，又得「一律肅清」的捷電，中丞非常之喜。藩、臬以下，齊來稟賀。中丞隨發一電獎勵胡統領，允他破格奏保。歇了兩天，齊巧胡統領把剿辦土匪詳細情形稟了上來，附有稟請隨折奏保異常出力人員摺子一扣。中悉看過無話，就把文案老總戴大理傳了來，叫他速擬折稿，告訴他說，無非是敘述土匪如何狂獗，「經臣遴派胡某人往巢捕，刻幸仰仗天威，一律肅清。所有在事員弁，實屬異常奮勇，得以迅奏膚功，相應請旨將該員等照單獎勵」各等語。隨手就把胡統領開來的單子也交給戴大理，叫他照寫。

戴大理接在手裏一看，單子上頭一個就是周老爺的名字，心上便覺得一個刺。一時想不出主意，也不便說甚麼，只得退了下來。回到文案處，一面提筆在手，一面想擺佈周老爺的法子，心想：「不料這件事倒便易他了。然而我的心上總不甘願。但是現在這人是胡統領保的，要顧統領的面子，就不好批駁他；若要批駁他，就於統領的面子不好看。」想來想去，甚是為難。等到奏摺做好一半，煙癮上來，躺下過癮。拿過稿子複看一遍，起先無非把土匪作亂，敘得天花亂墜，好像當年「長毛」造反，蹂躪十三省也不過如此。折中又敘：「經臣遴委得候補道胡統領，統帶水陸各軍，面授機宜，督師往剿，幸而士卒用命，得以一掃而平。」隱隱間把自己「調度有方」四個字的考語隱含在內。看到此間，忽想起：「這件事情應得側重中丞身上著筆，方為得體。中丞不能自己保自己，只要把話說明，叫上頭看得出，至少一定有個『交部從優議敘』。如此一做，胡統領便是中丞手下之人，隨折只保他一個，其餘的統歸大案，方為合體。大案總得善後辦好方可出奏，多寬幾天日期，我就可以擺佈姓周的了。」

主意打定，便攏了做好的一半折稿，離開文案處，徑至簽押房。曉得中丞還在簽押房裏看公事，他是多年老文案，便衣見慣的，便乃掀簾進去。劉中丞叫他在公事案桌對面一張椅子上坐下，問他甚麼事情。他便回道：「卑職想這嚴州肅清一案，實實在在是大人一人之功。胡道若不是大人調度，也不能辦的如此順手。現在大人的意思把功勞都推在胡道身上，雖是大人栽培屬員的盛意，然而依卑職愚見，大人調度之功，亦不可以埋沒。」劉中丞道：「你話固然不錯，然而我總不能自己保自己。」戴大理聽到此間，便把折底雙手奉上，說：「請大人過目，卑職擬的可對？從前古人有個功狗功人的比方：出兵打仗的人就比方他是隻狗，這發號令的卻是個人。這件事情，胡道的功勞實實在在大人之下，胡道帶去的隨員更差了一層。倘若一齊保了上去，論不定就要駁下來，倒不如我們斟酌妥當再出奏的好。一來大人的功勳不致湮沒；二來上頭見我們一無冒濫，不但胡道保舉不遭批駁，感激大人的栽培，就叫上頭看著，也顯得大人辦事頂真。將來大案上去，就是多保兩個，那班愛說話的都老爺也不能派我們的不是。」

此時，劉中丞一心只在奏摺的上頭，他說的故典究竟未曾聽見。後來聽到他後半截的話甚是入耳，連連點頭，但說：「跟胡道同去的人，不給他們兩個好處，恐怕人家寒心。」戴大理道：「此番保的太多，奏了進去，倘若駁了下來，以後事情弄僵倒不好辦。如今拿他們一齊歸入大案，各人有本事，各人有手面，只要到部裏招呼一聲，是沒有不核准的。雖然面子差些，究竟事有把握，倒是大人成全他們的盛意，他們反得實惠。有像大人這樣的上司還要寒心，也不成個人了。」劉中丞聽了甚是喜歡，連說：「你話不錯。——你就照這樣子把稿擬好。胡道那裏，你去寫個信給他，把我的這個意思說明：不是我一定要撤他們的保案，為的是要成全他們，所以暫時從緩；將來大案裏一定保舉他們的。」

戴大理見計已行，非常之喜，連答應了幾聲「是」，退了下來。等到把底子擬好，趕忙寫了一封信給胡統領，隱隱的說他上來的稟帖不該應只誇獎自己手下人好，把中丞調度之功，反行抹煞。中丞見了甚是不樂，意思想把這事擱起，不肯出奏，後經卑職從旁再三出力，方才隨折保了憲台一位，其餘隨員暫時從緩。胡統領接到此信，甚是擔驚；及至看到後一半，才曉得此事全虧得老同年戴大理一人之力，立刻具稟叩謝中丞，又寫一封信給戴大理，說了些感激他的話。因為上次稟帖是周老爺擬的底子，就疑心周老爺「有心賣弄自己的好處，並不歸功於上，險些把我的保案弄僵。看來此人也不是個可靠的。」從此以後，就同周老爺冷淡下來，不如先前的信任了。欲知後事如何，且聽下回分解。

書名：官場現形記 第一卷

ISBN：978-1548936525

作者：李寶嘉

封面設計：C.S. Creative Design

出版日期：2017 / 04 / 01

建議售價：US$ 17.99 / CDN$ 19.71

出版：C.S. Publish

www.ingramcontent.com/pod-product-compliance
Lightning Source LLC
Chambersburg PA
CBHW030421290526
45786CB00001B/79
9781548936525